日本語を教える
4

外国人が日本語教師によくする100の質問

酒入郁子
佐藤由紀子
桜木紀子
中村貴美子
中村壽子
山田あき子

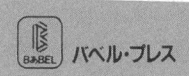

バベル・プレス

　　　　　　は　し　が　き

　外国人に日本語を教えていると、様々な質問に出会います。それは、時に教師の想像を越え、また時には、授業のための教師の準備と計画のわずかな間隙をついて発せられます。教師は、そのような質問によってこそ、言いかえるなら、学生によってこそ育てられると言えるのかもしれません。その意味で、そのような学生からの質問をその場限りにしたり、散逸させてしまったりするのは、非常に勿体ないことです。
　学生からの質問を真摯に受けとめ、真剣に考え、その答えを、どのようにすれば学生に分かりやすく教えることができるかと、工夫を重ねていらっしゃる先生は数多いと思います。しかし、多忙な現場教師がそれを何らかの形でまとめるのは、なかなか大変なことです。私も、私の仲間たちも、長年の実践の経過と結果をそろそろまとめたいと思いながらなかなか出来ずにいました。バベル・プレスの高橋さんからお話があったのは、ちょうどそんな時でした。フランスの大学で短期間日本語を教えたことのある高橋さんが、こんな本があればと、自らの経験を通してその存在の必要性を痛感してのアイディアでした。私は早速、長年インターカルト日本語学校で共に教えて来た仲間に話し、そのお話を受けることにしました。
　私たちはまず、インターカルトの教師とその他数人の先生方にお願いして、学生からよく受ける、あるいは受けたことのある質問の具体的な項目を、アンケート形式で集める作業から始めました。2年前1989年の秋のことです。その後、それを整理して100項目を選び、手分けして書き始めましたが、毎日の授業に精一杯の現場教師のことですから、なかなか原稿が集まらず、一堂に会して内容をチェックし合う機会もあまり多くは持てませんでした。でも、どうやら今

年の初めに100項目の原稿が揃いました。

　内容は一応、音声，文法，語彙，文字・表記の4分野に分けましたが、これらの分野はそれぞれ別個のものではなく、お互いに関わり合い、影響し合いながら、混然一体として教えられるべきものです。また、一つの質問に対して一つの正解があるといった性質のものではなく、考え方によって、またアプローチの仕方によって、いくつかの答え、いくつかの可能性が考えられます。多様な考えを示すためにもそれら全てを書きたいのは山々だったのですが、紙面の都合上、一つか二つにとどめました。

　ここに書いたのは、あくまでも私たち現場教師が実践の試行錯誤の中から得た答えです。系統立った研究の成果ではありません。勿論、自分の経験や直感だけに頼ったのではなく、それら専門の学問の成果を参考にさせて頂いていますが、最後は常に、自分の経験と語感に頼りました。また専門用語の使用は最小限にとどめ、平易なことばで、具体的に述べるように努めました。皆さんは、まず100項目を通読してみてください。そして、その後は、教室で行き詰まった時や困った時、その他疑問を感じた時など、折々にこの本の該当する項目を開いて参考にしていただけたらと願っています。

　最後に、この私たちのささやかな作業を支持し、精神的な励ましを与えてくださいました国立国語研究所長・水谷修先生に、心からの感謝を捧げます。また、執筆を勧め、その場を与えてくださったバベル・プレス企画編集部の高橋泰さん、編集を担当してくださった杉本理葉さん、アンケートに快くお答えくださった大勢の先生方に、心からお礼を申し上げます。

　　　　　　　　　　　　　　　　1991年6月　　　酒入郁子

目　　次

はしがき　iii

I　音　声　──────────────酒入郁子

- Q.1 「を」と「お」は違う文字ですが、音も異なりますか。……2
- Q.2 「ビル」「ビール」、「ゆめ」「ゆうめい」、「しゅじん」「しゅうじん」などの発音上の区別を教えてください。……3
- Q.3 「か」と「が」、「た」と「だ」、「ぱ」と「ば」の発音上の区別を教えてください。……8
- Q.4 「じ」と「ぢ」、「ず」と「づ」は、発音上何か差がありますか。……13
- Q.5 「ざ・ず・ぜ・ぞ」の発音が難しいです。練習の方法を教えてください。……15
- Q.6 「ツ」と「チュ」が区別できません。発音練習の方法を教えてください。……18
- Q.7 発音が子供っぽいと言われます。どのようにしたら大人らしい発音になりますか。……22
- Q.8 「こんにちは」の「ん」と「こんばんは」の2つの「ん」は、3つとも発音は同じですか。……24
- Q.9 「びよういん」と「びょういん」の発音上の区別を教えてください。……27
- Q.10 「きいています」「きっています」「きています」の区別ができません。練習方法を教えてください。……31
- Q.11 え段の平仮名の次に「い」がくる時は、どう発音するのが正しいのですか。……34

Q．12　「がくせい」の「く」、「しつれい」の「し」などは、日本人は発音していないように聞こえますが、どうしてですか。……………………………………37

Q．13　ガ行音を日本人はときどき「nga,ngi…」([ŋa]、[ŋi]…)のように発音しますが、これは正しい発音ですか。…………………………………………41

Q．14　日本人の友達に日本語のアクセントはあまり大切ではないと言われましたが、ほんとうですか。…………43

Q．15　アクセントの練習方法を教えてください。〈形容詞〉…46

Q．16　アクセントの練習方法を教えてください。〈動詞〉…49

Q．17　アクセントの練習方法を教えてください。〈名詞〉……53

II　文　法────桜木紀子／中村貴美子／山田あき子

Q．18　「新宿に行く」「新宿へ行く」、「映画に行く」「映画へ行く」は全部正しいのですか。…………………………58

Q．19　助詞の「に」も「で」も場所を示す時に使いますが、同じですか。……………………………………………60

Q．20　「氷上を滑る」と「氷上で滑る」はどう違いますか。……63

Q．21　「友達と会う」ですか、「友達に会う」ですか。…………65

Q．22　「二郎と花子が結婚した」は、二郎と花子のカップルがひとつできたという意味ですか。……………………68

Q．23　「鉛筆があります」と「鉛筆はあります」はどう違いますか。……………………………………………………72

Q．24　「鯨が哺乳動物である事実」と「鯨は哺乳動物である事実」は同じですか。…………………………………76

Q．25　「日本語を勉強をします」と言えますか。………………80

Q．26　格助詞はいつも使わなければなりませんか。…………82

Q．27　「コーヒーを飲みたい」ですか、「コーヒーが飲みたい」ですか。……………………………………………87

Q．28 「彼を行かせる」と「彼に行かせる」とどう違いますか。……89
Q．29 「あのレストランは安くて広いです」は間違っていますか。……92
Q．30 「立ちながら食べる」は間違っていますか。……95
Q．31 「メモを見て話す」と「メモを見ながら話す」は同じですか。……98
Q．32 「昨日ごはんを食べたり、お風呂に入ったりしました」はおかしいですか。……102
Q．33 「朝早く新宿を歩くとごみが見える」はなぜだめなのですか。……105
Q．34 受身文の動作主は、どんな場合に「に」「から」「によって」「で」で表しますか。……108
Q．35 「財布が盗まれた」ですか、「財布を盗まれた」ですか。……112
Q．36 「お刺身が食べられる」ですか、「お刺身を食べられる」ですか。……114
Q．37 「食べられる」はどんな場合に受身の意味になりますか。……116
Q．38 「あの家は天井が高くて、素敵です」はどんな意味ですか。……120
Q．39 「太った人」と「太っている人」は同じですか。……122
Q．40 「まだ見ていません」と「見ませんでした」と「まだ見ません」は、どう違いますか。……126
Q．41 「バスが来ています」と言った時、バスはどこにいますか。……128
Q．42 「食べたがる」と「食べたがっている」は同じですか。……133
Q．43 「先生は週末にドライブしたいですか」と先生に言ったら間違いですか。……136
Q．44 「読みました」と「読んでしまいました」の意味はどう違いますか。……139

Q．45 「東京ディズニーランドへ行きましたか」と「東京ディズニーランドへ行ったことがありますか」はどう違いますか。……………………………………………141
Q．46 「―かもしれない」と「―と思います」の違いについて教えてください。………………………………………144
Q．47 「二郎は昨日新宿で映画を見たと言っていました」の代わりに「二郎は昨日新宿で映画を見たそうです」と言ってもいいのですか。……………………………146
Q．48 「―んです」はいつ使いますか。……………………152
Q．49 「寒いんです」と「寒いですから」はどう違いますか。…155
Q．50 「若いから」と「若いのだから」はどう違いますか。……157
Q．51 「行きたいです」と「行きたいんです」と「行きたいんですが」はどう違いますか。…………………………159
Q．52 「読んだばかりです」と「読んだところです」は同じですか。……………………………………………………160
Q．53 「日本へ来る時、友達に会いました」と「日本へ来た時、友達に会いました」は同じですか。………………163
Q．54 「帰ったほうがいいです」と「帰るほうがいいです」は同じですか。…………………………………………168
Q．55 「のに」と「けれども」はどう違いますか。…………170
Q．56 「おいしいけれど高い」を「高いけれどおいしい」と言い換えても意味は同じですか。……………………173
Q．57 「ために」は、どんな場合に原因・理由の意味で使われますか。………………………………………………177
Q．58 「風邪をひかないように」ですか、「風邪をひかないために」ですか。……………………………………………182
Q．59 「そして」と「それから」は同じですか。……………183
Q．60 「前はいまほど日本語が上手ではありませんでした」と「前は日本語が下手でした」は同じですか。…………185
Q．61 「自転車より車のほうが多い」と「自転車は車ほど多くない」は同じ意味ですか。……………………………187

Q.62 「もっと高い」と「ずっと高い」ではどちらのほうが高いのですか。……190

Q.63 「たいてい」と「よく」の使い分けがわかりません。……193

Q.64 「よく週末に会社の書類を読みました」と「週末に会社の書類をよく読みました」は同じですか。……195

Q.65 「太郎と二郎はそれぞれ本を2冊買った」と言ったら2人で何冊買ったのですか。……199

Q.66 「それぞれが1万円もらいました」と「1万円ずつもらいました」とは同じですか。……201

Q.67 「~の隣」と「~の横」はどう違いますか。……206

Q.68 「二郎が三郎と行きました」を「三郎と二郎が行きました」と入れ替えても同じですか。……208

Q.69 「いいだと思います」はどうして間違いですか。……212

Q.70 テレビで「見れる」と言っていました。「見られる」だと思うのですが。……214

Q.71 「田中先生はいらっしゃいますか」に対して、「いいえ、違います。いらっしゃいません」はどうして間違いですか。……218

Q.72 「毎日行きますか」に対して、「いいえ、よく行きます」はどうして変ですか。……221

III 語彙 ———————— 桜木紀子／佐藤由紀子／中村壽子

Q.73 「赤い靴」と「赤の靴」、どちらが正しい形ですか。……226

Q.74 「重さ」と「重み」はどう違いますか。……228

Q.75 「多い友達が遊びに来ました」は間違っていますか。……231

Q.76 「うれしい」と「楽しい」の使い方がわかりません。……233

Q.77 「思う」と「考える」の違いについて教えてください。……236

Q.78 「本を閉じてください」と言うのに、なぜ「窓を閉じてください」は間違いなのですか。……239

Q.79 「テニスを遊ぶ」「ピアノを遊ぶ」は、どうして間違いなのですか。……242

Q.80 「立ちどうし」「立ちづめ」「立ちっぱなし」はどう違いますか。……245

Q.81 「週末に何をしますか」と聞かれて、「さあ、知りません」と答えたら、相手が感情を害したようですが、なぜですか。……248

Q.82 「何」はどんな時に「なに」と読み、どんな時に「なん」と読むのですか。……253

Q.83 「～人」はどんな時に「にん」と読み、どんな時に「じん」と読むのですか。……257

Q.84 「疑問を抱いている」は「だいている」ですか、「いだいている」ですか。……259

Q.85 「人々」と「人たち」は、使い方に違いがありますか。……261

Q.86 「雨が降り始める」と「雨が降りだす」はどう違いますか。……263

Q.87 「守る」「防ぐ」の意味は同じですか。……267

IV 表現　————————————中村壽子

Q.88 「腹をお立てになった」という言い方は、おかしいですか。……272

Q.89 日本語では、「あなた」はどのくらいの範囲にまで使えるのですか。……273

Q.90 授業のあと、先生に「ご苦労さまでした」と言うのは失礼だそうですが、なぜですか。……276

Q.91 「どうぞ、いただいてください」とほかの人に向かって使うのは間違いですか。……278

Q.92 「お父さんは、先生たちがくださった歌を毎日聞いていらっしゃいます」と書いたら、子供のようだと言われましたが、どう書いたらよいのですか。……280

Q.93　「けっこう」は、丁寧な語だと聞きましたが、「これでいいですか」を「これでけっこうですか」と言うとなぜおかしいのですか。……………………282

V　文字・表記　────────佐藤由紀子／中村壽子

Q.94　作文の中で「反應」と書いたら減点されますした。「應」は間違いですか。……………………286

Q.95　「木」の字を「朩」のように書いたら、はねてはいけないと言われましたが、なぜですか。……………288

Q.96　「上」の筆順は「丨、ト、上」でなければならないのですか。……………………………………290

Q.97　ある日本語の教科書では「10分」を「ジップン」と読ませていますが、日本人の友人は、ほとんど「ジュップン」と言っています。どちらが正しいのですか。　291

Q.98　文中の「私」という漢字は、どんな場合も「わたくし」と読まなければいけないのですか。……………294

Q.99　「行った」は、「いった」とも「おこなった」とも読めるので不便ではありませんか。………………296

Q.100　片仮名は外国の人名や地名、外来語の表記だけに用いられるのですか。……………………298

凡　例

/ ………一文に列挙可能な2つ以上の異なる表現の区切
　　　　りとして使用した。その表現には下線を付した。
[　]………非文ではないが、不自然に響くもの。
×　………非文。または、意図する意味を伝えないもの。
〈文1〉〈文2〉……文の接続の場合に、たんに並んでいる順
　　　　に〈文1〉〈文2〉とした。

　　＊本書では、「い形容詞」「な形容詞」等の語は使
　　わず、それぞれ「形容詞」「形容動詞」と記した。

I 音　声

Question 1 　　「を」と「お」は違う文字ですが、音も異なりますか。

　まったく同じ音です。平安時代の半ば、11世紀の初め頃までは違いがあったといわれています。「お」はいまとだいたい同じでしたが、「を」は「ウォ」に近い発音をしていました。それが徐々に混同され、現在ではまったく同じ音になっています。

　いま残っている文字の違いは、ただ「を」が助詞であるということを視覚的に示しているにすぎません。戦後昭和21年に出された内閣告示「現代かなづかい」でも、61年の「現代仮名遣い」でも、仮名づかいは基本的に「現代語の音韻に従う」ことを原則としていますが、一方では「表記の慣習を尊重して一定の特例を設ける」とあって、この「を」もその特例のひとつなのです。

　しかし、発音というものは、人により、場面によってさまざまに変わるものであり、「を」と「お」についても、それがまったく同じ音であるというのは、標準音としてのひとつの概念、あるいは思い込みにすぎないのかもしれません。

　いまでも「を」を「ウォ」と発音する地方があったり、小学校の国語の時間に「を」は「ウォ」だと指導されたという話なども聞きます。また、これとは別に、いわゆる共通語を話しながら、現実の発話の中で私たちは、しばしば「ウォ」に近い「を」を使っています。特に、「本を読んでください」とか「リボンをつけましょうか」など、撥音の直後の「を」は「ウォ」となっていることが多いようです。「リボンをおつけしましょう」「結論をお出しください」など「オ」が2つ並ぶ時は、切れ目意識も手伝ってことさら別の音に発音されるということもあるのかもしれませ

ん。
　しかし、いずれにせよこの差は、意味の違いをもたらす意識的な差ではありませんから、独立した別の音と認める必要もなく、また発音の仕分けを強制することもないということになります。

Question 2　「ビル」「ビール」、「ゆめ」「ゆうめい」、「しゅじん」「しゅうじん」などの発音上の区別を教えてください。

　いわゆる短母音と長母音は、1対2の割合で発音すべきものだと日本語話者は考えています。そしてそのように発音しているつもりなのですが、実際は必ずしもそうなっていません。しかし、発音を聞いて、一方が短母音で他方が長母音だと知覚することは容易です。日本語話者のそのような知覚は何によっているのでしょうか（文脈からの類推など、音声以外の要素も当然考慮すべきですが、ここでは割愛します）。
　日本語の音声の基本をなす単位は、なんといっても仮名1文字（拗音は2文字）の表す単位（拍）であり、その発音の持続時間はどれも等しいといわれています。ですから短音と長音の差は文字どおり発音の長さの差、長音は短音の2倍ということなのです。しかし初めに述べたように、実際の発音はそうなっていません。「甥」と「多い」を比べると、「イ」の長さが0.1秒の場合、「オ」の長さは0.156（語単独）〜0.168秒（文脈の中）、つまり「イ」の160%付近に日本語話者が短音と長音を聞き分ける判断境界があるという実験報告[1]もあります。
　英語にも長母音と短母音がありますが、緊張と弛緩という、別のより本質的な特徴の結果という二次的な要素にすぎません。またアクセント（強勢）の置かれた音節が他の音節より長く発音されることはありますが、それによって音韻上別の単位になることはありません。また、中国語の

ように音節の長さは一定でなく、音の高低の型の種類(いわゆる「声調」)によってひとつの単位としている言語もあります。こうした言語を母語とする人にとっては、長さそのものを音韻上のまとまりの基準とすることは難しいに違いありません。長さという物差しを持たないこれらの言語の話者にも使える別の物差しが必要となります。

日本語の拍は、英語のようにアクセントによって長さを変えるということはありません。驚きを示したり、感動を強調したりするためにある特定の音を伸ばすことはありますが、その部分を日本語話者が2拍(つまり長音)の別の言葉と聞くということはありません。外国語話者の場合はどうなのでしょうか。この辺りから考えてみることにしましょう。

質問の中に「シュジン／シュージン」の例がありましたが、「主人」と言っているつもりが「囚人」となっては困りますね。「しょせん主人なんて囚人さ」なんて面白がっている場合ではありません。ただ、外国人の言う「主人」が「囚人」に聞こえると言っても、多くの場合アクセントは、シュージンではなくて、シュージンまたはシュージンになっているのであって、前者は、シュの部分のアクセント核を強勢と思って強く発音し、日本人にシューと聞かれるケース（英語話者など）や音の高低に敏感なため、シュの子音部と母音部に意識的に高低差をつけ、そのため日本人にシューと聞かれるケース(中国語話者など)、後者は日本語の拍感覚とはまったく別のリズムで、トントンと2つに発音して、同じくシューと長く聞かれてしまうケース（中国語話者など）でしょう。

次に短母音と長母音のミニマル・ペアを5組、各々にアクセント記号をつけてあげておきますので、観察してみてください。

　　オイ（おい〔呼びかけ〕）／　オーイ（多い）
　　カサン（可さん〔人名〕）／　カーサン（母さん）
　　ニサン（二・三）／　ニーサン（兄さん）
　　コモリ（小森〔人名〕）／　コーモリ（蝙蝠）

イダ (井田〔人名〕) ／ イーダ (飯田〔人名〕)

　日本語 (東京語) のアクセントは、第1拍と第2拍の音の高さは必ず違いますから、語頭にあって長母音を含む音節 (いわゆる「音声学的音節」) は、その中に必ず音の「高→低」あるいは「低→高」という音変化を含んでいることになります。したがって先にあげたミニマル・ペア群からもわかるとおり、語頭の音節に限っていうなら、そこに長音が含まれているかいないかは、「1拍目の母音の響きの連続の中に音の下がり目、上がり目があるか、ないか」というのがひとつの指標になります。

　ただし、上がり目については、ゆっくり丁寧に発音した時にのみいえることで、普通は第2拍が特殊拍である場合、テンサイ、テッポー、テーキョーの点線のように、第1拍が第2拍と同じ高さに変化しますから、先ほどの指標は一部修正しなければなりません。イエとイーエ、キタとキータ、イマスとイーマスなどの例では、はっきりと上がり目があり、しかも低と高が各々別の音 (この例では、イとエ、キとタ、イとマ) であれば短音、上がり目がないか、あっても初めの母音がそのあとの音 (この例では、エ、タ、マ) と同じ高さであれば長音ということになります。

　この識別法は、イッショ／イッショー、クツ／クツー、サイテ／サイテーなど、語末に長音があるかないかの判断には使えませんが、とりあえず語頭の音節に注目し、同一母音内の音の「高→低」「低→高」「高→高→(高)」などの変化の聞き取りに集中することによって、長いか短いか識別するという練習方法です。

　語音の持続時間の長短という物差しから、音の高低変化という別の物差しに変えることによって、付随的に長短を把握しようとするこの方法も、音の長短だけでなく、高低すら音韻上有意味としない言語 (例えば英語) の話者には、通用しないのではないかという疑問が浮かびます。その点を次に考えてみましょう。

　一般に日本語は高低アクセントの言語、英語は強弱アクセントの言語

といわれます。そしてこの言い方では、日本語のアクセントは声の高さが問題だが、英語はそうではないというように聞こえます。しかし英語もまた、単語アクセントは「声の高さの時間的変化がアクセントの決め手」であり、「これに強さ、長さの変化が加わる」という考え方もあります。杉藤美代子氏[2)]によれば「英語話者の発音を調べてみると、例えば"a car"という言葉はaを低く、carの初めは高くそのあとを低く、『アカ｜ア』のような音調で、しかし［k］を強く言う」のです。「［k］を強く言う」の記述からもわかるように、もちろん高さだけではなく強さも顕著ですし、別の例では、pérmitは ＿ のような音調で、［p］を強く第1母音［ə］を長めに、またpermítでは ＿＼ のような音調で、［m］をしっかり唇を閉じて発音し、あとの母音［ɪ］を長く言うということです。英語話者は気づいていないのですが、実は英語でも、長さはひとつの重要な要素なのです。

　it／eat、hill／heel、sit／seat、full／fool、pull／poolなどの発音記号は、日本の辞書では［it］／［iːt］、［hil］／［hiːl］、［sit］／［siːt］、［ful］／［fuːl］、［pul］／［puːl］のように、まさに母音の長短で表記し分けてあります。英語話者にも、両者の差をこの方法で説明した人がいます（イギリスの音声学者ダニエル・ジョウンズなど）が、一般的には［ɪt］／［iːt］、［hɪl］／［hiːl］、［sɪt］／［siːt］、［fʊl］／［fuːl］、［pʊl］／［puːl］のように表したものが多いのです。同じ現象を、前者は長さの差、後者は質の差としてとらえているわけです。

　もともと英語の母音には緊張・弛緩という対立があり、緊張が長さという形で実現しているわけですから、それを日本語話者は長短の差ととり、英語話者は強弱と認識しているのです。英語話者には、「英語の緊張した母音は発音の持続時間が長い」という事実にまず気づかせましょう。次には、そこに音の「高→低」の変化があるのだということを意識化させてください。そうすれば日本語の単語について少なくともアクセント核（音の下がり目）のある長音は、短音とはっきり区別できるようにな

るはずです。そしてその高低の変化が、日本語では2つの拍と認識され、2文字で表記されるのだということを学習し、文字を見て発音する、音を聞いて書くという練習を重ねていけばきっと識別はできるようになります。

「あ／ああ」「い／いい」の類のミニマル・ペアは、教師が長さの差にだけ注目していると、「あ／ああ」「い／いい」のようなアクセント形で練習することになりかねません。これではまったく効果がありませんから、必ず「あ／ああ」「い／いい」のように高低差をつけて練習させるようにしてください。「おばさん／おばあさん」「おじさん／おじいさん」も、長音のほうに音の高低差をつければ、日本語話者は必ず正しく聞き取ってくれるし、聞く時も、そこ（アクセント核）に注目すればいいのだということを知っていれば、大きな助けになると思います。

1) H. Fujisaki, K. Nakamura and T. Imoto "Auditory perception of speach stimuli" in *Auditory Analysis and Perception* G. Fant and M. A. A. Tatham, eds. (Academic Press, 1975)
   粕谷英樹／佐藤滋「長音・二連母音と二重母音―日本語話者と英語話者の場合」(『講座 日本語と日本語教育第3巻 日本語の音声と音韻（下）』〔明治書院，1990〕)
2) 杉藤美代子「アクセント・イントネーションの比較」(『日本語比較講座1　音声と形態』〔大修館書店，1980〕)／「日本語と英語のアクセントとイントネーション」(『講座 日本語と日本語教育第3巻 日本語の音声と音韻（下）』〔明治書院，1990〕)

Question 3 　「か」と「が」、「た」と「だ」、「ぱ」と「ば」の発音上の区別を教えてください。

　この質問は、アジア系の人に日本語を教えたことのある人なら、必ず一度は耳にした覚えのあるものでしょう。日本語話者にとっては自明で間違えようのないこの差異が、なぜある人々にとってはそんなに聞き取りにくい大問題なのでしょうか。

　この問題を考えるには、音を生理的、または物理的現象としてとらえ、客観的に分析・記述しようとする音声学的立場と、その音をある特定の言語がどのように使っているかという見方で再編し直すという音韻論的立場の、両方についての知識が必要になります。ここでいう「知識」は、だれかが発した具体的な音を、一方では、客観的に正確に聞き取ってその性質を述べることができ、また他方では、その音が当該言語（ここでは日本語）の中でどのように分類され、どのように使われているのかを説明できるという能力を含んだ、総合的な知識を意味しています。しかしこのような力を完全に身につけるには、相当の時間が必要です。ここではとりあえず、大まかな傾向と対策、そしていくつかの具体的な練習方法を述べるにとどめます。

　まず質問の「か」「が」、「た」「だ」、「ぱ」「ば」の違いはいったい何なのでしょうか。清音・濁音の違いという言い方をすることがありますが、これでは「ぱ」「ば」の説明ができません。声帯が振動しながらつくられる音か、そうでないかによる有声・無声の違いと言わなければなりません。それ以外は、音のつくられる位置も、つくられる方法もまったく同じものがペアになっています。音のつくられる方法（調音法）は、いずれも2つの音声器官が接触・閉鎖し、次にその閉鎖が解かれると同時に、

それまでその部分で止められていた息が勢いよく外へ飛び出す（破裂）という方法です。

　日本語、あるいは英語、ドイツ語、フランス語など、多くの言語ではその時の息の大小や有無は、語の意味を伝える手段として利用していません。私たちは「パン」の「パ」と「ジャムパン」の「パ」に息の強さの差があるとは日頃考えていません。英語話者も、"pin"の"p"と"spin"の"p"は同じ音だと考えているはずです。

　しかし中国語、韓国語など、この息の有無を意味識別の重要な手段としている言語もあるのです。しかも、有声・無声の区別があったうえでそれが強弱に細分化されているというのではなく、例えば中国語（北京語）のように有声・無声の別はまったく利用していないとなると、物差しの向きが違うのですからそれを識別することは非常に難しくなります。その間の事情を図示すると、以下のようになります。

(1) **日本人の耳には**

	無声	有声
（有）気	A（語頭）●	B（語頭）○
（無）気	C（語中・尾）●	D（語中・尾）○

無声●／有声○ の差のみが聞こえる

ただし、実際には、語頭では有気、語中・尾では無気という発音傾向がある。

(2) **中国人の耳には**

	（無声）	（有声）
有気	A（語頭）✹	B（語頭）✹
無気	C（語中・尾）○	D（語中・尾）○

有気✹／無気○ の差のみが聞こえる

ただし、実際の日本語には有声・無声の差がある。

(3) 実際の音

	無声	有声
有気	A(語頭) ✹	B(語頭) ✩
無気	C(語中・尾) ●	D(語中・尾) ○

(4) 中国人の耳(2)と実際の音(3)との比較

　　(2) (3)
A ✹ ✹　一致、問題なし
B ✹ ✩　有声音を無声音と聞く傾向がある
C ● ○　無声音を有声音と聞く傾向がある
D ○ ○　一致、問題なし

　重点的に指導すべきは、BとC、つまり語頭の有声音と語中・語尾の無声音だということがわかります。ただし、これらの聞き取りの難しさは学生自身がよく知っていて、かえって神経質になりすぎて、Dの語中・語尾の有声音を、日本人の耳には無声音に聞こえるような有気音で発音したりするケースもあり、全体的に混同が起きることがあります。また、一口に中国語といっても、各種の方言はそれぞれ違った音声的特色を持っており、韓国人、タイ人も同様の悩みを抱えているとはいっても、問題のありようは少しずつ違っています。もちろん個人差もあります。そのため、この問題には「こうすればいい」と言い切れるような妙案はありません。そのことを踏まえたうえで、どうすればいいかと手探りをするわけですが、以下は、そのような中から考えられた練習方法です。
　まずひとつは、成人学習者であれば、上図のABCDの4領域について

説明して意識化させることです。日本人であれ、中国人、韓国人であれ、日頃このようなことを意識している人は皆無に近いでしょう。しかし、外国語学習の基本のひとつは、その目標外国語と母語との客観的な対比・認識にあるわけですからあえてやってみましょう。4つの領域を図示したうえで、それぞれの領域に属する典型的な音を意識的に聞き取らせ、発音し分けさせるという練習です。それには、教師がそれぞれの領域の音を発音し分けることができ、学習者の音をどの領域の音か聞き分けられることが前提になりますので、少なくともこの4種の違いだけは、まず教師が練習、確認しておいてください。

それぞれの枠にあてはまる音をひとつだけ含む言葉をいくつか用意して、注意深く練習を始めます。2、3例をあげましょう。

$$\begin{pmatrix} A.\underline{か}さ & B.が\underline{っこ}う \\ C.あ\underline{か} & D.こうとうが\underline{っこ}う \end{pmatrix}$$

$$\begin{pmatrix} A.\underline{た}い & B.\underline{だ}い \\ C.い\underline{た} & D.とう\underline{だ}い \end{pmatrix}$$

$$\begin{pmatrix} A.\underline{パ}イ & B.\underline{ば}ん \\ C.ス\underline{パ}イ & D.か\underline{ば}ん \end{pmatrix}$$

次に、1語の中に同じ音を2つ含む語を用意して練習します。その時、日本人の発音では息の強さが変わる（初めのほうは強く、あとのほうは弱または無）のですが、それは無視するように訓練します。「ピンピン」「トントン」「コンコン」などの2つずつの、「ピ」「ト」「コ」、また、「コトコト」「トコトコ」それぞれに含まれる「コ」「ト」などを、息の強さに気を取られないように指導します。そのあと次のような練習もできるでしょう。

$$\begin{pmatrix} \underline{か}\underline{が}^{1)} & \underline{がが} \\ \underline{かか} & \underline{がか} \end{pmatrix}$$

$\left\{\begin{array}{l}\text{ただ}\\ \text{た<u>た</u>}\end{array}\right.$　$\left\{\begin{array}{l}\text{だだ}\\ \text{だ<u>た</u>}\end{array}\right.$

$\left\{\begin{array}{l}\text{ぱば}\\ \text{<u>パ</u>パ}\end{array}\right.$　$\left\{\begin{array}{l}\text{ばば}\\ \text{ば<u>ば</u>}\end{array}\right.$

ここまでは聞き取りを中心にした練習ですが、発音のほうはこの練習だけではなかなか難しいでしょう。のどひこに指をあてたり、耳を手で覆って有声・無声の別を読み取るという方法も、有声の母音が結びついている日本語の音節では簡単ではありません。学習者の発音しやすい環境で発音させ、その実際の感じと記憶を利用する方法を考えてみましょう。

語頭の有声音については、まず発音しやすい語中・語尾で発音し、それをそのまま語頭に移行させる方法がまず考えられます。以下はその例です。

あば　あば　あばば　あばばば　<u>ば</u>ん
いび　いび　いびび　いびびび　<u>び</u>ん

また語中・語尾の無声音については、反対に語頭から始め、その余韻を利用して語中・語尾でも言えるように練習していくのがいいでしょう。

ぱ　ぱ　ぱい　ぱい　せんぱい
ぷ　ぷ　ぷら　ぷら　てんぷら

同様に「た」「だ」行、「か」「が」行についても練習し、単語レベルが終わったら、次には文レベルに進むようにし、どのような環境でも聞き分け、言い分けられるよう、練習を広げていってください。

　1)　語中・語尾のガ行音は鼻音化すれば別のタイプの練習となる。

音　声　13

Question 4　「じ」と「ぢ」、「ず」と「づ」は、発音上何か差がありますか。

　まったく差はありません。室町時代中期（15世紀）まではそれぞれ異なった音だったのですが、その後一方に音変化が起こり、とても近い音になったために混同され、ついには同一の音となったのです。

　みなさんは、古いビルの名前に「○○ビルヂング」などと書いてあるのを見て、古くさいという印象を持ったことはありませんか。ビルディングは新しい音、「ディ」「ドゥ」という響きは日本古来の音ではなく、西洋風の音だと感じているかもしれません。しかし、実はこの「ディ」「ドゥ」が、昔は「ぢ」「づ」を表す音だったのです。

　一方の「じ」「ず」は、いまの私たちの発音と似ていました。といっても、いま私たちがひとつひとつの音を「じ」「ず」と独立して発音したり、「じぶん」「ずかん」などのように語頭で発音したりする時の、その「じ」「ず」とは違います。消防自動車のサイレンを聞いて「あ、火事だ」と言う、その「じ」の音、「彼来る？」と聞かれて「来るはずだよ」と答える、その「ず」の音など、語中・語尾つまり母音間にあって、ごく自然に、むしろぞんざいに発音した、つまりあまり意識的にでなく発音した「じ」「ず」、それが昔使われていた「じ」「ず」なのです。ではもう一度「じ」「ず」だけでなく、それを含む「ざじずぜぞ」と「ぢ」「づ」を含む「だぢづでど」の差という形で整理してみましょう。

　まず「だぢづでど」ですが、この5つの音、実は五十音図の中の同一行でありながら、「だでど」と「ぢづ」2つの種類の音から構成されている

のです。「だでど」のほうに統一すると「ダディドゥデド」となります。これが昔のだ行「だぢづでど」の音です。そしてこの濁音に対し、清音「たちつてと」も昔は「タティトゥテト」でした。「タティトゥテト、ダディドゥデド」は、舌の動きも触れる位置も、まったく同じです。

　これと同様に、「ざじずぜぞ」も、実は清音「さしすせそ」とまったく同じ口構え・舌の位置でつくられる音だったと思われます。[1] ここで「さしすせそ」の発音の様子を確認しておきます。初めの息のこすれる感じを長く大げさに引きながら、ひとつひとつしっかりと発音します。舌の下側が下の歯裏についていますね。そして、「スー」というこすれ音は、舌先上部と上の歯裏あたりから聞こえます。「し」は少し違うかもしれませんが、少なくとも「さすせそ」は同じ舌位でしょう。次に、そのままの形で「ざじずぜぞ」を発音します。これが古い「ざじずぜぞ」です。いまの私たちがはっきりと発音する時の「ざじずぜぞ」とは違う発音法です。仮に古いほうに「O」、現在の発音に「N」の印をつけて比べると、「ざ行O」対「ざ行N」の関係は「さしすせそ」(摩擦音) 対「ツァチツツェツォ」(破擦音) の関係ということになります。

　現在はまったく同じ音になった「じ」と「ぢ」、「ず」と「づ」ですが、文字だけは「現代仮名遣い」の中の特例事項として残っているわけです。文字遣いのルールについてはここでは触れませんが、同じ音であることを確認しておきましょう。ここでの問題は同じ文字、または同一音と見なされる文字が、その表れる位置によって別の音で発音されているということです。そして、それが外国人学習者にはまったく違った音に聞こえているという事実は、日本語教師が心得ておかなければなりません。

　「ざじずぜぞ」「じゃじゅじょぢづ」など[2]は、いずれも語頭と「ん」の後ろでは「ざ行N」、語中・語尾では「ざ行O」で発音されています。語中の「ん」を、直前の母音の鼻音化した音で発音することが癖になっている人は、その後ろのざ行音も「ざ行O」になっているでしょう。いずれにしても、教師は自らの発音の実態を一度客観的に眺め、確認しておく

必要があります。

1) 「さしすせそ」が、古代どのような音であったかについては異説があります。すなわち [ts] から始まる [tsa] [tsu] があったとする説、また、[ch] [ʃ] から始まる音があったとする説などです。
2) 外来語表記の「ジェ」も含む。

Question 5 　「ざ・ず・ぜ・ぞ」の発音が難しいです。練習の方法を教えてください。

　「ざ・ず・ぜ・ぞ」の音が、日本語話者の耳には「じゃ・じゅ・じぇ・じょ」のように聞こえるという、韓国語話者などに典型的な問題のようです。しかし「おはようごじゃいます」「じゃっし」「じゅいぶん」「どうじょ」「じぇんじぇんわかりません」などと言われて、意味が理解できずコミュニケーションに支障をきたすということは、まずありません。問題は、幼児の発音にきわめてよく似ているために、会話全体が幼稚に聞こえるということでしょう。話し手の意図や話の内容とはまったく関係のないところで、聞き手に一定の、しかもよくない印象を与えてしまうということですから、これは相当緊急度の高い指導項目といえると思います。ところが、この発音の矯正・指導は特に難しい指導項目のひとつでもあります。ここではまず「じゃ・じゅ・じぇ・じょ」のように聞こえる「ざ・ず・ぜ・ぞ」を、日本語話者の耳が許容する範囲にまで近づける方法を考えてみましょう。

　そもそも日本語の「ざ・じ・ず・ぜ・ぞ」は、どう発音されているのでしょうか。まずそこから確認しなければなりません。どの音も、まず「ダ・デ・ド」の口構えのように舌先をいったん上の歯裏または歯茎につ

けてから発音するのが普通です（破擦音。語中・語尾では必ずしもそうならない）。英語の"zone""zoom"のような語も、外来語として日本語の中で使う時は、英語の中で話される時とは異なり、しっかりと舌先をつけてから「ゾ」「ズ」と始まる音になっているはずです。「ゾーン」「ズーム」とゆっくり発音しながら、舌の動きに神経を集めてみると、舌先が一度上の歯裏または歯茎につき、「ゾ」「ズ」と言ったとたんに離れて下側に納まる様子がわかります。一方、英語ではそのような動きはありません。舌の位置はそのままで、蜜蜂の羽音をまねるように「Z……」と伸ばしてみてください。かすれたような噪音が聞こえますね。この感じを覚えてください。

　さて、いよいよ本題の指導法（練習法）に入ります。ひとつは、いま述べたこの摩擦的噪音を積極的に利用する方法です。舌を下の歯裏にしっかりつけてから「Z……」と伸ばし、そのまま息を止めず息継ぎをせず、「あ」という母音をつけます。「Z……あ、Z…あ、Zあ、ざ」というように、摩擦的噪音と母音の間を縮めていくのです。これは、日本語の一般的な「ざ・ず・ぜ・ぞ」とは少し違い、やや英語的な発音ですが、「じゃ・じゅ・じぇ・じょ」になるよりはずっと自然な感じです。この時「ざ・ず・ぜ・ぞ」と聞こえてくる場所が、口の先のほう、歯と舌先の間だという感じをつかむことが大切です。鏡で上の歯と下の歯のすき間を見ると、歯のすぐ後ろに、押しつけられるように舌先が近づいているのがわかります。

　一方、日本人の耳に「じゃ・じゅ・じぇ・じょ」と聞こえる時の口構えでは、上下の門歯と舌先の間に少しすき間があり、舌は先端ではなく少し後ろ側が当たっています。音は「ざ・ず・ぜ・ぞ」の時より少し後ろのほうから聞こえてきます。先ほどの感じを「ズー」（[z]）と表すと、こちらは「ジー」（[j]）という感じです。この音のあとに「あ・い・う・え・お」をつけると「じゃ・じ・じゅ・じぇ・じょ」ということになります。つまり「じ」はこの形でいいのですが、その同じ発音法を、他の「ざ・ず・ぜ・ぞ」にも当てはめているところに問題があったわけです。

ちなみに「ズー」の音は「ス」の口構えから、「ジー」の音は「シ」の音から導き出します。

　もうひとつの方法は、普通に日本人がやっている方法に近いものです。まず舌先を上の歯裏または歯茎に押しつけ、強く息を吐き出すとともにそれを離し、「ドゥ」([d])というような音を出します。何回かくり返したあと、次に舌先を押しつけるところまでで止めて、そのあとに、先ほど練習した「ざ」をくっつけるのです。「ドゥ」という破裂の音そのものは聞こえなくなりますが、確実にひとつの発音準備態勢をとっているわけで、この口構え・舌構えは非常に大切です。あわてずゆっくりと下のように練習してください。

(1)　「ドゥ」の口構え（舌先が上の歯につく）
(2)　舌先を上の歯からずり下ろすようにしながら「ズー」の摩擦的噪音を出す。
(3)　そのまま音を切らないで「あ」をつける

　しかし、発音練習というのは理屈が正しくてもなかなかうまくいかないものです。長年無意識にやってきて習慣化した舌の動きを急に変えるのは難しく、「ドゥ」から摩擦的噪音へ移行する方法は、初めの部分につっかかったような感じがあるだけの「じゃ・じゅ……」になったり、中舌母音の「ズ」からの練習がいつまでも「ズア」「ズエ」「ズオ」のように2音節に聞こえたりでがっかりさせられることもあります。あまり焦らず、学習者がいやになってしまうことのないよう、気長に地道にやりましょう。そのためには、少しの進歩もほめてあげること、時には立場を変えて、教師が学習者の母語音を習って苦労してみること、見栄や気取りを捨てて、学習者に求めるとおりのこと(顔をしかめたり、舌を出したり)をやってみせることなどが大切です。そしてその様子がおかしいと、お互いに心から笑い合えるような関係ができていれば理想的だと思います。

　ともあれ、発音練習、特に発音矯正は一度にあまり長くやらないこと。

学習者は、うまくなりたいという強い希望を持っているのですから、教師に熱意と自信と知識、そして適当な方法があれば、学習者はきっとうまくなります。方法はひとつではありませんし、以前うまくいかなかった方法があとで効果をあげることもありますから、いろいろ試してみてください。学習者の可能性を信じ、自信を持って、とにかく根気よく努力することです。

Question 6 　　「ツ」と「チュ」が区別できません。発音練習の方法を教えてください。

　これは、Q.5（p.15）の「ザ・ズ・ゼ・ゾ」の例と関連づけて考えたほうがよさそうです。ザ行では「ジ」だけは問題がなく、他の4音がジャ行音になりました。ところが、ここでは「ツ」を含むタ行音のうち、「ツ」1音だけが問題で、他の4音は一応正しく発音できるということです。日頃何気なく見ている五十音図ですが、その成り立ちの中に問題を解決するための手がかりがありそうです。次のように整理してみましょう。

　　　Ⓣ Ⓒ ツ Ⓣ Ⓓ　　　　Ⓣ Ⓒ ツ Ⓣ Ⓣ
　×　ザ(ズィ) ズ ゼ ゾ　　×(ツァツィ) ツ (ツェツォ)
　○ ジャ ジ ジュ ジェ ジョ　　○ チャ チ チュ チェ チョ

　○印をつけた行の発音はでき、×印をつけた行の発音が難しいのです。清音の「ツァ・ツィ・ツ……」は「ツ」以外日本語では標準的な音ではありませんから、その音の発音の困難さは日本語の中であまり表面化しません。しかし濁音のほうでは、「ザ・ズィ・ズ……」は「ズィ」以外は

日本語の普通の音なので、問題がより大きくなるのです。上で見るとおり、「ジ」「チ」は問題なく、濁音の「ザ・ズ・ゼ・ソ」と、清音では「ツ」が問題となります。

　理屈はともかく、学習者が一日も早く日本語らしい発音を身につけられるように、具体的な練習法を考えてみましょう。「ツ」が「チュ」になるというのですから、まず「ツ」と「チュ」の差は何かを知る必要があります。「ツ」「チ」から、響きのある母音の部分を取り除くつもりで「ツー」「チー」、「ツー」「チー」とゆっくり発音して比べてみましょう (「ツ」「チ」は母音を含むがここでは音声記号で [ts—]［tʃ—］の意)。この時舌をどの部分につけて発音するかについては問題にしません。

　というのは、「ツ」と「チュ」を使い分けている日本語話者が発音すれば、当然舌先のつく位置に差があり、「ツ」では歯と歯茎に、「チ」ではそれよりも後ろの部分につけますが、実は、舌の位置を変えず歯茎につけたままでも言おうと思えば「チ」と言えるのです。このことは、学習者に「舌が後ろすぎるから前に出しなさい」と言ってみても、この発音の矯正はできないということを意味します。そうなると次の問題は、舌先が上について離れたあとの息の流れ、あるいは舌の形ということになります。それはちょうど、「サ・ス・セ・ソ」それぞれの持つ子音（[s]）と、「シ」の持つ子音（[ʃ]／[ɕ]）の形の差になります。

　どこかに身を潜め隠れている状態の2人が、外部に声が漏れないように囁き声で話しているというような状態を想像してみましょう。一人が「なんだか風がスースー入ってくるね」と言ったとして、その「スースー」の部分と、外に人の気配を感じたもう一人が「シー！　静かに！」と言ったとして、その「シー」の部分です。「スー」と息を十分吐いてから、そのまま口の形・舌の位置を変えず、息の方向を逆にしてみてください。つまり、これまで吐いていた息を吸い込むのです。吸い込まれた息が口の中のどこに当たっているかを、冷たく感じる位置で確認してください。同じように、「シー」についても確認します。

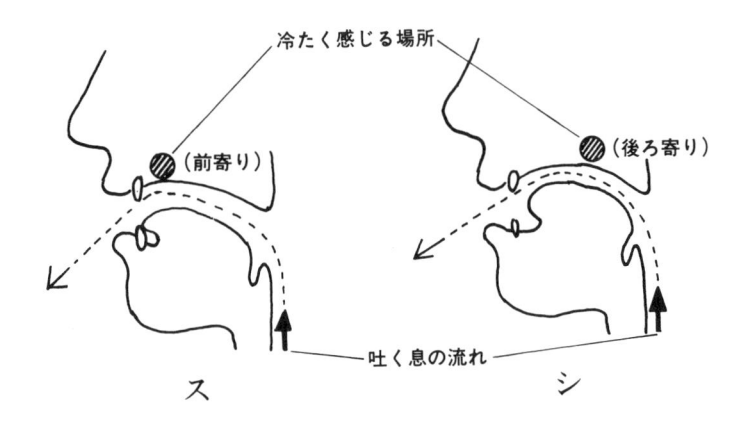

図中ラベル:
- 冷たく感じる場所
- (前寄り)
- (後ろ寄り)
- 吐く息の流れ
- ス
- シ

　上の図のようになったでしょうか。このようにして確認した舌位は、個人差もありますが、だいたい図のように「ス」の時は下に、「シ」の時は少し立ち上がるように下の歯から離れています。この時の「ス」の舌位が、この練習には大切です。「シー、シー、シー」（[ʃ—]）と無声で発音し、次に舌を上の歯茎につけます。この時接触する舌の位置は、「シ」に引かれて舌先より少し後ろになりますが、その位置から「チー、チー、チー」（[tʃ—]）とやって、舌と歯の間にすき間のある「シ」の音と、舌が当たってから発音する「チ」の音との関係を実感します。

　そのあといよいよ「ツ」の発音練習に入りますが、初めに「スー、スー、スー」（[s—]）とポーズをおきながら、先ほど練習した「ス」の舌位を保って発音します。この「ス」（[s]）音は、人によっては舌先がぐっと持ち上がった状態で発音される場合がありますが、そうならないように、あくまで日本語で標準的とされる、舌先が下の前歯の内側にまで下がった形（上図参照）·をとるよう注意してください。次に舌先を上の歯茎につけます。その口構えから勢いよく先ほどの「ス」（[s]）と言います。それと同時に、舌先は上の歯茎から下の前歯の裏へと急激に移動させます。「スー」（[s—]）の音色のことはあまり念頭におかず、もっぱら舌の

接触点の移動に注意を集中して何度かやっているうちに、「スー」([s—])はいつの間にか「ツー」([ts])に変わっているでしょう。あごをひいて下向きになれば、舌は下側につきやすく、したがっていったん上につけたあとも元に戻りやすいので、なるべくあごを引いて、下向きで練習すると効果があるようです。

「ツ」が「チュ」になっているという指摘に対して、ここではまず「ツ」の持つ子音と「チュ」の持つ子音の違いを確認しました。このようにして意識化した「ツ」を使ってこの段階で「チュ」ではなく、「ツ」([ts])あるいはそれに近い音が出せるようになる学習者もあります。しかしまだ「チュ」に聞こえる人もあるはずなのです。それは、子音ではなく母音に問題があるケースです。

そもそも日本語のウ段は、「ウ・ク・ス・ツ……」以下濁音も含めすべて同じ母音を持っていると考えられがちですが、実は「ス・ツ・ズ」の母音は、その他のウ段音の母音とは違っているのです（中舌母音 [ɯ̈]）。「ウ・ク・ス・ツ……」とゆっくり伸ばしながら丁寧に発音してみてください。母音の響く位置はどう違うでしょうか。ス̄ウ(吸う)、ツ̄ウ(通)、ズ̄ウタイ (図体) などと単語にして、「ス・ツ・ズ」の母音とそのあとの「ウ」の差という形で違いをつかむこともできます。「ス・ツ・ズ」の母音は、ほかのウ段音の母音より前の部分でつくられていることが確認できたでしょうか。学習者がこのことに気づかず、「ツ」を奥舌の「ウ」([ɯ])で発音すれば、日本語話者の耳には「チュ」に近い音に聞こえるということになります。

また「ス」などは、時に「ウ」の響きでなく、いわゆるシュワー (曖昧母音) のついたような音 ([sə])、日本人の耳には、しまりのない少しだらしのない音として聞こえることがあります。韓国語話者の話す「～です」「～ます」などによく観察されるこの音なども、日本人の「ス・ツ・ズ」の母音の中舌性を耳ざとく聞き分けた学習者が、ことさらにそれを強調した、あるいは母語の近似音で発音した結果ということができます。

成人の学習者の場合、聞いただけではなかなかその音がキャッチできず、長年使い慣れた母語の近似音に引きつけてしまうので、日本語の「ウ」音には2種あり、ひとつはこう、もうひとつはこうといった説明をすることも、時には必要かつ有効です。いずれにせよ、たったひとつの「よき方法」というものは存在しません。相手に合わせて工夫し、教師も学習者も努力をしていかなければなりません。

Question 7　発音が子供っぽいと言われます。どのようにしたら大人らしい発音になりますか。

　この質問は、タイ語あるいはインドネシア語話者からのものかと思います。筆者も、タイ人の学習者の自己紹介の中で「わたチのチュじんは、農林チョーにトゥめていまトゥ」といった発音を聞き、幼い感じを受けたことがあります。発言者の人格や能力と無関係なところで、聞く人に一種の固定した印象、しかもあまりよくない印象を与えてしまうということは問題です。

　さて、この原因は何なのでしょうか。ひとつは、顕在化していてだれにでも容易に指摘できる「し」と「ち」の混同です。そしてもうひとつは、音として聞こえないので気づきにくいのですが、ところどころ、母語の要求する位置で声門を閉鎖しているということです。そのため、全体が滑らかさを欠き、途切れ途切れになって、ことさらに幼稚な感じを強調しているのです。

　まず「し」と「ち」の混同という点では、私たちは、調音法の違い、つまり舌が口腔の上部に触れるか触れないかの差として、まず認識するでしょう。しかし、母語で長年、舌が上についてから摩擦に移る発音法（破擦音）になじみ、舌が自動的にそう動いてしまうようになっている人

に「舌を上につけてはいけない。つけなければ『し』の発音になる」といくら言っても、このような言葉による説明だけで矯正するというのは無理な相談です。これは、私たち日本人が「ざじずぜぞ」を語頭で発音しようとすると、まったく無意識のうちに舌が口腔上部についてしまう。ローマ字で"zaru"と書いてあるのを読んでさえ、舌先を歯茎につけて破擦音([dza])で発音してしまうという事実を思い起こせば、容易に納得していただけると思います。

では、この矯正にはどんな方法が有効なのでしょうか。ひとつは緊張と弛緩という物差しです。緊張には神経性の緊張、筋肉の緊張などがありますが、ここでいう緊張とは「調音時の音声的緊張」[1]と呼ばれるものです。音声的緊張は破裂音が一番強く、以下破擦音、摩擦音、鼻音、流音、半母音、母音の順で弱くなります。したがって「ち」と「し」では「ち」のほうが緊張が強いのです。中でも語頭や、子音の後ろの「ち」は、より緊張度が高く、2つの母音に挟まれた場合は弛緩する傾向がありますので、前記の例では「主人」や「農林省」は後回しにして、まず「わたし」の「ち」から直していくのがいいと思います。

しかし、この例では「し」の前の音節がさらに緊張の強い[t]という子音を持っていますから、もうひとつ前の段階の練習としては、それも取り去って「あし」「いし」などから始めます。Q.10 (p.33) で述べる身体の緊張を取り除く方法を応用して、弛緩した状態で練習する、あるいは「『チ』の発音をくり返しながら発音時の力を抜いていく」[2]などして、緊張の「チ」とは違った弛緩の「シ」を、経験的に感じとらせるようにしてください。

もちろん、「チ」と「シ」、破擦と摩擦の差を、舌の接触の有無という側面から押さえることもします。まず一方の手のひらを下に向け、ゆるくカーブを描いてこれを口蓋に見立て、その下に反対側の手を手のひらを上に向けて置き、これを舌に見立てて、上部の接触と乖離を視覚化したり、小さいスプーンのようなもので舌先が上に上がるのを押さえて「シ」

を発音させるなど、考えられるすべての方法を試すつもりでいろいろやってみてください。どれが有効かは、人により場合により違うのですから。

 声門閉鎖については、大きく息を吸い込みながら腕を高く上げ、いったん息を止め(声門閉鎖)、その姿勢から一気に身体中の力を抜きつつ息を吐き出すという動作で、声門の弛緩を実感させる練習をくり返して滑らかさを身につけさせるといいでしょう。

1) 『言調聴覚論研究シリーズ第5巻 言調聴覚論による調音時の緊張性―その紹介と考察』クロード・ロベルジュ（上智大学聴覚言語障害研究センター、1982)
2) 『講座 日本語と日本語教育第13巻 日本語教授法(上)』土岐哲（明治書院、1990)

Question 8 　「こんにちは」の「ん」と「こんばんは」の2つの「ん」は、3つとも発音は同じですか。

 3つともそれぞれ違う音です。違う音をなぜ同じ文字で表すのでしょうか。この「ん」の表す音に関しては、鼻音であるということと、ほかの仮名文字と同じく、独立した時間の単位をとるということだけが大切であり、そのことを表すにはひとつの文字で十分だからなのです。

 世界中のどんな言語にも、発音の経済性の原則、簡単にいえば、発音の手間を省いて楽に発音しようとする傾向がありますが、この「ん」の音（撥音）もその原則に従って発音されます。つまり後続音がある時には、前もってその口構えをつくり、口の動きを少なくしようとするのです。したがって撥音とは、「後続音節の口構えで1拍分息を鼻へ抜く」音とひとまず定義することができます。

「こんにちは」「こんにちは」とゆっくり2回言ったあと、3回目の「こんにちは」は「こん」のところで止めてみてください。初めから「こん」と言おうとしてはいけません。「こんにちは」を「こん」と言いさして止め、その時の舌の位置を確認しましょう。舌先より少し後ろの前舌の部分が、上の歯茎より少し後ろのあたりについていると思います。

　次に「こんばんは」には2つの「ん」があります。前述のようにして、初めは「こん」で止めてください。上唇と下唇がしっかりとついています。次に「こんばんは」「こんばんは」「こんばん」と、今度はここで止めましょう。口は開いています。のどの奥のほうがつまっているような感じがしますね。これは、口蓋垂（一般にのどひこと呼ばれているところ）が舌の奥深いところに軽く触れている感じなのです。

　このように、ひとつの文字で表される音でありながら、よく観察するとその表れる位置により「ん」の発音はさまざまです。ここで例にあがった「こんにちは」「こんばんは」の中の3つの撥音はそれぞれ、その舌の当たる位置（調音点）の名前をとって、歯茎硬口蓋の鼻音、両唇の鼻音、口蓋垂の鼻音と呼ぶことができます。撥音にはその他、「ぶんか」「ぶんがく」など、「か」や「こ」を発音する時の位置（上あごの奥と舌の奥）がついてつくられる軟口蓋の鼻音や、「かんだ」「あんど」など、「だ」「ど」を発音する時と同じく、舌先が上の歯と歯茎に触れてつくられる歯茎の鼻音などがあります。

　質問の「こんにちは」「こんばんは」とは違いますが、撥音に関しては、これまでみてきた語中のもののほか、語尾に表れるものについてもよく質問されます。筆者も韓国語を母語とする学習者から「A先生の『ありません』とB先生の『ありません』の「ん」は、どちらが正しい日本語の音ですか」と聞かれて驚いたことがあります。一人は歯茎の鼻音、もう一人は軟口蓋の鼻音を使う癖のある2人の先生に習ったというのです。もちろんこの質問者は、口頭でA先生はこう、B先生はこうと真似してみせてくれたわけで、別に音声の専門用語を使ったのではありませんが、

母語の音韻体系で別の音とされているものについては、これだけはっきりとその違いがわかるということでしょう。

語尾に表れる撥音は、一般的には口蓋垂音だといわれています。しかし、ここには後続の音がないわけですから、時と場合、そして人によっていろいろな鼻音で発音されています。強い意志を示すためにはことさらに舌を歯茎に強くつけたり、明瞭に言おうとするあまり両唇をしっかり閉じたりというような例がそれです。また自然な、またはぞんざいな発音では前述の発音の経済性の原則が働いて、口蓋垂音はしばしば先行母音の発音のまま、舌がどこにも触れず、ただ息の流れだけが、口腔から鼻腔へ変わる、つまり一種の鼻母音で代用されます。

このように撥音が先行母音の鼻音化で代用される例は語中にもみられます。ちなみに「さんりん」(山林)の初めの「ん」はどのような音でしょうか。大部分の人は、舌が上の歯茎の少し後ろについている([n])と思いますが、中には前の「さ」の発音をそのまま伸ばしながら息を鼻のほうへ抜いて、それで「さん」の発音としている人もあると思います。しかも、その音で支障なく、人に特別奇異な感じを与えることもありません。

前述の撥音の定義のうち、後続音節の口構えをとるということ、つまり調音点の問題は、どうやら撥音の絶対条件ではないようです。撥音を撥音たらしめている最大の決め手は、「鼻音性と拍」ということになるでしょう。

Question 9 「びよういん」と「びょういん」の発音上の区別を教えてください。

「美容院に行きました」のつもりで「病院に行きました」と言ってしまうと、「え、どうしたんですか」「どこが悪いんですか」など、思いもかけない反響に驚くといったことになるでしょう。そんなわけでこの例はよく引き合いに出されますが、このほかにも、客／規約、百／飛躍、寮／利用など、イ段音に「ヤ・ユ・ヨ」がついたものが1拍で発音されるか2拍になるかという、いわゆる拗音か直音かの差が問題になる言葉は、けっこう多いのです。

　日本語話者にとっては、両者の差はまさに拍の差、長さの差なのですが、その拍感覚そのものを持っていないノン・ネイティヴの場合は、それとは別の弁別特徴を見つけて、それを手がかりにしなければなりません。

　まず、アクセントとの関係はどうでしょうか。実は、日本語のような高低アクセントでなく、強弱アクセントの言語を母語とする人では、アクセントを手がかりにするということもそれほど簡単ではないのですが、Q.14（p.44）で述べる、高低感覚を身につける練習と並行して行い、また後に述べる口の形（p.30）なども参考に総合的に練習をすれば、必ず両者の区別はできるようになるという前提で考えてみましょう。

　日本語（東京語）のアクセントの特徴のひとつとして、第1音節と第2音節は必ず音の高さが違うということがあります。したがって「び」と「よ」の音連続が語頭にきた場合、それがひとつの拍なら、その高さは高いか低いかのいずれかであって、両者が、高低、低高に分かれることはありません。語中・語尾にきた時には、「医者と石屋」「男女と男児よ」の

ように音の高低差は手がかりになりませんが、このような例は少ないので、とりあえず、語頭にきた場合を考えてみましょう。以下は該当するミニマル・ペアです。

- キャク (客) / キヤク (規約)
- ショク (食) / シヨク (私欲)

- キュー (急) / キユー (杞憂)
- チュー (中) / チユ (治癒)

- キョー (今日) / キヨー (器用)
- ヒャク (百) / ヒヤク (飛躍)

- シャク (癪) / シヤク (試薬)
- リャク (略) / (ご)リヤク (御利益)

- シュー (週) / シユー (私有)
- リョー (寮) / リヨー (利用)

- ジュー (十) / ジユー (自由)
- ビョーイン (病院) / ビヨーイン (美容院)

- ショー (章) / シヨー (私用)
- ヒョー (雹) / ヒヨー (費用)

- ショーニン (証人) / シヨーニン (使用人)

ここにあげた15セットのうち同じアクセント型のものから練習します。まず親指をあごの下に当て、低いところはあごを下げ、高いところはその親指であごを持ち上げるようにします。例えば「客」では、「キャ」で下げ、「ク」で上げます。「規約」では「キ」を下げ、「ヤク」と2拍分上げます。このことで、アクセントの高低と同時に、拍の数つまり長さに対しても、それを感じ取る力がついてきます。

　さて次は、唇の形に差があるかないか、あるならそれが、拗音・直音の区別に役に立つか立たないかということを調べてみましょう。まず「美容院」と言います。唇の形はどうなっていますか。まず発音準備のため唇が閉ざされますが、この時、唇は平たく横に引かれています。「び」と実際に発音された時にも唇はあまり大きく開かれません。横長です。「病院」のほうはどうでしょうか。口構えの時、唇は少しとがって丸くなっています。次に「びょ」と声が出た時にも、唇は丸みを帯びて、「お」の発音時の口の開き方です。

　この例のように、直音のイ段の音はすべて、母音「i」に引かれて子音が口蓋化（舌を盛り上げ、唇を横に引きながらの発音に変化）します。それに対して拗音では、その拗音音節の持つ母音「ヤ・ユ・ヨ」によって口構えが決まるので、唇は「ア・ウ・オ」それぞれの形と同じになります。ちなみにここで「ア・イ・ウ・エ・オ」の唇の形を図示しますと次頁の図のようになります。

　この口の形は、もちろん人によりまた言葉の中のどこに現れるか、つまり前後の音がどのようなものかによって多少の違いがあり、それが響きの明るさ・暗さ、聞こえの硬さ・柔らかさなどの差になっていますが、ここでは一応の目安を示しました。

　では、練習してみましょう。「あ」は口の開きが大きいので、例えば「き」と横に引いたそのままの口幅を保って「きゃ」と言うことができるので「きや」との差が目立ちません。練習は、差の一番大きい「きよ／きょ」から始めてください。まず教師が「き・よ・きょ」とゆっくり発音して

ア　　　　　　　　イ　　　　　　　　ウ

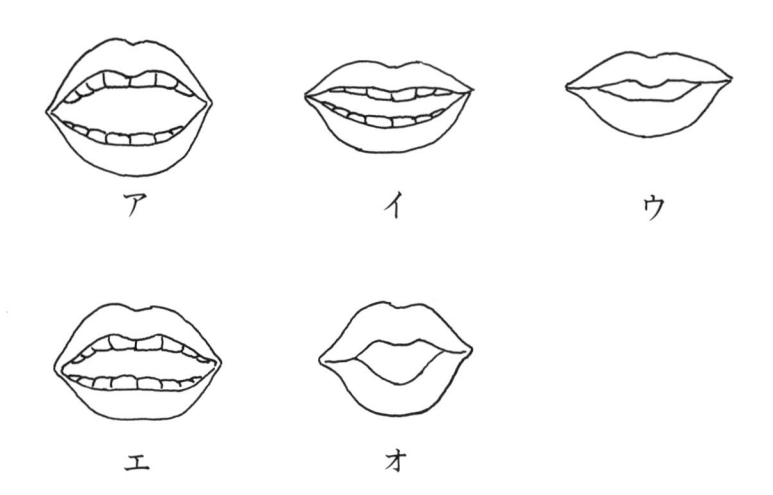

　　　　エ　　　　　　　　オ

唇の形をよく見せ、続いて学習者自身の口の形も、手鏡などで確認させましょう。
　最後に、リズムにのり、遊びのようにしながら、以下のような練習をすると効果的です。

　　(リズム：手拍子)　　　♪ㇳ♪ㇳ♪♪♪ㇳ
　　　　　　　　　　　　　1と2と3と4・
　　(リズム：唱え方)　　　き・よ・きよきょ・
　　　　　　　　　　　　　き・ゆ・きゆきゅ・
　　　　　　　　　　　　　き・や・きやきゃ・

以下「し・じ・ち・に・ひ・ぴ・び・み・り」と各行同じように練習してみてください。その際、教師にちょっとしたユーモアのセンス・遊び心がないと、面白くもおかしくもない、ばかばかしい授業になってしまいますから、くれぐれもご注意を！　教師と学習者も、また学習者同士

も、ともにいい人間関係の成立している場で、子供のように無心に遊んでこそ効果があるというわけです。

Question 10 「きいています」「きっています」「きています」の区別ができません。練習方法を教えてください。

「区別がつかない」というのは、ひとつには「聞き分けられない」という意味で、もうひとつは「言い分けられない」ということでしょう。聞き取れない音を発音することは当然できないわけですから、順序としてまず聞き取り練習から始めます。

「ただやみくもに聞かせても、学習者は母語の体系に従った別の耳を持っているのだからダメだ」とよく言います。これはある意味では正しいことです。しかし、音声というのは、なんといっても基本的には「おと」の一種なのであって、物理的な現象という側面を持っています。話し手の口の動きに従って起こった空気の振動、いわゆる音波が、聞き手の耳に達し、鼓膜を振動させ、その振動を脳が音としてキャッチするということですから、物理的側面と生理的側面が連続しているともいえます。その意味で、理屈に先立って数多くの異なった音を聞かせるということは、教師にとって基本的な作業といえます。

独習ではその点が難しいのですが、教室学習の場合は、教師がそれぞれの文を少し大げさに、ただし音節ごとに区切ることなく滑らかに何回か聞かせます。

き	い	て	い	ま	す		き	い	て	い	ま	す
き	っ	て	い	ま	す		き	っ	て	い	ま	す
き	て	い	ま	す			き	て	い	ま	す*

　　　　　　　　　　　　　　　　　　＊来ての無声化によるアクセント変化。

　学習者は、ただ黙って聞いています。そして少しずつ、その差を認識していきます。この「認識する」、「聞いてわかる」ということが第1段階です。教師の注意深い提示があれば、この段階までは多くの学習者が相当高い確率でできるようになります。

　しかし、いざこれを自分で言う段になると、そう簡単ではありません。問題点を整理してみましょう。

(1) ①「きいています」を、日本人がいつもこのように言うというわけではなく、②「きいています」のように、第1音節が高く発音されることも多い。一方、外国人が「来ています」を発音すると、「き」が無声化せず、しかも「き」に強勢をおくため、「きいています」のようなアクセント型になることが多い。その結果、②と区別しにくくなる。[1]

(2) 「きって」は、破裂が強すぎ帯気が多すぎるせいで、「き」が長くなり逆に促音部が短く感じられる。

(3) 「きています」は、(1)と同じ強勢に加えて、「て」の子音 [t] にも問題がある。[t] は日本語と英語では差があり、英語は一般に緊張が強く、舌は日本語よりやや後ろの位置に強く押しつけられ、勢いよく破裂する。そのため日本人の耳にはこの破裂前の無音の持続部分が促音における待機部分と聞こえ、そのため「きっています」と受け取ってしまう。

　このように見てくると、さまざまな要素が絡み合っていることがわかります。長音、短音、促音という日本語の物差しだけを、唯一絶対のものとしては矯正できないということがおわかりでしょうか。長短の問題、アクセントの問題の指摘は当然ですが、そのほかにここでは、[t]の音そのものの作り方が違うことにも気づかせなければなりません。舌の緊張

が強く、閉鎖も破裂も強い英語圏などの学習者に対しては、まずその緊張を取り除き、日本語の [t] 音というのは、例えば「テーブル」では「エーブル」とあとに続く音のスタートの姿（どこが閉鎖しているか、狭まっているか）を示すにすぎないと言える程度のものであること、激しい破裂と帯気は、日本語では、感情・情緒という別の要素の表現とされる（「これがテーブル？　そんなバカな！」といったような）ということを、まず理解させなければなりません。

　アクセントや母音の長短については、それぞれ該当の項を読んでいただくとして、ここではもっぱら「緊張を取る」ということについて考えてみましょう。

　「緊張」という言葉は、日常、精神的な緊張、いわゆる「アガル」状態を表す言葉として使われます。もちろんこれも音声の聞き取りや発音に大いに関係があり、緊張とリラックスのほどよい均衡が学習の場面に必要であることは当然ですが、ここでいう「緊張」は、もう少し別の意味を持っています。[t]を例にとれば、破裂の前に、舌先と歯茎部分が対立的に働く、その強さといったようなものです。「舌先の緊張が強すぎます。それを取ってください」というような指示は、かえって学習者の精神的な緊張を高めるばかりで、効果はなさそうだということは容易に想像できますね。

　それではいったいどうすればいいのでしょう。小さな舌先の緊張も、実は身体全体の緊張と深い関係がありますので、この際身体全体を弛緩させることから始めましょう。初めに腕を上にまっすぐ伸ばします。緊張の姿勢です。1と掛け声をかけて、手首から上の力を抜きます。2で肘、3で首と肩まで力を抜いてしまいましょう。4でそのまま首から背中まで力を抜いて前へ倒してください。ついでに口を開けて舌をベロっと出してみてください。気取ってちゃダメですよ。そして、身体を揺すりながら「テーテーテー」と声を出します。その「て」を身体の感覚として覚えます。次に、同じ姿勢で「き」を囁き声で発音しましょう。続いて、

先の「て」をつけて「きてー、きてー」そして「きてください」。どうでしょうか。

このようにして、ひとつひとつの音、ひとつひとつの文で練習したら、あとは段階的に、コンテクストの中でより複雑なものを聞き、話す練習に移ります。

「北さん来てる?」→「はい来てます」
「何してんの?」→「野菜を切ってます」
「眠ってんの?」→「いいえ、聞いてます」
「髪を切って来てって」
「話を聞いて来てって」
「このあいだの服、着て来て」
「切り方を聞いて切って来てって」
「薬がやっと効いてきて助かったよ」

など、楽しみながら練習を進めましょう。もっともっと楽しい問題、みなさんも考えてみてください。

1) 東京語では必ず無声化しますが、無声化の習慣のない地域でも日本人には「き」と「きい」には長さの差があり、また「きい」にはアクセントの下がり目があるので、区別は難しくありません。

Question 11　　え段の平仮名の次に「い」がくる時は、どう発音するのが正しいのですか。

これは、正しいとか間違っているとかいう問題ではなくて、一般的にどう発音されているか、そして、それを日本語教育ではどう扱っていく

か、という問題だろうと思います。まず、実際にどう発音されているかについて考えてみましょう。

内閣告示による「現代仮名遣い」(昭和61年7月15日)は、「一般の社会生活において、現代の国語を書き表すための仮名遣いのよりどころを示すもの」とされ、「現代語の音韻に従って書き表すことを原則とし」ていますが、その中でエ列の長音については、「エ列の仮名に『え』を添える」とあり、例として「ねえさん」「ええ」の2語があげられています。エ列の長音、つまり「エー、ケー、セー……」と発音されるものは、「え」を添えるというのですから、標題の質問のようなエ列の仮名の次に「い」がきた場合は「エイ、ケイ、セイ……」のように発音するということになりそうです。

ところが、実はそのあとに「付記」というのがあって「次のような語は、<u>エ列の長音として発音されるか、エイ、ケイなどのように発音されるかにかかわらず、エ列の仮名に『い』を添えて書く</u>」として、せい(背)、へい(塀)、れい(例)、えいが(映画)、とけい(時計)など11語があげてあるのです。つまり、必ずエ列の長音としてのみ発音されるものには「え」を添え、「エイ」「エー」のどちらにも発音されうるものには「い」を添えるということになります。

では実際に、エ列の平仮名「え・け・せ・て・ね・へ・め・れ・げ・ぜ・で・べ・ぺ」に「え」を添えて書く語は、日本語にどのくらいあるのでしょうか。数種類の国語辞書に当たってみましたが、実は「ねえさん」「ええ」の2語のほかには、呼びかけの「ねえ」、驚きの「へえ」、名前の「権兵衛、利兵衛、又兵衛」や、それに類似の「助兵衛、呑兵衛」、方言の「〜すべえ」「見べえ」などがあるにすぎません。つまり日本語では、必ずエ列の長音として発音されなくてはならないものは上記の数語にすぎず、あとはどちらでもいいということになります。

NHKの最新版『日本語発音アクセント辞典』(昭和60年)では、次のように説明しています。「『経験』『性格』など漢語系統の『エイ・ケイ・

セイ……』は、日常自然な発音では長音になる。放送でも、原則として長音で発音する。ただし、一音一音明確に言う場合には、『エイ・ケイ・セイ……』となることがある」とあります。また、いま手元にある初版本の『明解日本語アクセント辞典』(三省堂)では「イ・ウのうち長音にも発音するものは、小さい「★」の印をつけてイ★、ウ★のように示した」として「え段＋イ」では「テイ★ネイ★」の例があげられています。つまり『明解』では発音の2様あることを事実として述べ、NHKでは、特殊なケースを除き、長音になるのが自然という見解をとっています。

『日本語音声学』(くろしお出版)では、「連母音を含む語で重母音的になるものとならないもの」の項で、前者として「ネーサン」をあげ、「異なった連母音を含む語」の項で「エ＋イ」は「発音意図としてはともかく、東京語の場合、『エー』のようになるものが相当数にのぼる」とし、多数の例をあげて、「エー」のようになるかどうかを検証しています。すなわち「ごく普通の発音では（中略）2つが厳密に融合して、エの長音、またはエ列の長音になってしまいがちである」と述べ、必ずしも標準的な発音としないまでも、そうなることが普通であるという立場をとっています。一方「この現象は、地域差があり、例えば、九州地方などでは『エ』『イ』をそれぞれ別に発音している」とも述べており、先の「東京語の場合」の記述と考え合わせると、ここではエ列長音を必ずしも全面的に支持してはいないことになります。

ともあれ、エ列の長音は「エ列の仮名に『え』を添える」のを原則とするとはっきり言い切っている「現代仮名遣い」の記述は、発音指導上納得しにくいものと言わざるをえません。筆者は「エ列の仮名＋『い』」は基本的にエ列の長音として発音指導し、表記指導では「エ列の長音はエ列の仮名に『い』を添えて書く。ただし、『ねえさん』『ええ』などは『え』を添える」というふうにしています。これは「オ列の長音はオ列の仮名に『う』を添える」としたあと、例外として「次のような語は、オ列の仮名に『お』を添えて書く」として「おおきい、とおい、こおり」など

をあげている「現代仮名遣い」のオ列長音の説明と同じ形なので学習者に受け入れられやすいのです。歴史的仮名遣いとの関連という明確な理由（外国人学習者にはまったく手がかりになりませんが）による使い分け（オ列）と、エ列長音を同一には論じられないという反論は、当然考えられますが、学習者にとってどちらが効率的かという実用面からの策というわけです。

　初級段階では、「時計」「映画」「丁寧」「例」など、続いては「経済」「経営」「営業」「経理」「税金」「政治」「芸術」「経験」などが該当する語彙ということになるでしょう。その時、「絵入り」「毛糸」「手入れ」「出入口」「音色」「目一杯」のような和語については長音にならないように指導したいと思います。

　『日本語音声学』では、さらに「雨はやん<u>でい</u>る」「じっと見<u>てい</u>る」の下線部は、「エ列長音になることはない」と指摘していますが、日本語教育でこれらはむしろ「やんでる」「見てる」など、縮約形として別の指導対象としたほうがいいと思います。

Question 12　「がくせい」の「く」、「しつれい」の「し」などは、日本人は発音していないように聞こえますが、どうしてですか。

　言語における発音行動は、歌などと違って、音そのものの美醜などは根本的な問題ではなく、話し手の意図が相手に伝わればいいのですから、発音は、少しでも楽なように、手間を省く方向へと変わっていく傾向があります。この質問は、そのことと大いに関係があります。

　発音の手間を省くというのは、例えば、唇を使う「わ」より「あ」が楽なので「わたし」が「あたし」になるとか、「ごはん」という時、「ご」

と「ん」の部分は声帯が軽く閉ざされている、いわゆる有声音であるため、その中間の「は」も声帯を同じ状態に保ったまま「あ」に近い聞こえの有声音（[ɦ]）で発音されるとか、また「かがみ」の「が」では、前の「か」でいったん大きく開いた軟口蓋と奥舌の部分（[k]でつけ[a]で開く）を、もう一度しっかりとつけ直して発音するという手間を省いて、声帯と奥舌にすき間のあるままでの類似の摩擦音（[γ]）ですませるなど、また「だから」「わたし」の「か」「た」が、前の有声音に引かれて「が」「だ」に変わって、「だがら」「わだし」のような発音になったりするというようなことを言います。質問の例は、どのような手間が省かれたものなのか考えてみましょう。

日本語の音の単位を考える時、日本語話者なら必ず「あ・い・う・え・お・か・き……」と、五十音図を思い浮かべます。そしてその仮名のひとつひとつは、あ行はもちろん、その他のどんな行にしても子音で終わるということはなく、すべて後ろに母音がついていますね。「がくせい」の「く」、「つくえ」の「つ」は「u」（[ɯ]）「きく」の「き」、「しつれい」の「し」は「i」の母音がついています。そしてこの2つの母音はどちらも、非常に狭い母音です。

「狭い」というのは、発音する時、「あ」のように舌が下がって口が大きく開くことがなく、舌は上に持ち上がり、口の中が狭くなっているという意味です。そのような「狭い」母音は、ともすれば響きが弱くなりがちです。声楽のための発声練習が一般に「あ」の音を使って行われるのはそのためです。

前置きが長くなりましたが、要するに狭い母音は響きが弱いということです。一般に母音と子音を比べると母音のほうが響きがよく、子音の中では有声子音が無声子音よりよく響くということも、ここで確認しておきましょう。

次に、母音の中でも「a」などに比べずっと響きの弱い「i」「u」が、さらに響きの弱い無声子音の間に挟まれた時、その母音はどうなるかを

みましょう。「がくせい」の例では、母音「u」は「k」と「s」の間にあり、「つくえ」の「つ」では「ts」と「k」の間にあります。「きく」の「i」は2つの「k」の間、「しつれい」の「し」の「i」は「sh([ʃ])」と「ts」の間にあります。このような条件にある「く」「つ」「き」「し」を、「日本人は発音していないようだ」と質問者は表現したわけであり、これは全体として響きが弱くなって聞き取りが難しくなったことを意味します。母音が母音本来の有声性を放棄して、環境に同化し無声音化した結果なのです。そのような現象が固定化して一種の発音上のルールになったのが、いわゆる「母音の無声化」と呼ばれる規則です。

「母音の無声化」は、上述の2つの無声子音に挟まれた「i」「u」のほか、語末・文末の無声子音に後続する「i」「u」で、その音節にアクセントの高い部分がきていない時にも起こります。〜ます、〜です、カキ(牡蠣)、アキ(秋)、いらっしゃいまし、などがその例になります。母音が無声化する例は、そのほかにもいくつかありますが、それは前にも述べた発音の手間を省いた結果の、いわば偶然的な現象で、ルールとして認めたり、勧めたりする必要はまったくありません。

さて、次に「母音の無声化」の実態は何なのかをもう少し考えてみましょう。質問のように、その音節全部を「発音していない」のであれば、「がくせい」は「がせい」に、「つくえ」は「くえ」に、「きく」は「く」に、「しつれい」は「つれい」になって、まったく別の言葉または無意味音の羅列になってしまいます。したがって「発音していない」のではないことが、まず確認できます。

それでは、その「く」「つ」「き」「し」の中の「k」「ts」「sh」を残して母音がなくなったものと考えるとどうなるでしょう。事実筆者は、あるイギリス人の学生から「イギリスの大学でdevocalised vowelということを習ったことがあるが、この概念は理解できない。single consonantではないかと思うが、どうか」という質問を受けたことがあります。いまここで無声化した母音に「。」の記号をつけて上記の質問を書き直しま

すと「「tsukue」ということを習ったが、理解できない。「tskue」ではないかと思うが……」ということになります。

　拍という発音時間の長短の概念が、ひとつの子音とひとつの母音の組み合わせ、あるいはたったひとつの母音という単位（仮名1文字）に当てはまるという、日本語流の拍感覚を持たない人がこのように考えるのは、ある意味で当然のことと言えるでしょう。

　しかし私たちは、「つくえ」を決して「ツックェ」のように1単位に発音することはなく、あくまで「ツクエ」と3つの単位で発音するわけですから、まず「ツ」は、その母音が本来の姿で「u」と響いていた時と同じ長さを要求するという長さの点がひとつ、また「きし (岸)」「くし (櫛)」が、両方とも「kshi」となってしまうことなく聞き分けられ、両者の無声化した母音がなお有効な弁別機能を持っていることから、母音が消えてなくなり、子音だけ残っているとはとうてい言えないということがひとつ、母音の無声化について、少なくともこのような2つの点が明らかになります。

　日本語教師は、無声化したもの・しないものを正確に発音し分けて学習者に聞かせ、母音の無声化した音節が、決して「発音していない」のではないことを実感させてください。また練習方法としては、まずゆっくり1拍ずつ発音し、ルールに従って母音が無声化する音節では、その部分だけを囁き声にするというところから始めて、そのあと少しずつ普通の速さでも言えるように指導すればいいと思います。

Question 13 ガ行音を日本人はときどき「nga, ngi……」([ŋa], [ŋi]……)のように発音しますが、これは正しい発音ですか。

正しい発音です。正しいというより、現段階では、共通語の中で標準的な発音とされています。ガ行音には、その表れる位置によって普通の「ガギグゲゴ」と、質問にある鼻にかかったガ行音（ガ行鼻音、以後便宜的にガ°ギ°グ°ゲ°ゴ°と表記）の2種類があり、一定のルールに従って使い分けられています。

しかし日本人でも、出身地や年齢によってガ°行音を使う人、使わない人さまざまであり、特に代表的な使用地域であった東京で、若い人を中心にだんだん使われなくなってきているということも事実です。文字が同じで、しかも音の違いが意味の違いをもたらさず、日本人にも使わない人の多いガ°行音なら、これは当然、日本語学習者が積極的に身につけなければならないことではありません。

ただここで考えておかなければならないことは、初めにも述べたとおり、ガ行鼻音の使用は現在標準的とされており、アナウンサーや声優・俳優などはこれを要求され、かつ使っていること、また一般の人の中にもこれを使う人が少なからず存在するということです。つまり学習者がガ°行音を耳にする機会はけっこう多いだろうということです。そのような環境の中では学習者は、ガ行音の2様の聞こえが日本語においては同一の音とみなされるということを知っている必要があります。

外国語学習における単音の聞き取り能力というのは、自分の聞き取った音（聞こえた音）が、目標言語の音韻体系の中のどこに位置づけられるのかを瞬間的に感知・理解する能力であるということができますが、

そのためにはまず、学習者自身の母語の音韻体系の中に似た音を探し出して納得するという過程があるはずです。なるべく早い時期に、ガ行とガ゜行はまったく同じ音として扱われるということを知識として与えられれば、学習者はその過程で無用の混乱や不安を経験しなくてすむということになると思います。

次に、標題の質問からは少しずれますが、日本語教師はガ行鼻音を発音できなければならないかという問題について、最後に少し考えてみましょう。この音を発音できない教師では、学習者は教師の発話からこの音を意識化することは不可能です。学習者の意識化は遅れ、悩む時間は長くなるでしょう。教師がガ゜行音の日常的な使い手である必要はないと思いますが、少なくとも努力すれば発音でき、ガ行・ガ゜行の発音のし分け、聞き分けができるというのは最低限必要な能力だと思います。

ではここで、いままでガ゜行音を使ったことのない人、ガ゜行音は出せないと思っている人のために簡単な練習方法を工夫してみましょう。まず、口を大きく開けてください。舌は下の歯の裏にしっかりとついてますね。そのまま「アー」と声を出します。そして、口の形も舌の位置も変えないで、声を出し続けながら息の流れだけを鼻のほうへ変えます。「アーンー」幼児が「上る」という意味で「アンガ」と言ったり、大人がふざけて「ありがとう」を「アンガ゜ト」と言ったりする時のあの「アン」の感じです。口の形を変えず「アーンーアーンー」と何度もくり返していると、そのうちいつの間にか、「アーンーアーンーガ゜ーンーガ゜ーンー」のように、鼻音の「ガ゜」が出始めているというようなことになると思います。

「イーンーギ゜ーンー」「ウーンーグ゜ーンー」「エーンーゲ゜ーンー」「オーンーゴ゜ーンー」などは、「アーンーガ゜ーンー」で「ガ゜」の音をキャッチ、体得するよりはだいぶ難しいと思いますので、まず「ガ゜」を徹底的に練習しましょう。その時、あごを上げてやや上向き加減で声を出したほうが、舌が持ち上がらず、効果があるようです。

音 声　43

Question 14　日本人の友達に、日本語のアクセントはあまり大切ではないと言われましたが、ほんとうですか。

確かに東京アクセントと京阪アクセントでは、ある場合音の高さがまったく逆になることがありますし、東京式では起こりえない1音節内での音の上下が近畿方言には存在し（〈例〉アメ〔雨〕のメ、カメ〔亀〕のメなど）、それでもコミュニケーションが成り立っているのですから、アクセントは重要ではない、覚える必要もないし、気にする必要もないと言う人が出て来るのも当然かもしれません。しかしアクセントというのは、実はそれほど単純なものではありません。

日本語（東京語）のアクセントには、個々の語の意味を識別する機能以外に、一連の音声連続の中の、語ごとあるいは意味段落ごとのまとまりをはっきりさせ、全体としての文意（発話内容）を速やかに正確に聞き手に伝えるという重要な機能があるのです。それは主に、ひとつの意味単位の中では音がいったん下がってからまた上がることがない、つまり音の高い部分は1個所だけだという基本的な性格に支えられています。

このことを具体例で見てみましょう。①のようなアクセントの単語はありません。また、②a、②bのような表現は、非常に不自然です。それぞれ③a、③bのように言うのが普通です。

① ˣナツヤスミ、ˣニジューサンサイ、
　　ˣケーザイジョータイ、ˣヤマノボリ

②a ［イマ　タカタノ　バパニ　スンデ　イマス］
　b ［コレヲ　モッテ　イッテ　クダサイ］

③a 「イマ タカタノバニスンデイマス」[1]
 b 「コレヲモッテイッテクダサイ」
  「コレヲ モッテ イッテクダサイ」

　ここにあげた例はすべて、筆者の学生が実際に教室で言った語・文のアクセントですが、これを矯正するためには、まず学習者自身が音の高低をつかむ感覚を身につけなければなりません。高低アクセントの言語（中国語、ベトナム語など）を母語とする学習者はその感覚をすでにもっているわけですが、その高低の有り様つまりシステムが違っているので、やはり放っておくわけにはいきません。教師は、学習者の誤ったアクセント型の模倣と、日本語の標準的なアクセント型とを対比発音し、板書などの視覚（／＼など）で補助しながら聞き比べさせることによって、学習者が日本語の高低アクセントを感覚的にとらえられるようにしていきます。

　一方、音の高低を意識的に使うことになれていない人（英語、ドイツ語話者など）には、まず母語の中で"a bóy"が実は「アボーイ」のように、また"ein Mädchen"が実は「アインメートヒェン」のように、強さのほかに音の高低も持っているということに気づかせることから始めなければならないでしょう。母語については無自覚なのが普通ですから、強勢すら意識しにくい学習者もいるかもしれませんが、母語を客観的に見ることは、外国語学習の時にこそ可能であり、そのことがその学習対象言語の能力を高めることでもあるので、遠回りのようですが、このようなことをやってみてください。

　このようにして、母語を客観化することから音の高低感覚に目覚めかけた学習者を含め、全部の学習者に対して、次にはこんな練習をしましょう。高い音、低い音の発音のし分け、聞き分けです。「あ」という音だけを使って、次ページのパターン練習してみましょう。

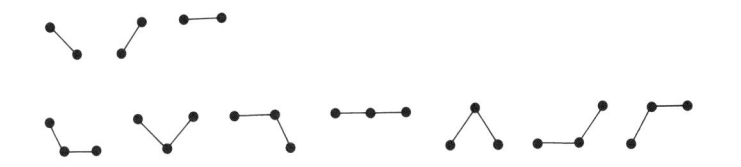

この練習では、相対的な高低がわかればいいので、本物の楽器を使う必要はありませんが、トライアングルのような高い音を出すもの、おもちゃの太鼓（なければ机を手のひらで打つ）のような低い音を出すものを用意すると有効です。トライアングルの代わりはコップとボールペンなどでも十分です。

　アクセント（日本語では音の高いか低いかの配置）は、日本語になくてはならないものです。それは、雨は「ア」が高くて「メ」が低い、飴は「ア」が低くて「メ」が高いといったような個々の型の問題というより、日本語の日本語らしさそのものと深く結びついています。筆者は、日本語教師養成講座の「音声」の時間によくこんなことをします。さまざまな母語背景を持つ、上級レベルの日本語学習者の発話の録音テープと、有名な日本人の俳優や落語家のテープを聞き比べるのです。そして日本人の日本語らしさと、外国人の日本語らしくなさの原因をチェックするわけです。その結果わかる両者の違いは、ひとつひとつの音の問題ではなくて、アクセントやイントネーション、そして拍の長さだということです。単音レベルの問題を克服した上級学習者に、最後までつきまとうのが拍の問題であり、その原因の多くがアクセント、イントネーションなのは考えさせられます。

　アクセントは無視していいなどと軽々しく言えない、言ってはならないということがおわかりいただけたでしょうか。

　　1）　……は非顕。（続き下がり）

Question 15 アクセントの練習方法を教えてください。〈形容詞〉

Q.14(p.43)の項で、アクセントの重要性と高低感覚の養成法を述べました。次はこうして身につけた高低感覚をもとに、アクセントをどう記憶し表現するかということです。そのためにはまず、日本語のアクセントの大まかな傾向とルールを知る必要があります。形容詞、動詞、名詞に分けて説明しましょう。

まず日本語の形容詞は、後ろから2番目の拍の後ろに音の「高→低」の下がり目のあるもの（以下02型と呼ぶ）が90％（約270語）、下がり目のないもの（平板式、以下0型と呼ぶ）が10％（約30語）ほどあります。02型とは「たかい」、0型とは「あまい」のような型を言いますが、最近、特に4拍以上の形容詞は02型で言われることが多くなっています。「明るい」「おいしい」など典型的な0型形容詞を例にとると「あかるいへや」、「おいしいおかし」のように連体修飾では平板に発音する人でも、言い切りの形は、「あのへやはあかるい」「このおかしはおいしい」のように02型言うことが多いのです。0型で4拍以上の形容詞は、ほかに「危ない」「怪しい」「いやしい」「悲しい」「冷たい」「やさしい」「よろしい」「難しい」などがあります。

3拍では、「赤い」「浅い」「厚い」「甘い」「荒い」「粗い」「薄い」「遅い」「重い」「堅い」「軽い」「きつい」「暗い」「煙い」「つらい」「遠い」「眠い」「丸い」などがありますが、この中で初級に出る基本的な語彙ということでしぼれば、下線を引いた10語ほどになるでしょう。あとはすべて02型、特に形容詞は3拍が圧倒的に多いので、ほとんどが中高型／＼となり、しかも語末が「い」で、その前の拍が開音節、つまり母音で終わっ

音　声

ているということになれば、いわゆる二重母音ですからたいていの外国人にとってこの型は自然に出てくるものです。ここでは高さよりむしろ、2拍目が強く長く、「タカーイ」のようにならないように注意することが大切です。

　さて形容詞と一口にいっても、いつも辞書に載っている終止形ばかりを使うわけではありません。活用形はどうでしょう。また、さらに助詞・助動詞がついた時、全体のアクセント形は変わらないのでしょうか。「あおい」「あかい」という2つの形容詞を、それぞれ02型、0型の代表例として調べてみましょう。活用形は以下のようになります。

活用＼グループ	02型	0型
終止・連体	あおい	あかい
－う －た	あおかろう あおかった	あかかろう あかかった
連用	あおく	あかく
－ば	あおければ	あかければ
－そうだ	あおそうだ	あかそうだ

　次に形容詞の終止形に続く助詞・助動詞を、結合後の文節アクセント型への影響の仕方によって分類すると、次頁の3種になります。

アクセント種類	助詞・助動詞	形容詞の型	結合後のアクセント型	例 $\begin{cases} 02型 & あおい \\ 0型 & あかい \end{cases}$
I	ね、よ、と、な、ようだ、そうだ	02型	形容詞のアクセントが生きる（ただし02型では続き下がり）	あおいね あおいようだ
		0型	〃	あかいね あかいようだ
II	さ、わ、が、し、か、ぞ、も、から、のは、のが、のを、のに、のか、のも、のへ、のや、ので、のね、のよ、のと、のさ、のだ、かも、とは、など、なら、より、には、では、けれど、かしら、でしょう、だろう	02型	形容詞のアクセントが生きる（続き下がり）	あおいさ あおいのは あおいだろう
		0型	形容詞の最後尾の音節にアクセント核	あかいさ あかいのは あかいだろう
III	らしい（らしく、らしかった）だけは、（〜が、を、に、か、で、さ、だ）ぐらい、くらいどころか、ばかりか	02型	助詞・助動詞のアクセント型と同じ	あおいらしい あおいぐらい あおいどころか
		0型	〃	あかいらしい あかいぐらい あかいどころか

　以上の原則にあてはめれば、形容詞のアクセントは完全です。あとはいちいち規則を見るのではなく、自然に口をついて出るように、いろいろな文の中で練習をするということでしょう。

Question 16　アクセントの練習方法を教えてください。〈動詞〉

　動詞も前述の形容詞と同じく、基本的には0型と‐2型の2種類の型を持っています。つまり、一番短い2拍の動詞では、い|く、く|る、3拍では、う|たう、は|な|す、4拍では、は|たらく、つ|とめるののように、全動詞は、アクセント核（音の高い最後の拍。つまりその直後に音の下がり目がある）のない型と、後ろから2番目にある型の2種類に分けられます。

　形容詞でも見たとおり、動詞も活用形の基本アクセントと、助詞・助動詞のついた文節のアクセントはどちらも、上記2種のいずれのグループに属するかによって、その型が定まっていますので、まずは初級のテキストによく出てくる、また日常生活の中でよく使われる頻度の高い動詞について、その基本形の属するグループを覚えてしまうことが先決です。

　次に、市販の初級テキストの中から、*An Introduction to Modern Japanese*、*Japanese for Busy People*、『日本語初歩』の3冊をとりあげ、3冊中2冊に出ている動詞を中心に‐2型97語、0型95語をリストにしてみました（一部、1冊のみに出ているものも収録した〔○印〕）。

● 02型

あう（会う）	★かえる（帰る）	たすける（助ける）	のむ（飲む）
あきらめる	かかる	たずねる（訪ねる）	★はいる（入る）
あずかる（預かる）	かく（書く）	たつ（立つ）	はしる（走る）
あつまる（集まる）	かける	たてる（建てる）	はなす（話す）
あつめる（集める）	かたづける	たのむ（頼む）	はれる（晴れる）
あむ（編む）	かわく（乾く）	たべる（食べる）	ひえる（冷える）
あらわす（表す）	かんがえる（考える）	だす（出す）	○ひやす（冷やす）
ある	きる（切る）	つかれる（疲れる）	ふく（吹く）
あるく（歩く）	くださる	つく（着く、点く）	ふとる（肥る）
いそぐ（急ぐ）	○くもる（曇る）	つくる（作る）	ふる（降る）
いたす	くる（来る）	つける（付ける、点ける）	ほめる
いらっしゃる	○こたえる（答える）	つとめる（勤める）	★まいる（参る）
うける	○こまる（困る）	てつだう	まつ（待つ）
うつ（打つ）	○（電車が）こむ（込む）	できる	みえる（見える）
うつる（映る）	こわす（壊す）	でる（出る）	みる（見る）
えらぶ（選ぶ）	さがる（下がる）	★とおる（通る）	★もうす（申す）
おきる（起きる）	さげる（下げる）	とる（取る、撮る）	もつ（持つ）
おこす（起こす）	しまう	なおす（直す、治す）	もどる（戻る）
おこる（怒る）	しまる（閉まる）	なさる	やすむ（休む）
おっしゃる	しめる（閉める）	ならう（習う）	よむ（読む）
おぼえる（覚える）	しらべる（調べる）	なる	よろこぶ（喜ぶ）
おもう（思う）	すぎる（過ぎる）	なれる（慣れる）	わかる（分かる）
およぐ（泳ぐ）	すむ（住む、済む）	にげる（逃げる）	わかれる（別れる）
おりる（降りる）	（スリが）する	ぬすむ（盗む）	
★かえす（返す）	たおれる（倒れる）	のこる（残る）	

★音韻上の理由で03型になっているもの／○1冊のテキストのみに出ているもの

●0型

あがる（上がる）	かう（買う）	つかう（使う）	ひく（引く、弾く）
あく（開く）	かりる（借りる）	つかまえる（捕まえる）	ひろう（拾う）
あける（開ける）	かす（貸す）	つたえる（伝える）	ふむ（踏む）
あげる（上げる）	かわる（変わる、代わる）	つづく（続く）	まがる（曲がる）
あそぶ（遊ぶ）	きえる（消える）	つづける（続ける）	みがく（磨く）
あらう（洗う）	きく（聞く）	つれる（連れる）	みつかる
いう（言う）	きこえる（聞こえる）	でかける	むかえる（迎える）
いく（行く）	きめる（決める）	とぶ（飛ぶ、跳ぶ）	めしあがる
いただく	きる（着る）	とまる（止まる）	もらう
いる（居る、要る）	くれる	とめる（止める）	やく（焼く）
いれる（入れる）	けす（消す）	なく（泣く、鳴く）	やせる
うかがう（伺う）	ころぶ（転ぶ）	なくす（失くす）	やむ（止む）
うく（浮く）	さがす（探す）	なくなる（亡くなる）	やめる（止める、辞める）
うたう（歌う）	さしあげる	ならぶ（並ぶ）	やる
うまれる（生まれる）	しかる（叱る）	ならべる（並べる）	よごれる（汚れる）
うる（売る）	しぬ（死ぬ）	なる（鳴る）	よぶ（呼ぶ）
おく（置く）	しる（知る）	ねむる（眠る）	わかす（沸かす）
おくれる（遅れる）	（タバコを）すう（吸う）	ねる（寝る）	○わく（沸く）
おくる（送る、贈る）	すく（空く）	のぼる（登る）	わすれる（忘れる）
おこなう（行う）	すてる（捨てる）	のる（乗る）	わたす（渡す）
おしえる（教える）	する	はく（履く）	わたる（渡る）
おす（押す）	すわる（座る）	はじまる（始まる）	わらう（笑う）
おどる（踊る）	たりる（足りる）	はじめる（始める）	わる（割る）
おわる（終わる）	ちがう（違う）	はたらく（働く）	

○1冊のテキストのみに出ているもの

ここで、活用形ごとの基本アクセントを、「うたう」「はなす」の2語を例に、見てみましょう。

活用＼グループ	0型	02型
終止・連体	うたう	はなす
－ない －う	うたわない うたおう	はなさない はなそう
連用 （中止）	うたって うたいます うたいは うたい	はなして はなします はなしは はなし
－ば	うたえば	はなせば
命令	うたえ	はなせ

表中の例の「うたう」「はなす」はともに、いわゆる五段活用の動詞（日本語教育では、子音動詞、-u verbsあるいはⅠグループなどと呼ばれる）ですが、いわゆる一段活用動詞（母音動詞、-ru verbsまたはⅡグループ）の場合は、連用形（〈ーて形〉またはte-form）で拍数が違ってきますが、後ろから数えたアクセント核の位置ということで見れば類推できますし、2拍動詞で後ろから3拍目が核という場合は、3拍目はないのですから当然2拍目に核がくることになります。（「みて」など）。

次に、これらの動詞に助詞・助動詞が結合した時のアクセントの型を見ることにしましょう。大きく分けて、これには4つのグループがあります。

音　声　53

アクセント種類	助詞・助動詞	動詞の型	結 合 後 の アクセント型	例 $\begin{cases} 0型 & うたう \\ 02型 & はなす \end{cases}$
I	れる、られる、せる、させる	0型	0型	うたわれる うたわせる
		02型	助詞・助動詞の型と同じ	はなされる はなさせる
II	まい、たい、そうだ(推量)、ぐらい くらい、どころか、ばかり、だけは、らしい	0型	助詞・助動詞の型と同じ	うたうまい うたいそうだ
		02型	〃	はなすまい はなしそうだ
III	ようだ、そうだ(伝聞)、たり、まで	0型	助詞・助動詞の型と同じ	うたうようだ うたったり
		02型	動詞のアクセントが生きる*	はなすようだ はなしたり
IV	ほど、と、が、た、ね、よ、な	0型	0型	うたうほど うたうと
		02型	動詞のアクセントが生きる	はなすほど はなすと

＊ただし、軽く言い足す時には、動詞アクセントも生き、アクセント核が2つになる。

以上の活用表に、p.50、p.51のリストの動詞を入れながら口ならしをし、少しずつ型を覚えていってください。

Question 17　アクセントの練習方法を教えてください。〈名詞〉

名詞は、前述の動詞や形容詞のようには、型の種類が少なくありません。語を構成している拍数より1つ多い数の型が存在するのです。3拍語

には4種類、4拍語には5種類のアクセントの型があるということです。それを遂語的にいちいち覚えるというのは大変なことですから、ここでも何か手がかりになる傾向のようなものを探してみることにしましょう。

まず、5拍以上の比較的長い単語は、ほとんどが03型、つまり終わりから3つ目の拍の後ろに音の下がり目がある型です。4拍語は0型も多くそれ以外の型も若干存在しますが、圧倒的に多いのは03型です。固有名詞ではほとんど例外なく0型か、03型です。これがまずひとつの手がかりです。

次の手がかりは、複合名詞の型を決定する接尾辞です。もとの名詞が何型であれ、新しく出来上がった複合名詞の型を一定にしてしまいます。以下順を追って書いてみましょう。

● 0型にする接辞群

　　～村(ムラ)、～人(ニン)、～色(イロ)、～型(ガタ)、～家(カ)、～教、～場(ジョー)、～製、～代、～中(チュー)、～行(イキ)、～山(ヤマ)、～的、～性、～党、～漬、～焼き、～勝ち、～負け、

● 02型にするもの

　　～市、～区、～士、～婦、～器、～手(シュ)、～費、～部、～社、～主義、～記事、～都市

● 03型にするもの

　　～人(ジン)、～県、～券、～室、～館、～会、～省、～村(ソン)、～局、～箱、～店(テン)、～学、～駅、～城(ジョウ)、～川、～郡、～政府、～料理、～神社、～印(ジルシ)、～薬(グスリ)、～時代、～道具、～売り場、～会社、～制度

● 04型にするもの

　　～大学、～協会、～番号、～学校、～委員会、～銀行

接尾辞との結合によってできる新しいアクセント型を、0型、02型、03型と書いてきましたが、実はこれらは、先行名詞の最後の拍にアクセント核をもたらすものと、全体を平板化するものとの2種類に大きく分けることができます。その中に入らない03型の「～政府」、「～料金」など、

04型の「〜大学」、「〜番号」などは、実は接尾辞ではなく、独立した自立語というべきでしょう。このような自立語の場合、先行名詞と後続名詞のアクセント型によって別の規則性を見出すことも可能ですが、日本語教育ではむしろ、全体が一語となる、つまり核が2個所にならず、なだらかに、山をひとつ描くように発音指導することが大切だと思います。

最後に上述のアクセント法則に例外をもたらす音韻上の大前提について述べましょう。「それはアクセント核と、特殊拍や二重母音、母音の無声化などは共起しにくい」というものです。撥音、引き音、促音、「-aい」「-oい」など口の開きの大から小への二重母音の「い」の上にくるアクセント核は前に1拍ずれ、無声化母音上にきたアクセント核は原則として1拍、後ろにずれます。以下に2、3例をあげましょう。

キタキューシューシ、フチューシ、セーナンシ、シンダイケン、コークーケン、キューコーケン、オンセーガク、テンモンガク、ケーザイガク
キテ（来て）、チチ（父）、トクシマ（徳島）

スペースの制限のため、ここではこれ以上詳しく説明することができませんが、1拍〜3拍の基本名詞については、動詞の時と同じようにリストをつくり個々に覚えなければなりません。練習の手順やリストは『日本語教育指導参考書1　音声と音声教育』〔文化庁〕（pp.102〜109）に詳しく出ていますから、それらを参考に新出語も加えてカードをつくり、自分なりのアクセントの早見表にしてください。

参考文献

Question 7

『言調聴覚論研究シリーズ第5巻　言調聴覚論による調音時の緊張性——その

紹介と考察』クロード・ロベルジュ（上智大学聴覚言語障害研究センター、1982）

『講座 日本語と日本語教育第13巻 日本語教授法（上）』土岐哲（明治書院、1990）

『日本語音声学』天沼寧／大坪一夫／水谷修（くろしお出版、1978）
『講座 日本語 第五巻 音韻』（岩波書店、1977）
『日本語発音アクセント辞典』NHK編（NHK、1985）
『教師用日本語教育ハンドブック⑥ 発音 改訂版』（国際交流基金、1981）
『日本語の世界7 日本語の音韻』小松英雄（中央公論社、1980）
『当節おもしろ言語学』城生佰太郎（講談社1985）
『音声学 新装増訂版』城生佰太郎（アポロン音楽工業株式会社、1988）
『講座 日本語と日本語教育第2巻 音声・音韻（上）』杉藤美代子編（明治書院、1989）
『講座 日本語と日本語教育第3巻 音声・音韻（下）』杉藤美代子編（明治書院、1990）
『日本語教育事典』日本語教育学会編（大修館、1982）
『日本語教育指導参考書1 音声と音声教育』（文化庁、1971）

II 文 法

Question 18 「新宿に行く」「新宿へ行く」、「映画に行く」「映画へ行く」は全部正しいのですか。

この場合、「新宿」は目的の**場所**であり、「映画」は行為の**目的**です。まず目的の場所を示す助詞について考えましょう。

① 遠くへ/に行く。
② 向こうへ/に行く。
③ あっちのほうへ/に行く。
④ 外国へ/に行く。
⑤ アメリカへ/に行く。
⑥ アメリカのニューヨークへ/に行く。
⑦ ニューヨークの国連本部へ/に行く。

①〜⑦の例文は「へ」「に」どちらを使っても違和感はありませんが、①、②、③、④はどちらかといえば「へ」、⑤、⑥はどちらでもよく、⑦はどちらかといえば「に」がいいと感じるのではないでしょうか。①〜④の「遠く」「向こう」「あっちのほう」「外国」のような言葉は、目的の場所というより、むしろ方向や方角を表していると考えられます。厳密に「へ」「に」の使い分けを観察すると、方向や方角、また漠然とした行く先を示すには「へ」、目的の場所がはっきりしている場合には「に」を使うと言えるようです。そして「学校」「図書館」「教会」などのように、たんに目的の場所というだけでなく、そこで行われる行為（勉強、読書、礼拝など）までも意味として含み持つ言葉の場合には、より「に」のほうがふさわしいと感じるのではないでしょうか。

方向や方角、目的の場所を必要とする動詞は「行く」だけではありま

せん。次の例も観察しましょう。

⑧ 日本へ/に来る。
⑨ うちへ/に帰る。
⑩ 成田へ/に着く。
⑪ ふろへ/に入る。
⑫ 電車へ/に乗る。
⑬ いすへ/に座る。

「来る」や「帰る」は「行く」に比べて目的の場所がはっきりしているため、どちらかといえば「に」のほうがいいと感じるかもしれませんが、「へ」でも不自然ではありません。「行く」「来る」「帰る」の目的地の示し方については、厳密にいえば「へ」と「に」で以上のような違いがあるようですが、実際には目的地がはっきりしているか、漠然としているか、さらにそこでの行為まで含み持っているかによって私たちが「へ」と「に」を使い分けているかどうかは疑問です。

外国人に指導する立場からは、「行く」「来る」「帰る」については、目的の場所を示すのは「に」「へ」どちらでもよいと指導してよいのではないでしょうか。「新宿へ行く」も「新宿に行く」もどちらも正しいと言ってよいでしょう。ただし、「着く」「入る」「乗る」「座る」などの動詞については、「に」のほうで指導することが普通です。

では「映画へ行く」「映画に行く」についてはどうでしょうか。次の例を見てください。

⑭ 買物へ/に行く。
⑮ テニスへ/に行く。
⑯ 勉強へ/に行く。
⑰ 海水浴へ/に行く。
⑱ ボウリングへ/に行く。

⑲ コンサート<u>へ/に</u>行く。
⑳ 国連総会<u>へ/に</u>行く。

⑭〜⑳の〜線を引いた語は、すべて現地へ行ってするべき目的の行為です。それで、これらを示す時には、「へ」ではなく「に」のほうが適切だと感じるのです。⑱〜⑳では「へ」も許容できるように感じられますが、それは「ボウリング」に「ボウリング場」、「コンサート」に「コンサートホール」、「国連総会」に「会議場」の意味を重ね合わせているためではないでしょうか。しかし基本的には、目的の行為は「に」で示すと言ってよいでしょう。目的の行為は、名詞だけでなく動詞の連用形で表すこともあります。また、この「に」は次の㉒㉓のように「来る」「帰る」などの動詞が目的の行為を必要とする時にも用いられます。

㉑ 泳ぎ<u>に</u>行く。
㉒ 遊び<u>に</u>来る。
㉓ 会い<u>に</u>帰る。

結論として、日本語を指導する立場から言えば、「新宿へ行く」、「新宿に行く」はどちらでもいいが、「映画へ行く」よりも「映画に行く」のほうが適切だということになります。　　　　　　　　　　　　　　(K)

Question 19　　助詞の「に」も「で」も場所を示す時に使いますが、同じですか。

「に」も「で」も場所を示す言葉に接続します。

① ここ<u>に</u>本があります。
② ここ<u>で</u>本を読みます。

①②の「に」と「で」を入れ替えると、非文法の文ができます。

「に」「で」はたんに場所を示す助詞と規定しただけでは規則として不十分であることがわかります。

したがって、「に」は存在の場所を示し、「で」は動作・行為の行われる場所を示すとさらに限定して指導しなければなりません。より厳密な言い方をすれば、場所と存在を伝える動詞との関係を示す場合に「に」を使い、場所と動作・行為を伝える動詞との関係を示す場合に「で」を使うということになります。

③ ここにいる。　（存在）
④ ここに住んでいる。　（存在）
⑤ ここで食べる。　（動作・行為）
⑥ ここで運動する。　（動作・行為）

しかし、学習者を悩ますのは以下のような例です。

⑦ 駅前で待ちます。
⑧ 部屋で横になります。
⑨ 机の上に本を置きます。
⑩ 券売機の前に集まってください。
⑪ 2階の会議室で会議があります。
⑫ 1992年にバルセロナでオリンピックがありました。

⑦⑧は、「待つ」も「横になる」も動作・行為という感じがないからでしょうか、「で」であるべきところに、「に」を使う学習者が多いようです。

⑨⑩は、動詞自体は明らかに動作・行為を伝えているので、「に」をとることが学習者にはわかりにくいようです。しかし、「置く」「集まる」を以下のように使う場合には「で」が用いられます。

⑬ 教室で机の上に本を置く。

⑭ 駅で券売機の前に集まってください。

「置く」、「集まる」という行為はそれぞれ教室、駅でとり行われるわけですから、それを示すために「で」が用いられます。それでは、⑨⑩の「に」は何を伝えているのでしょうか。

動作が行われた結果、何かが、ある場所に存在するようになることを意味しています。すなわち、「本を置くと机の上に本が存在する」ことになります。また、「人が集まると券売機の前に人々が存在する」ことになるのです。以下のような例もこの使い方です。

⑮ ここに名前を書いてください。
⑯ 壁に絵をかけます。

いずれも、ある行為をした結果が「に」で示されている場所に存在することを示しています。ですから、これと同じように解釈すれば⑧の例も「部屋に横になります」という表現が可能です。横になった結果「部屋に存在する」ことになったのです。したがって「部屋に横になる」もまったく非文法ということはないのですが、第一印象として非文法だと感じるのは部屋は横になることがとり行われる場所としての解釈の方がずっと強いことによるのでしょう。

それでは、⑪⑫の例はどうでしょうか。ただ、「ある」だけをみると、「ここに本がある」と同じ構造です。ここで重要なのは、「本」と「会議」の違いです。「本」も「会議」も品詞上は名詞という同質の性格を持っていますが、意味上は異なります。「本」はある物の名称ですが、「会議」は議論をする会のことです。ある行為を内包しています。オリンピックはスポーツ大会の名称である一方で、世界各国からの人々がスポーツをする会を意味します。

名詞といっても名称を示す名詞や動作・行為を内包している名詞などがあるのです。後者の場合には、場所を「で」で示すことになります。

また、同じ動詞でも、「に」をとったり、「で」をとったりするものがあります。

⑰　ここに/で泊まる。
⑱　あそこに/で止めてください。
⑲　病院に/で生まれた。

「に」「で」両者の判断はここまで考えてきたように、動作の結果の存在の場所、動作・行為の行われる場所と焦点の置き方にあると考えられます。「病院に生まれる」は、病院の子供というか、誕生後に病院に存在することになったことを意味しています。

⑰⑱については、初級の段階では、実際には「に」で指導し⑲については「で」で指導する場合が多いでしょう。　　　　　　　　　　　　　　(A)

Question 20　　「氷上を滑る」と「氷上で滑る」はどう違いますか。

まず、次の例を見てください。

①　川を/で泳ぐ。
②　鯨は太平洋を/[で]泳ぐ。
③　私は太平洋[を]/で泳ぐ。

「を」と「で」を入れ替えてもさほど抵抗もなく受け入れられる例と、非文法とは言えないまでも正しく事実を反映していないという印象を受ける例があります。「を」も「で」も場所を示す言葉のあとに用いられるのですが、両者の使い方が異なることがわかります。

この違いを明確に示しているのが例文②③です。②で、「鯨は太平洋を

泳ぐ」のほうがいいのは、鯨が回遊している事実があることによります。また③で「を」が不自然なのは、「私は太平洋を回遊できませんし、日本からアメリカへ泳ぐこともできない」ことによります。③で「で」がいいのは、太平洋のどこかで泳ぐことは可能だからです。

「を」は移動性の動詞とともに用いられて通過する場所、周遊する場所を示します。

④ 飛行機は空を飛ぶ。
⑤ 濁流を泳ぎきった。
⑥ 100メートルを10秒で走った。
⑦ 噂は街中をかけめぐる。
⑧ 10,000メートル競走はトラックを25周する。
⑨ 山手線を一周するマラソンに参加する。

一方、「で」は動作・行為の行われる場所を示します。

⑩ 食堂で食べる。
⑪ 公園で運動する。

移動を示す動詞は同時に動作・行為を示す動詞でもありますから、「で」を用いることもできます。

⑫ 公園で走る。
⑬ ドーバー海峡で泳ぐ。

しかし、この場合には移動・回遊といった解釈はなく「走ること」「泳ぐこと」が起こる場所としての解釈しかありません。仮に、水泳が得意で、体力に自信のある人なら、「ドーバー海峡を泳ぐ」となりますが、一般には「ドーバー海峡で泳ぐ」です。しかし、スーパーマンなら「太平洋を泳ぐ」も可能になるでしょう。

最後に、空間ではなくとも、通過の概念を伝える場合にも「を」が用

いられますので、例文だけあげておきます。

⑭ 10時を過ぎたら、入場できません。
⑮ 仕事も山を越したから、ひと安心だ。
⑯ 修羅場を通ってきた。
⑰ 一年も半ばを過ぎた。

(A)

Question 21　「友達と会う」ですか、「友達に会う」ですか。

① 今晩友達と/に会うので帰りが遅くなる。
② 今晩は、高校の時の先生[と]/に会うので……
③ 入院している友達[と]/に会って帰る。
④ 私は大統領[と]/に会う機会を持った。

上の例で見るように、「と」「に」に使い分けがあるようです。④の例では、だれが会うのかによって、「と」と「に」の選択が異なるのではないでしょうか。

⑤ アメリカの大統領はロシアの大統領と/[に]会うことになっている。

⑤の例については、「に」を用いたら場合によっては政治問題になりかねません。このことに「と」と「に」の使い分けが端的に現れていると言っていいでしょう。

「会う」とか「別れる」といった動作・行為は、その動作・行為を成就させるためにともに動作・行為を行う相手を必要とします。「会う」は「会う」相手がなければ「会う」になりませんし、「別れる」のにも「別れる」相手を必要とします。

こういった動詞に次のような事実が観察されます。

⑥ AチームはBチームと/ˣに戦う。
⑦ AはBと/ˣに結婚する。
⑧ AはBと/ˣに別れる。[1]
⑨ AはBと/に相談する。
⑩ AはBと/にぶつかる。

相手を示すのに、「と」しか取れない動詞グループと「と」「に」両方取れる動詞グループがあることがわかります。前者には、「戦う」「結婚する」「別れる」がありますが、これらは図1が示すように、AとBの双方から歩み寄ったり、離れたりする動作・行為です。このような場合には「と」のみが用いられます。

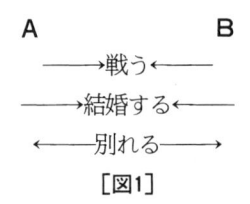

```
        A            B
       ──→戦う←──
       ──→結婚する←──
       ←──別れる──→
```
［図1］

一方、「相談する」「ぶつかる」のような動作・行為は次の図2が示すように、双方から歩み寄る場合ⓐと片方からの一方的な方向性が認められる場合ⓑとの両方の可能性があります。前者の場合に「と」が、後者の場合に「に」が用いられることになります。

```
            A            B
     ⓐ  ──→相談する←──
     ⓑ  ─────→相談する
     ⓑ  ──→ぶつかる←──
     ⓑ  ─────→ぶつかる
```
［図2］

ですから、「ぶつかる」では相手が対向車だったり、向こうから走ってくる友達だったりすれば、「対向車とぶつかる」「出会い頭に友達とぶつかる」となります。また、「ぶつかる相手」が壁だったり、停車中の車だったりすれば、「壁にぶつかる」「停車中の車にぶつかる」となります。

双方からの働きかけの場合は「と」が用いられ、どちらか一方が相手に向かう場合には「に」が用いられるということがわかりました。

しかし、「と」の関係であっても両者のバランスがもうひとつの条件となります。

⑪ 昨日は、6時に会う約束をして、駅で先生に/[と]会った。
⑫ 走ってきた子供は走ってきたおじさんに/[と]ぶつかった。

⑪の場合、現実的には、両者が互いに近づくという図1の関係にありますが、心理的には両者のバランスが対等ではありませんから、「に」のほうがよくなるのでしょう。また、⑫の場合も、子供とおじさんが双方からぶつかるのですから、「と」の関係です。しかし、「に」のほうがよく響くのではないでしょうか。これもまた両者のバランスが対等ではないことによると考えられます。それでは、次の例はどうでしょうか。

⑬ 全力疾走してきたオートバイは同じく猛スピードで走ってきたダンプカーに/とぶつかった。

⑪⑫と同様に、⑬の場合は「と」だけが文法的となるはずなのに「に」も可能です。これもやはりオートバイがダンプカーに対して小さく、バランスが違うことによるのでしょう。

ここまでは、小さなほうに焦点を当ててみたわけですが、大きいほうに焦点を当てたらどうなるでしょうか。

⑭ 走ってきたおじさんは走ってきた子供[に]/とぶつかった。
⑮ 猛スピードで走ってきたダンプカーは全力疾走してきたオートバ

イ [に]/とぶつかった。

この場合には「と」のほうが良くなります。「に」を用いると、それぞれ「おじさん」、「ダンプカー」のほうからぶつかった印象を受けます。

見てきたように、理屈上では「と」の関係にある場合にも、両者の心理的・物理的バランスの差によっては、「に」が選ばれることがわかります。
(A)

1) 「母に死に別れる」のように「別れる」には「に」を使う場合もある。

Question 22　「二郎と花子が結婚した」は、二郎と花子のカップルがひとつできたという意味ですか。

① 二郎と花子が結婚した。
② 二郎と三郎が結婚した。

①の例を聞いたら、二郎と花子のカップル誕生を祝ってやろうと思うでしょう。しかし、②の場合は、二郎と三郎を1つのカップルだとは考えないのが普通で、二郎と三郎、それぞれの相手はだれなのかと思うでしょう。①ではカップルが1つ、②では2つのカップルができたと考えると思います。

文の構造としては、①も②もともに「AとBが結婚する」という構文で表されます。しかし、その解釈は大きく違っていることから同じ構文をどう解釈し分けるかが問題となります。文中の名詞（ここでは二郎、花子、三郎）が解釈の鍵となると考えることもできると思います。ここで①をもう一度見なおしてみましょう。

③ (クラス会などで久しぶりに会った友達の会話)
   A：このクラスの連中はみんなもてないね。
   B：そんなことないよ。今年になって「二郎と花子が結婚した」よ。二郎の嫁さんは外国人だって。
   A：へぇ。で、花子の相手は(?)
   B：うん。今日聞いてみようと思ってるんだ。

③では二郎と花子はカップルにはなっていません。文中の名詞が、常に解釈の決め手になるとは言えない場合もあるようです。

①と③から、「AとBが結婚する」という構文は二義文をつくる構造で、A、Bの内容(名詞の意味)によっては②のように意味が特定できる場合があると観察できます。

文法的には「と」に2種類の意味・機能があると考えられ、例①を、二郎と花子がカップルと解釈した時の「と」は格助詞、同じ例文①でも、それぞれ別な相手と結婚したと解釈した時の「と」や例②の「と」は並立助詞と分類されています。

まず並立助詞ですが、並立というのは、同等のものを並べるという意味で、並べられたもの、つまり名詞ですが、それらの間に直接の関係があるかないかについては言及していません。

では、並立の「と」の例をもう少し見ておきましょう。

④ 昨日ペンとインクを買った。
⑤ 先週京都と奈良へ行った。

上の④⑤は一義文です。先の①との違いは、①では「と」で結ばれる名詞に「が」が続いている、つまり主語になっているが、例えば④では「を」が続き、目的語となっているという点だとも考えられます。しかし次の例から、二義文となるか否かは主語なのか、目的語なのかが問題となるものではないことがわかります。

⑥ 桜と梅が大風で倒された（倒れた）。

そこで今度は①と⑥の違いを見てみると、前者の主語が人であるのに対し、後者の主語は人ではありません。ところがこれも決め手とはならず、人が主語である次の⑦も一義文なのです。

⑦ 会議では二郎と花子（だけ）が発言しました。

それでは何が二義文をつくる原因となるのでしょうか。もう一度①と⑦を比べてください。①と⑦は動詞を除いてすべて同じです。①の動詞は「結婚する」、⑦の動詞は「発言する」です。「結婚する」という動詞はその行為、「結婚する」を必ず2人で行うという制約がありますが、「発言する」という動詞にはこの制約はありません。

そこで、必ず2人で行う動作か否か、つまり、必然的な共同作業か否かという点に注目すると、動詞は次の3つに分類されます。

(1) **必然的に共同で行う行為、つまり共同行為者を要求する。**
　〈例〉結婚する、離婚する、けんかする、ぶつかる、闘う、「一合う」など。
(2) **必然的に共同では行わない行為、すなわち必ず一人で行う行為。**
　〈例〉寝ぼける、自問自答する、独り言を言う、など。
(3) **基本的には共同行為者を要求しないが、場合によってはだれかと一緒に行うことも可能な行為。**
　〈例〉勉強する、行く、持つ、など。

それでは、ここで標題文の構文「AとBが〈動詞―する〉」と上記の3種類の動詞(1)、(2)、(3)との関係を探りましょう。この構文に(1)、(2)、(3)のどの分類の動詞を入れても文法的な文を生み出します。

⑦ 二郎と三郎がけんかした。……………(1)の例

⑧ 二郎と三郎が寝ぼけた。……………………(2)の例
⑨ 二郎と三郎が試験のために勉強した。……(3)の例

さて、次に格助詞のほうを見てみましょう。文の中で名詞の動詞に対する関係を伝える助詞は格助詞と呼ばれています。次の例を見てください。

⑩ 二郎が来た。

⑩の「が」は、「二郎」という名詞が「来る」という動作を行うものだという意味を伝える役目を担った格助詞です。また、この「が」は主格を示す「が」と言われています。このほか次の波線の助詞もここでは格助詞です。

⑪ 日曜日に花を買った。
⑫ 京都へ行きたい。

動詞（広くは述語）は、その意味を完結するためにいろいろな名詞を要求します。いわゆる主語はどの動詞にも要求されますが、目的語を要求するのはすべての動詞というわけではありません。いわゆる他動詞が目的語を要求します。

「結婚する」など、先ほど(1)に分類された動詞は2者で行うことを原則としています。言い換えると(1)の動詞はその動作を完了するために2者を要求します。一般にこの2者は共同行為者などと呼ばれますが、この共同行為者を示す助詞が「と」なのです。この場合の「と」は格助詞です。

(1)の動詞に対し(2)の動詞は必ず1者が行うもので、共同行為を示す格助詞「と」との共起は不可能なことです。(2)の動詞が「AとBが〈動詞―する〉」という構文に使われた場合、「と」は並立助詞でしかありえません。すると①の「二郎と花子が結婚した」はなぜ二義文となるのでしょうか。筆者なりに考えてみました。次の文を見てください。

⑬ 二郎と花子がモデルと結婚した。

格助詞の「と」と並立助詞の「と」の定義から、⑬の「二郎と」の「と」は並立助詞、「モデルと」の「と」は格助詞と分類できます。①の「と」を並立助詞の「と」と解釈し、③のようなやりとりを満足させるには⑬のような状況が成立していなければなりません。言い換えると、①の「と」が並立助詞である場合は、⑬の構造から「モデルと」に当たる部分が表面に表れていない場合だと考えます。①の「と」を並立助詞とする例がもうひとつあります。

⑭　二郎と花子とが結婚した。

　⑭の「と」は2つとも並立助詞です。この構造の「花子と」の「と」が失われて①の構造になった。そう考えることもできます。⑬⑭から①の「と」が並立助詞とも解釈できることが観察されました。
　以上、まとめてみると、「結婚する」は必然的に共同行為者を要求し、それは格助詞の「と」で示されます。①の「と」は格助詞の「と」であると解釈され、自動的に二郎、花子はカップルになります。もうひとつは①の「と」は並立助詞だが、それは①の構造が⑬や⑭の構造から変形されたものだと考えられるというものです。①の「と」を並立助詞とした場合、この文だけでは情報が不足しています。
　　　　　　　　　　　　　　　　　　　　　　　　　　　　(N)

Question 23　　　「鉛筆があります」と「鉛筆はあります」はどう違いますか。

　「鉛筆があります」「鉛筆はあります」いずれもあまり考えずに英語に訳すと"There is a pencil."となり、学習者の混乱を招きます。しかし、「鉛筆があります」「鉛筆はあります」から受ける印象は異なります。
　次の例の(　)に「が」か「は」の適当なほうを入れて読んでください。

① A：あっ、佐藤さんだ。
   B：どこに（?）違いますよ。
   　　あの人（¹　）山本さんですよ。
   A：ああ。そうですか。
   　　あの人（²　）山本さんですか。名前だけは聞いていましたが。
   B：ええ。
   　　佐藤さん（³　）眼鏡をかけていませんから。
② A：あなたのかばん（⁴　）どこにありますか。
   B：あそこに黒いかばん（⁵　）ありますね。
   A：ええ。
   B：あれ（⁶　）私のです。
   A：そうですか。
③ A：お宅の近くに信託銀行（⁷　）ありませんか。
   B：いいえ。信託銀行（⁸　）ありません。
   A：じゃ、銀行（⁹　）ありますか。
   B：ええ。
   A：何銀行（¹⁰　）ありますか。
   B：X銀行（¹¹　）あります。
   A：X銀行（¹²　）どこにありますか。
   B：駅前にデパートと郵便局（¹³　）あります。そのデパートと郵便局の間に道（¹⁴　）あります。その道を入って、右側の2、3軒目にスーパー（¹⁵　）あります。X銀行（¹⁶　）スーパーの隣にあります。
   A：ありがとうございます。
   B：いいえ。
④ 鯨（¹⁷　）哺乳動物です。
⑤ 鯨（¹⁸　）哺乳動物であることをみんな知っている。

このようにしてみると「は」「が」を選択して使っていることがわかります。「は」「が」の使い方について以下のような見解があります。

[は]　　　　　　　　　　　　　**[が]**
主題（topic）　　　　　　　　　　主語（subject）
　　　　　　　　　　　　　　　　総記（exhaustive list）
　　　　　　　　　　　　　　　　ほかならぬ

対比（seperating one
　from others）
古い情報　　　　　　　　　　　　新しい情報
真理

前出の例①〜④を例にとり、「見解」と対照させて検討してみると以下のようになります。

1) 古い情報　　　2) 新しい情報
3) 古い情報　　　4) 主題
5) 新しい情報　　6) 新しい情報
7) 主題　　　　　8) 古い情報
9) 対比　　　　　10) 新しい情報
11) 新しい情報　　12) 古い情報
13) 新しい情報　　14) 新しい情報
15) 新しい情報　　16) 古い情報
17) 真理　　　　　18) 総記

それでは、標題の文の「鉛筆があります」「鉛筆はあります」の「が」「は」についてはどうでしょうか。「が」は主語を示している一方で、「ほかならぬ」といった総記の解釈を受け、「は」は対比の解釈が優先すると思いますが、どうでしょうか。しかし、それは、母語話者だからわかることです。私たちは談話を想定して解釈をしているのです。母語話者

は前述したような規則を運用しているからこそ単独の文でも解釈できるのです。別の言い方をすれば、次の⑥⑦であげるような談話を想定することができるから、理解できるのです。

⑥　A：机の上に何がありますか。
　　B：鉛筆があります。
⑦　A：そこにペンがありますか。
　　B：いいえ。でも、鉛筆はあります。

それでは、次の例はどうでしょうか。

⑧　(小説の書きだしなど) 山辺はこう思った。
⑨　A：映画に行かない(？)
　　B：映画はねえ……
⑩　本日、私がお話ししたいことは……

「は」には、既知の情報を導き、未知の情報と関連づける用法があります。⑧のような始め方をすると、「山辺のこと」をあたかも前から知っているかのごとく扱い、話に読者を引き寄せる効果があります。また、⑨は、対比の意味であり、映画以外のものがいいという意味が読み取れます。⑩では、主題として、聞き手の注意を引く機能を果たしています。

このように「は」を用いることによって、中立的に事柄を述べるのではなく、言外の意味を提示することになります。そして、それが主題、対比、旧情報、真理だったりするのです。

ここまでは、「は」「が」を対立させて考えてきましたが、「は」は「が」とのみ問題を持つのではありません。

⑪a　パンを食べます。
　b　パンは食べます。
⑫a　ここから見えます。

b ここからは見えます。
⑬a 昨日、映画を見に行きました。
b 今日は、映画を見に行きました。

「は」は係助詞と分類されることが多いのですが、⑫で格助詞とともに現れることからもわかるように、格助詞「が」とは本質的に性格が異なります。ですから、「は」対「が」ととらえるのではなく、「は」あるいは「が」によって何を伝えようとしているのか、何がどう伝わるのか、何が伝えられるのかを検討しなければならないのだと考えます。　　(A)

Question 24 　「鯨が哺乳動物である事実」と「鯨は哺乳動物である事実」は同じですか。

まず、次の例文の（　）に「が」「は」を入れてみてください。

①a 田中さん（　）本を買った。
b 田中さん（　）買った本
②a 田中さん（　）大阪へ行く。
b 田中さん（　）行く大阪
③a 田中さん（　）佐藤さんと教室にいる。
b 田中さん（　）佐藤さんといる教室

aについては、文脈が固定されていませんから、「は」「が」のいずれも可能だったのではないでしょうか。一方、bについては、「が」のみが入ったと思います。bでは、文脈とは関係なく「が」であるということは助詞の選択は文の構造上決定されることを意味します。それは、連体修飾節であることです。ですから、標題の文、「鯨（　）哺乳動物である事

実」では、「鯨」から「である」までが連体修飾節ですから、（　）には、「が」のみが入ることになります。

　①～③のbの句を入れた文を見てみましょう。ここでも（　）の中には、「は」か「が」かどちらが入るか考えながら見てください。

④a　田中さん（　）買った本が机の上にある。
　b　田中さん（　）買った本を妹にあげた。
⑤a　田中さん（　）行く大阪はにぎやかだ。
　b　田中さん（　）行く大阪でタコ焼きを食べる。
⑥a　田中さん（　）佐藤さんといる教室は広い。
　b　田中さん（　）佐藤さんといる教室で居眠りをしている。

aには「が」が、bには「は」が入ったのではないでしょうか。bには「が」も可能だと思った人もいるかもしれません。どんな構造の場合に「が」で、どんな構造の場合に「は」か見てみましょう。

④a　（田中さんが買った）本が机の上にある。
⑤a　（田中さんが行く）大阪はにぎやかだ。
⑥a　（田中さんが佐藤さんといる）教室は広い。

④b　田中さんは（〔田中さんが〕買った）本を妹にあげた。

　　本をあげた人も、買った人も田中さんで、そのことを明記して構造を明示すると上のようになります。

⑤b　田中さんは（〔田中さんが〕行く）大阪でタコ焼きを食べる。

　　タコ焼きを食べる人も田中さんであり、大阪へ行く人も田中さんであると、これも上のようなります。

⑥b　田中さんは（〔田中さんが〕佐藤さんといる）教室で居眠りをしている。

④b、⑤bと同様にし、教室にいる人も田中さんで居眠りしている人も田中さんであると、やはり上のような構造になります。

上の矢印で示したように「田中」は文末の動詞と主述関係を持っています。このような場合には、「は」が選ばれます。仮に、「が」を入れるとどうでしょうか。

④c 田中さんが買った本を妹にあげた。
⑤c 田中さんが行く大阪でタコ焼きを食べる。
⑥c 田中さんが佐藤さんといる教室で居眠りをしている。

「が」を入れると④a、⑤a、⑥aと同様の構造を持つことになります。すなわち「田中」は「買った」「行く」「いる」の行為の主体であって、「あげる」「食べる」「居眠りをしている」の行為の主体にはならないのです。

仮に「買った人」「行く人」「いる人」が別の人（山下とする）であり、「あげる」「食べる」「居眠りをしている」人が「田中」である場合には次のようになります。

④d 田中さんは山下さんが買った本を妹にあげた。
⑤d 田中さんは山下さんが行く大阪でタコ焼きを食べる。
⑥d 田中さんは山下さんが佐藤さんといる教室で居眠りをしている。

これを整理すると以下のようになります。

1) 〈名詞句1─が…述語1〉〈名詞句0〉〈述語0〉

〈例〉一郎がつくった凧がここにある。

2) 〈名詞句2─は〉〈名詞句1─が…述語1〉〈名詞句0〉〈述語2〉

〈例〉花子は一郎がつくった凧を揚げた。[1)]

3) 〈名詞句2─は〉〈…述語1〉〈名詞句0〉〈述語2〉

〈名詞句2〉と〈名詞句1〉が同一あるいは〈名詞句1〉が表に現れてこない場合。
〈例〉花子はつくったお菓子を食べた。

この原則は形式名詞を用いる場合にも適用されます。

⑦a 田中さんが結婚した時、家を建てた。
 b 田中さんは結婚した時、家を建てた。
⑧a 田中さんが結婚したことを知らせた。
 b 田中さんは結婚したことを知らせた。
⑨a 田中さんが来る前に、宿題をした。
 b 田中さんは来る前に、宿題をした。
⑩a 田中さんが夜食を食べたあとで、寝た。
 b 田中さんは夜食を食べたあとで、寝た。

規則で提示した構造と対応させると、〈名詞句0〉が〔時、こと、前、あと〕に当たります。「田中」が「が」で示された場合には、〈述語1〉(結婚した/来る/食べた)とのみ主述関係を持ち、〈述語2〉(建てた/知らせた/した/寝た)に対応する行為の主体には別の人の存在を感じます。それに対し「田中」が「は」で示された場合は、〈述語2〉に対してはもちろんのこと〈述語1〉に対しても行為の主体の位置に立っていると解釈できます。しかし、bで、〈述語1〉に対して行為の主体に立つ別の人物(仮に、山本)が存在するなら、「山本が」として挿入されることになります。

⑦c 田中さんは山本さんが結婚した時、家を建てた。
⑧c 田中さんは山本さんが結婚したことを知らせた。
⑨c 田中さんは山本さんが来る前に、宿題をした。
⑩c 田中さんは山本さんが夜食を食べたあとで、寝た。

しかし、連体修飾節の中が複文であり、その中に対比の意味関係があ

る場合には「は」が用いられます。

⑪　田中は嫌いだが、佐藤が好きな飲物はビールだ。

飲物を修飾しているのは「田中」から「好きな」までです。田中と佐藤の好みを対比している関係で連体修飾節の中で「は」が現れてきています。連体修飾節の中が複文になっていても、対比の関係がない場合には「が」が用いられます。

⑫　田中が脚本を書いて、佐藤が撮った映画は賞に値する作品だ。

それでは田中が脚本と撮影の両方をし、その映画を編集している場合はどうなるでしょうか。（　）に「は」か「が」を入れてみてください。

⑬　田中（　）脚本を書き、自ら撮影した映画を編集している。

「は」になる理由を考えてみてください。　　　　　　　　　　　　（A）

　　1)　この場合、〈名詞句2〉は表に現れてこないことがあります。
　　〈例1〉一郎がつくった凧を揚げた。

Question 25　　　「日本語を勉強をします」と言えますか。

①　日本語を勉強する。
②　（大学院でさらに）勉強をする。

「勉強する」を動詞として習い、上の①のような文を使っていた学生が、②のような文に出合うと頭が混乱してしまいます。①に②を重ねると標

題の文になりますが、これは非文です。それは、同じ意味・機能をもち、同一の発音をもつ格助詞は一文の中に複数用いることができないからです。次の文③〜⑤はその例です。

③ ×日本語を勉強をします。(＝標題文)
④ ×ハワイにホノルルに行く。
⑤ ×二郎が三郎が本を読む。

これに対し、意味・機能が違うと、同じ発音をもつ助詞が一文中に現れても問題とはなりません。

⑥ あの二郎が能が好きなんだよ
⑦ 10日に母校に集まる(企画を立てている)。
⑧ 東京に友達に会いに来る。

⑥は主体を示す「が」と対象を示す「が」、⑦は時を示す「に」と場所を示す「に」、そして⑧は場所・動作の向かう相手、動作の目的をそれぞれの「に」が示しています。

また、一見同じ意味・機能と見えても、次の場合には文法的です。

⑨ 朝から1番から面接している。
⑩ 万年筆で筆記体で書く。

⑨の文中の2つの「から」は起点という意味では同じですが、前者は時の起点、後者は順番の起点という違いがあります。また⑩の「で」は道具と方法(様態)という違いがあります。

同一の意味・機能そして発音を持つ助詞が同一文中に使われない、という制約を格助詞に限定したのは、次の文は文法的に正しいからです。

⑪ 今日は二郎は会社は休みだ。

さて、前出の例文③、つまり標題の文に戻ってみましょう。

③a ×日本語を勉強をします。(=標題文)
 b 日本語の勉強をします。
 c 日本語を勉強します。

③aは非文ですが、③aの内容は③bまたは③cで伝えることができます。「勉強」という語はそれ自身は名詞で、「する」の対象となることができます。勉強の内容は「の」で示され、③bとなります。また、「勉強」は「する」を直接うけて、いわゆる「―する動詞」としても使われます。「勉強する」の対象は「を」で示され、③cとなります。同様の例をあげておきましょう。

⑫a ×部屋を掃除をする。
 b 部屋の掃除をする。
 c 部屋を掃除する。
⑬a ×シャツを洗濯をする。
 b シャツの洗濯をする。
 c シャツを洗濯する。

(N)

Question 26　格助詞はいつも使わなければなりませんか。

格助詞は日本語で重要な働きをしています。次の例を見てください。

① 山田（　）田中（　）佐藤（　）会う

①については「山田／田中／佐藤」が「会う」という動作・行為に関係している人であることはわかったとしても、どういう関係であるかが固定されません。いろいろな助詞が（　）内に想定されるからです。助詞を入れてみましょう。

①a　山田が田中に佐藤と会う。
　b　山田が田中と佐藤に会う。[1]
　c　山田に田中が佐藤と会う。

「が」「に」「と」を挿入すると、それぞれの関係が明確になってきます。しかし、格助詞は常に表面に現れているかというと、必ずしもそうではありません。

② A：夏、アメリカ行くの（？）
　 B：そう。
③ A：ボーナス何に使おうかな。
　 B：私、靴買うの。
④ A：だれ、あそこでアイスクリーム食べてるの（？）
　 B：花子さんよ。

また、新聞の見出しに、次のようなものがあります。

⑤a　小委答申提出
　b　宇宙特派員無事地球帰還

　②～⑤は、①の例と違って解釈可能です。唯一の格助詞しか想定されないからです。話し言葉や、見出しなどでは、理解可能であれば格助詞は表面に現れない場合もあるのです。表面に現れていなくても理解可能ですから、これを助詞の潜在化と呼びたいと思います。潜在化しているものを顕在化させられるので理解できるのです。しかし、どの格助詞も潜在化が起こるかというと、そうではありません。次にそのことを、疑

問詞に「も」を付加した表現(だれも/何も/どこも)で検討してみましょう。

⑥　A：だれが話しますか。
　　B：だれも話しません。
⑦　A：だれと話しますか。
　　B：×だれも話しません。
⑧　A：だれに話しますか。
　　B：×だれも話しません。
⑨　A：だれから話しますか。
　　B：×だれも話しません。
⑩　A：どこがいいですか。
　　B：どこもよくありません。
⑪　A：どこを見ましたか。
　　B：どこも見ませんでした。
⑫　A：どこと試合をしますか。
　　B：×どこも試合をしません。
⑬　A：どこへ行きますか。
　　B：どこも行きません。
⑭　A：どこから行けますか。
　　B：×どこも行けません。
⑮　A：どこで食べられますか。
　　B：×どこも食べられません。
⑯　A：何がありますか。
　　B：何もありません。
⑰　A：何を食べますか。
　　B：×何も食べません。
⑱　A：何で行きますか。

B：×何も行きません。
⑲　A：何からつくりますか。
　　　B：×何もつくりません。
⑳　A：何と食べますか。
　　　B：×何も食べません。

　格助詞が現れない場合には、「が」「を」の解釈になってしまうことがわかります。このことは、「が」「を」以外の格助詞は潜在化が起こらないことを意味します。一方、「が」「を」の関係は格助詞で明示されなくても解釈が可能だということを意味します。むしろ、「だれがも行きません」「何をも食べません」のように表面に現れると非文法となります。また、「へ」の関係についても潜在化が見られます。しかし、「どこへも行きません」のように「へ」が表面に現れても非文法ではない点が、「が」「を」とは異なります。このような現象は係助詞、副助詞との使用の場合にも見られます。

㉑a　彼は行きます。
　b　彼も行きます。
　c　彼さえ行きます。
　d　彼まで行きます。
　e　彼すら行きます。
　f　彼こそ行くべきです。
　g　彼だけ行きます。
　h　彼しか行きません。
㉒　コーヒーは好きです。
㉓　コーヒーは飲みます。

　㉑では「彼」と「行く」との間にどんな係助詞、副助詞が用いられても潜在化している格助詞が「が」であることに変わりありません。また、

㉒でも、「が」が潜在化していますし、㉓では、「を」が潜在化しています。さらに、次のような対話でも「が」「を」の潜在化が起こります。

㉔　A：だれが来ましたか。
　　B：×佐藤さんがです。
㉕　A：何を食べましたか。
　　B：×パンをです。

最後に、「だれか」「だれでも」「だれも」、格助詞が副助詞・係助詞とともに用いられる場合の語順について見ておきましょう。

格助詞の顕在化が起こる場合、格助詞と他の助詞との語順に規則があります。

　　（だれも）　　　だれとも/×もと行きます。
　　（だれか）　　　だれ×とか/かと行きます。
　　（だれでも）　　だれとでも/[でもと]行きます。
　　（係助詞）　　　田中さんとは/×はと行きます。
　　（副助詞）　　　田中さんとだけ/だけと行きます。

(A)
1)　「山田が田中と佐藤に会う」の「と」は2つの働きをしています。
　　(1)　同一の行動を一緒にする相手の意味であり、「山田が会う人は佐藤であって、1人で会うのではなく田中と一緒だ」という解釈です。
　　(2)　並立の意味で、「山田の会う人が田中、佐藤の両名である」という解釈です。
　　(1)の用法の場合に「と」は格助詞と分類され、(2)の場合に「並立助詞」と分類されます。

Question 27 「コーヒーを飲みたい」ですか、「コーヒーが飲みたい」ですか。

　動詞が活用することによって、要求する助詞が変化することがあります。「飲む→飲みたい」の活用に伴って、「水を飲む」から「水が飲みたい」に変わるのもその一例です。そして、日本語教育の教科書では〈動詞―たい〉の表現では対象の「を」が「が」に変わると指導することが多いのです。

　しかし、「コーヒーを飲みたい」「映画を見たい」「本を読みたい」と「を」のままの表現も実際には使われています。「が」「を」の使い分けを以下で見ていきましょう。

① 今日こそはアイロン[が]/をかけたい。
② 電話[が]/をかけたい。
③ 今日は、掃除[が]/をしたい。
④ 今度のパーティに花子さん[が]/を呼びたい。
⑤ あの有名な喫茶店のコーヒー[が]/を飲んでみたい。
⑥ みんなが来る前に、サンドイッチ[が]/を食べてしまいたい。
⑦ 喫茶店でコーヒー[が]/を職場の同僚と飲みたい。

　上の例では、「が」が不自然に響きますから、すべての場合に「を→が」の変化があるわけではないことが確認できました。上の例をもとに、「を」を使うほうが自然な場合をまとめると、以下のようになるでしょう。

(1) 〈名詞―を動詞〉の結びつきが強い場合 ……………………①②③
(2) 対象が人の場合 …………………………………………………④

(3) 複合表現の場合 …………………………………⑤⑥
(4) 対象となる名詞と〈動詞—たい〉が離れている場合 ……⑦

次に、「を」「が」の使い分けについて見てみましょう。

⑧ A：すみません。何か飲みたいんですが。
  B：紅茶でもいいですか。
  A：そうですね。ほんとうはコーヒーが/[を]飲みたいんですが。
⑨ A：アイスコーヒーでも飲みましょうか。
  B：暑い時は、ビールが/[を]飲みたいと思いませんか。
⑩ A：トム・クルーズの映画の切符ありませんか。
  B：売り切れです。リチャード・ギアの映画の切符ならありますが。
  A：じゃ、いいです。
  B：リチャード・ギアの映画もいいですよ。
  A：私は、トム・クルーズの映画が/[を]見たいんです。

上でも見るように、全体から取り立て、外のものではなく「コーヒー」「ビール」「トム・クルーズの映画」を対象として言う時には、「が」が用いられます。それに対して、特定化しないで対象を言う場合には、「を」のほうがいいようです。

⑪ A：今日、何をしようか。
  B：久しぶりに映画[が]/を見たいと思っているんですよね。
⑫ A：コーヒー[が]/を飲みたくありませんか。
  B：ええ。
⑬ A：すみません。
     コーヒー[が]/を飲みたいんだけど。
  B：かしこまりました。

⑫でみるようにたんに飲みたいものを尋ねる場合には、「を」を用いて

限定しないで聞くほうがいいようです。これは「が」を用いるとコーヒーを限定してしまうことになり、相手に選択の余地を残さないことになるからでしょう。

③の「掃除をしたい」でも、勉強でも、洗濯でも、料理でもなく掃除、を取りたてる場合には、「掃除がしたい」となるのではないでしょうか。これは、「が」が持つ総記(『日本文法研究』久野暲〔大修館書店〕)の機能に通じるものだと考えられます。　　　　　　　　　　　　　　(A)

Question 28 「彼を行かせる」と「彼に行かせる」とどう違いますか。

次の例を見ると、「を」「に」に使い分けがあることがわかります。

① 社員を/[に]夜遅くまで働かせる。
② 悪戯をした子供を/[に]立たせる。
③ いやがる子供を/[に]買物に行かせた。
④ 行きたがっていましたので、彼[を]/に行かせてみましょう。

一般的には「を」は強制、「に」は許可を与える場合に用いられるといいます。上の例でいえば、①〜③の「を」は強制であり、④の「に」は許可を与えるということになります。この「を」「に」の対立があるのは、自動詞が使役表現で使われる時だけです。

⑤ 子供×を/に本を読ませる。

では、自動詞のすべてに「を」「に」の使い分けがあるのでしょうか。

⑥ 小さい子供を/×に泣かせてはいけません。

⑦　彼は人を/ˣに笑わせるのが上手です。

「泣く」「笑う」は同じ自動詞でも、無意志動詞と分類されます。「泣きたい」と思っても泣けるものではありませんし、「笑いたい」と思っても笑えるものでもありません。ですから、許可されたから「泣こう」とか「笑おう」ということがないので「に」は不適当となるのでしょう。

しかし、意図性、計画性がある場合には、「泣く」「笑う」についても「に」を用いることが可能なのではないでしょうか。

⑧　この場面では、子供に泣かせよう。そのほうが、客受けがいいに違いない。
⑨　合図をして、客に笑わせる。

自然発生的な行為ではなく、計画的な場合です。そうすると、「強制」「許可」という説明より実際に行為をするように仕向けられる人の意志・力ではどうしようもない場合に「を」を用い、意志・力で実行するかしないかを決定できる場合に「に」を用いると言い直すことができます。

したがって、動詞自体は意志動詞であっても、実際に行為をする人が自分の力では行動できないような場合には「を」が用いられます。

⑩　悲しさのあまり、泣き崩れていた私を/ˣに立たせてくれた。

ここまでは、実際に行為をする人を示す「を」「に」として見てきましたが、使役表現で用いられるのは、人だけではありません。

⑪　犬を/ˣに散歩させる。
⑫　雨を/ˣに降らせる実験。
⑬　なんとしても実験を/ˣに成功させる。
⑭　時速300キロで新幹線を/ˣに走らせる計画。

上で見るように、人以外の場合には実行の決定を下せないわけですか

ら、「を」が用いられることになります。

　一方、行為の実行に決定を下せない場合でも、使役形の変化の前の形に対格を表す「を」がある場合には、他動詞と同じ扱いを受け、「に」が用いられます。

⑮　あの人に/×を恥をかかせてしまった。
⑯　あの人に/×を涙を流させた。

「恥をかく」「涙を流す」の「を」が優先することがわかります。他動詞の使役表現で「を」が用いられないのは、動詞そのものが本来必要としている対格の「を」が存在するからです。使役表現の「を」は、対格の「を」に大変近い機能を持っています。このことは受け身表現をつくってみるとわかります。

⑰　猫がねずみを食べた。→　ねずみが猫に食べられた。
⑱　彼が子供を行かせた。→　子供が彼に行かせられた。

⑱の受身変形は⑰の受身変形と同じつくり方です。使役形が他動性を持っていることを示しています。

⑲　子供を立たせる。
⑳　ポールを立たせる。

⑲は、子供を立つように仕向けることです。⑳は、ポールを立てると同義です。また、⑲にしても、手を貸して子供を立たせたという場合には⑳と同じように解釈できそうです。⑳の場合には、意味的には、「立てる」「置く」といった他動詞で示される内容と変わらなくなります。このように、使役形は他動性を帯びてきますので、「を」は他動詞で用いられる「を」と同質の性格を持つことになるのだと考えられます。Q.25 (p.80) で、同一文中に同じ意味・機能の格助詞が現われることがないことが論じられています。再度参照してください。　　　　　　　　　（A）

Question 29 「あのレストランは安く<u>て</u>広いです」は間違っていますか。

「安くて」の「―て…」は国語文法では、接続助詞として扱われています。ですから、あのレストランは「安い」のです。また、「広い」わけですから、「安い」と「広い」を接続して「安くて広い」とするのは、理屈上は可能です。しかし、「あのレストランは安くて広いです」は不自然に響きます。

[表1]

a	あのレストランは安いです。
b	おいしいです。
c	広いです。
d	明るいです。

あのレストランが表1に示すような性格を持っているとしましょう。次のような組み合わせが可能です。

① あのレストランはおいしく<u>て</u>広いです。
② あのレストランは安く<u>て</u>明るいです。

①②の例からわかるように、どんな組み合わせでもいいというわけにはいきません。少し厳密に見るとabは料理のことであり、cdは部屋とか建物のことであることがわかります。したがって、表を次のように修正してみましょう。

[表2]

I. a	あのレストランの料理は安いです。
b	おいしいです。
II. c	あのレストランの部屋は広いです。
d	明るいです。

　このようにa、b、c、dをⅠ、Ⅱに分類することができます。ⅠとⅡは異なることについて言及しているのですから、接続できないのです。[1] 料理は料理の事柄で、部屋は部屋の事柄で接続することになります。

③　あのレストランは安くておいしいしです。
④　あのレストランは広くて明るいです。

次の例はどうでしょうか。

[表3]

e	あのレストランの料理は高いです。
f	おいしいです。

　料理に関して同時に持っている性格ですから、当然「あのレストランは高くておいしいです」とできそうです。しかし、不自然な文です。事柄が共通であっても、接続は自由でないことがわかります。「安い」こと「おいしい」ことは両者とも良い側面ですが「高い」ことは良い側面ではありません。「―て」接続については「さらに」「そのうえに」といった意味が内包されていると考えられますから、それにふさわしくなければなりません。したがって、形容詞で伝える内容に評価が含まれる場合には、「良い」は「良い」の組み合わせの間で、「弊」は「弊」の間で「―

て」形の接続が可能となります。「あのレストランは高くてまずいです」なら文法的になるのです。「良」「幣」の場合には逆接の接続助詞を用いることになります。

⑤　あのレストランは高いですが、おいしいです。
⑥　あのレストランは安いですが、まずいです。

次に接続の順序について考えてみましょう。

⑦　あのレストランはおいしく<u>て</u>安いです。

⑦は③の例文の形容詞を入れ替えただけなのに、不自然に響きます。しかし、次の例を見てください。

⑧　A：あのレストランはおいしいの(?)
　　B：おいしく<u>て</u>安いから人気があるんだよ。
⑨　A：あのレストランは広い(?)
　　B：広く<u>て</u>明るいから家族パーティには最適よ。
⑩　A：仕事をしようと思っているんだけど、あそこの喫茶店どうかしら(?)
　　B：明るく<u>て</u>広いから何時間でも大丈夫よ。
⑪　A：どんなホテルがご希望ですか。
　　B：そうですね。静かで明るく<u>て</u>便利なところがいいですね。

上の例で見るように、まず、とりあげたい内容から順にあげていくと言えそうです。例えば③や④のように文脈なしに例文を見て落ち着く文は私たちの深層心理を表しているのかもしれません。

ここまでは、品詞で言えば、形容詞の接続について考えてきましたが、他の品詞で表す場合にも可能です。

⑫　A：日本はどんな国ですか。

B：南北に細長い島国で、山が中央にあっ<u>て</u>、四季の差がはっきりしている国です。
⑬　A：田中さんは忙しそうですね。
　　B：そうですね。教師<u>で</u>、主婦<u>で</u>、妻<u>で</u>、母の4役をこなしていらっしゃいますから。
⑭　A：山本さんの新しいお宅はどんな家ですか。
　　B：居間は吹き抜けになってい<u>て</u>、天井までの大きな窓があっ<u>て</u>、天窓もある大きい家です。

ある事柄は、話題の主に呼応する形容詞、名詞、動詞のいずれかで表明されるわけですから、「─て」接続は形容詞、名詞、動詞いずれも当然可能になります。　　　　　　　　　　　　　　　　　　　　　(A)

　　1)　異なるレストランについてであれば、可能である場合もあります。
　　　　〈例〉Aレストランは安くて、Bレストランは明るいです。
　　　　A、Bのレストランの代表的な特徴として共通項が認められるので、文法的な文となるのでしょう。

Question 30　　「立ち<u>ながら</u>食べる」は間違っていますか。

　「ながら」は2つの動作・行為が並行して起こっている時、その動作・行為が並行していることを伝えるために用います。「立ちながら食べる」も「立つ」という動作・行為と「食べる」という動作・行為が並行しているように見えます。ですから、学習者には「立ちながら食べる」が非文法であることに納得のいかない点があるようです。

①　テレビを見<u>ながら</u>食べる。

② 新聞を読みながら食べる。
③ 手紙を書きながら食べる。

「立ちながら食べる」と例文の①～③との違いはどこにあるのでしょうか。「食べる」は固定的ですから、違いは「見る」「読む」「書く」という動作と「立つ」という動作の違いに由来すると考えることができます。「見る」「読む」「書く」は「1時間かけて見る」「1時間かけて読む」「1時間かけて書く」と言えます。しかし、「立つ」には、「1時間かけて立つ」という言い方はありません。これは、「見る」「読む」「書く」という動作・行為は時間の幅の中で継続的に続くのに対して、「立つ」は座っている状態から、立っている状態への移行の動作・行為を言うのであって、時間をかけて行う行為ではありません。あるいは継続的な動作・行為ではないことを意味します。Q.39(p.122)で詳しく検討しますが、「見る」「読む」「書く」は継続動詞、「立つ」は瞬間動詞と分類できます。この動詞の分類を用いると、「ながら」は継続動詞に接続するといえます。

動作・行為の並行関係は必ずしも同時刻での並行でなくてもいいようです。

④ 山本は働きながら勉強する。

④では、「働くこと」と「勉強すること」が山本という人の生活の中で、同時並行的に行われていることを伝えています。

また、ある時間的長さを持つ行為が行われている最中に、継続的あるいは継起的に起こる事柄の場合にも「ながら」を用いることができます。

⑤ 昔は、ヨーロッパへ行くのに、たくさんの港に寄港しながら、船で行ったものです。

「寄港する」自体は継続動詞ではありませんが、「ヨーロッパへ行く」という時間的長さを持つ過程の中で、継起的に起こる事柄です（図1）。

```
東京‥‥‥‥‥‥‥‥(行く)‥‥‥‥‥‥‥‥➤ヨーロッパ
```

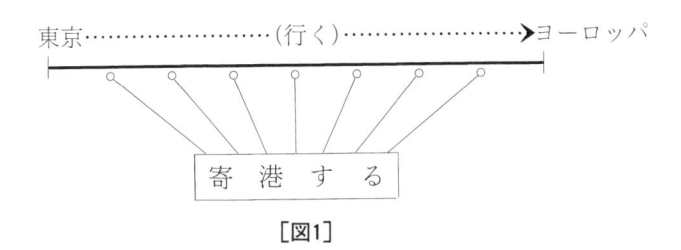

[図1]

それでは、「立ちながら食べる」で伝えようとしている内容についてはどのように表現したらいいのでしょうか。「立って食べる」とすると文法的になります。

⑥ 座って考える。
⑦ 寝転がって本を読む。
⑧ 風呂に入って、歌を歌う。

一見、2つの動作・行為が並行しているようにみえます。〈文1〉の事柄が瞬間動詞で表される場合には「―て」接続で行うと言っていいでしょう。しかし、継続動詞の表現にも〈文1―て、文2〉の用法はあります。

⑨a メモを見て話す。
　b メモを見ながら話す。

次のQ.31（p.98）で〈文1―て、文2〉の用法と〈文1―ながら、文2〉について、その違いを検討します。

「ながら」の指導ではまた、〈文1―ながら、文2〉の〈文1〉と〈文2〉を入れ替えても同じかどうかという質問もよくあります。

⑩ アイロンをかけながら、テレビを見る。
⑪ テレビを見ながら、アイロンをかける。

⑩と⑪は意味的な違いは認められませんが、次の例を見てください。

⑫　A：質問があるんですが……。
　　B：歩きながら話すのでもいいですか。
　　　×話しながら歩くのでもいいですか。

⑬　A：片岡さんはどこですか。
　　B：遅いですね。まだあそこですよ。
　　　×歩きながら話すからいけないんですよ。
　　　話しながら歩くからいけないんですよ。

　⑫では、「話す」ことが主な伝えたいことであり、⑬では、歩き方が話題の中心だと考えられますから、〈文2〉のほうが主たる情報を伝えているのであって〈文1〉の内容のほうが従属的であることがわかります。「この本を読みながら音楽を聴いている」のでしょうか、「音楽を聴きながらこの本を読んでいる」のでしょうか。

　また、「ながら」には、いままでに考えてきた用法とは別の使い方があります。念のためあげておきます。

⑭　あんなにたくさん食べていながら、また食べている。

（A）

Question 31　　「メモを見て話す」と「メモを見ながら話す」は同じですか。

　前のQ.30（p.95）で問題提起をした〈文1―ながら、文2〉と〈文1―て、文2〉との違いについて検討しましょう。そこで問題になったのは、〈文1〉の動詞が継続動詞の場合ですから、継続動詞に視点をおいて考えていきます。

① メモを見ながら/見て話す。
② 泣きながら/泣いて訴える。
③ 音楽を聴きながら/聴いて勉強する。

①〜③のそれぞれの「ながら」「て」から受ける印象は決して同じではありません。次の例文を見てください。

④a メモを[見ながら]/見て話すのはいいですが、読まないようにしてください。
 b メモを見ながら/[見て]話しているので、どんな顔の人かわからない。
⑤a [泣きながら]/泣いて苦境を訴えてもだめで、客観的な資料が必要です。
 b 泣きながら/[泣いて]大声で訴えている人はだれですか。
⑥a 音楽のイントロを聴いて/[聴きながら]曲名を当てる。
 b 心休まる音楽を[聴いて]/聴きながら勉強すると能率が上がる。

このように「―ながら、…」と「―て、…」の接続は用いられる文脈に違いがあることがわかります。〈文1―ながら、文2〉では、〈文1〉、〈文2〉のそれぞれの事柄が同時並行に行われていることを伝える意味が強いのですが、〈文1―て、文2〉の場合は、〈文2〉が伝える内容がとり行われる様子・状態・手段といった内容を伝えています。

ですから、Q.30（p.95）でとりあげた「立って食べる」も「立った」状態・様子で「食べる」ことを伝えています。「立つ」という動作と「食べる」という動作は決して並行しては行えません。立ったあとの状態そのままで「食べる」という内容です。また、同様に前項であげた「座って考える」「寝転がって本を読む」も「風呂に入って歌う」についても同じことが言えます。すなわち、考えている姿であり、本を読んでいる姿であり、歌を歌っている様子です。

⑦ 茶碗を持って食べる。
⑧ 魚を煮て食べる。
⑨ 横になって食べる。
⑩ よく噛んで食べる。
⑪ 骨を取って食べる。

いずれも、広く言えば、食べ方を伝えています。
　それでは、上の例文の⑦〜⑪の中から、継続動詞だけを取り出し、「ながら」で接続させてみましょう。

⑫ 煮ながら食べる。
⑬ ×噛みながら食べる。

⑫は鍋料理などの場合には考えられそうですが、⑬は「噛む」は「食べる」という動作の一部であり、並行的には行われない動作・行為なのではないでしょうか。しかし、次のようにするとどうでしょうか。

⑭ ガムを噛みながらみかんを食べる。

実際に行動可能かどうかは別としても、2つの動作・行為が別々の動作として並行していることを伝えます。次の例文を見てください。

⑮ 本を見ながら食べるのは行儀が悪い。
⑯ 食べ方がわからない料理は本を見て食べるのは仕方がない。

例文で見るように、「—ながら、…」は2つの動作・行為が並行している場合に、「—て、…」は手段・方法を伝えるのに用いられます。
　次に「行く」「来る」「歩く」「走る」「出掛ける」といった移動を表す行為が〈文2〉に現れる場合について考えておきましょう。

⑰ 走って行く。

⑱ 歩いて来る。
⑲ 電車に乗って帰る。

移動には「走る」「歩く」「電車に乗る」といった手段があります。次の例を見てください。

⑳ ［泣いて］/泣きながら来る。
㉑ ［話して］/話しながら来る。
㉒ ［笑って］/笑いながら来る。

「泣く」「話す」「笑う」は移動の手段でありませんから、「―て、…」とはなりにくいのでしょう。

「―ながら、…」が並行的動作、「―て、…」が手段・方法を伝えると見てきました。しかし、それは行為者（主語）が同一の場合です。

㉓ 田中さんは遅くまで、音楽を聴きながら勉強した。
㉔ 田中さんは遅くまで勉強して、受験に備えた。
㉕ ×田中さんは遅くまで勉強しながら、山田さんは遅くまでテレビを見ている。
㉖ 田中さんは遅くまで勉強して、山田さんは遅くまでテレビを見ている。

㉓㉔は行為者が同一です。一方㉕㉖は行為者が同一ではありません。㉖は文法的ですが、「―て、…」は手段・方法を伝えていません。

「―て」接続の用法については、Q.29（p.92）を参照してください。

(A)

Question 32　「昨日ごはんを食べ<u>たり</u>、お風呂に入っ<u>たり</u>しました」はおかしいですか。

　これは日本語話者には変に響きます。「昨日、宿題をし<u>たり</u>、本を読ん<u>だり</u>しました」と言えるのですから、標題の文も構文的にはなんら非文法な点はありません。しかし、不自然に響きます。

　「─たり」の用法について、日本語教育では以下のように指導することが多いでしょう。

(A) *Japanese: The Spoken Language*
　 Each occurance is representative of more
(B) *An Introduction to Modern Japanese*（*IMJ*）
ⓐ -Tari is used to show that two or more actions are representative of acitons performed.
ⓑ -Tari can show that one action described is representative of two or more actions.(pp.256-257)

ここでは、(A)の用法、あるいは(B)のⓐに関して考えていきます。この使用法については、クラスではよく次のような練習をしています。

① A：昨日の日曜日には何をしましたか。
　　B：友達と電話で話し<u>たり</u>、手紙を書い<u>たり</u>しました。

　昨日、いろいろなことをした中で例としてとりあげられるのが「友達と電話で話した」ことであり、「手紙を書いた」ことであるという内容です。ですから、昨日したことは「昼ごはんを食べた」ことであり、「お風呂に入った」ことであるのですから、標題にあげた文も理屈上はよくな

るはずです。しかし、標題の文が不自然なのは、例として何をとりあげてもよいというのではないことによります。

　「─たり」は、ある期間の中での特筆すべき行為・出来事を *IMJ* でいうように representative としてとりあげて表現するのに用いられるのです。つまり、「特筆すべき」が重要な鍵になります。「昼ごはんを食べる」とか、「お風呂に入る」とかは日常の行為であって、特別にとりあげることではありません。しかし、以下のようにすると違和感がなくなります。

② 昼ごはんをレストランで食べたり、銭湯の大きいおふろに入ったりしました。

　これは「レストランで食べる」ことと「銭湯の大きいお風呂に入る」ことがとりあげるに値する特別な事柄であることによります。
次の例はどうでしょうか。

③ ［昨日新宿へ行ったり、映画を見たりしました］

　③は不自然に響きます。しかし、次のようにするとどうでしょうか。

④ 夏休みに、新宿へ行ったり、映画を見たりしました。

　④のようにすると「新宿へ行く」ことと「映画を見る」ことが出来事として独立したものとしての解釈が成立しますから、よくなります。あるいは、「新宿へ行く」が「仕事をする」とか、「人に会う」といった意味を内包している場合には、③も文法的となります。「映画を見たのが新宿である」と伝えたいのであれば、「新宿へ行って、映画を見た」としなければなりません。「新宿へ行った」は「映画を見た」に対応するような独立した行動ではないからです。

　ここでわかるように、日本語学習者は「─て」の接続と「─たり」の接続を混乱することがあります。

⑤　A：昨日、何をしましたか。
　　B：昼御飯を食べて、お風呂に入りました。
⑥　A：昨日、何をしましたか。
　　B：友達と電話で話して、手紙を書きました。

⑤のB、⑥のBは少しすわりの悪い文です。しかし、以下のようにするとどうでしょうか。

⑦　昼ごはんを食べて、お風呂に入って掃除をして……
⑧　友達と電話で話して、手紙を書いて、本を読んで……

まだ、ほかにも行った行為があることが読み取れるとよくなることからわかるように、「―て」による接続は、行った行為を列挙する場合に用いられます。

⑨　A：朝起きてから、何をしましたか。
　　B：歯を磨いて、顔を洗って、食事をして、片付けて、出かけました。

「―て」接続は必ずしも行った順番にあげなくてもいいのですが、⑨の例のような場合には順番にあげるほうが落ち着きます。また、「歯を磨いて、寝ました」のように連続する2つの行為を一文で表現する場合には当然事柄が起こる順番に表現します。[1]

名詞句を接続する助詞に、「と」「や」がありますが、「―て」接続と「―たり」接続が「と」と「や」にそれぞれ対応する要素を持っています。「と」は網羅的に列挙するときに用いられ、「や」は代表例をあげる時に用いられるからです。「や」にしても、代表としてふさわしいものをとりあげて使われますから、その点も「―たり」の用法と類似しています。

(A)

1) これについてはQ.29（p.92）を参照してください。

Question 33　　　「朝早く新宿を歩くとごみが<u>見える</u>」はなぜだめなのですか。

　日本語学習の場では「見える」はよく、「見られる」と比較してとりあげられています。学習者は「見える」と「見られる」を混用することがよくあるからです。ここでこの2者の比較、検討から始めましょう。
　まず、目がその機能を果たしているか否かについて述べる時「見える」を使います。次の例からそのことがわかります。

① 事故で頭を強く打った時、一瞬目が<u>見えなかった</u>。
② 年をとると近くがよく<u>見えなく</u>なります。

①②はともに目そのものが機能しているか否かを言うものです。
「見える」はまた、目の機能に支障はないが、障害物などにより目の働きが妨げられている場合にも使われます。次の例を見てください。

③ カーテンが掛かっていて中がよく<u>見えない</u>。
④ 昨日の映画は、前に座高の高い人が座っていたから字幕がよく<u>見えなかった</u>。

③も④も目は正常に働いているがカーテンや座高の高い人が邪魔をしているから目の機能が発揮できないでいるということを伝えています。では、次の例を見てください。

⑤ 残業があるから今夜はいつものテレビ番組が<u>見られない</u>なあ。

⑥ このビルの屋上に上がると、裏の野球の試合がただで見られるぞ。

⑤や⑥は何かを視覚でとらえる機会があるとかないとかを述べています。このように機会の有無を述べる時には「見られる」が用いられています。[1]

では、「見える」「見られる」について上記の説明を下の例文で確かめてください。

⑦ 嵐のあとは空気が澄んでいるのでしょうか、星がたくさん見えます/見られます。
⑧ 太りすぎて腹が出っぱっているから足元がよく見えなくなった/[見られなくなった]。気をつけよう。
⑨ 年をとるとだんだん目が見えなくなる/×見られなくなるが、赤ん坊も生まれてすぐには見えない/×見られない。
⑩ この入れ物は透けているから中の物がよく見える/[見られる]。

ところで、文によっては「機能」が問題なのか「機会」が問題なのか、どちらにも解釈できるものがあります。次の⑪～⑬を見てください。

⑪ あの峠まで登ると海が見える/見られるからがんばって。
⑫ 星にはあまり詳しくないが、冬にオリオン座が見える/見られることぐらい知っている。
⑬ 東京でもよく晴れた日には富士山が見える/見られることをご存じですか。

それでは、標題の文について考えましょう。

⑭ 朝早く新宿を歩くとごみが見える。(＝標題の文)

この文は日本語としてはどうも変だと感じられます。この文は目の機能について云々しているのではありません。それで「見える」ではおか

しいと感じられるのでしょう。しかし、「見える」の代わりに「見られる」を入れても⑭はあまりよい日本語とは言えません。次に考えられることは「ごみ」だからいけないのかもしれない、ということです。「山が見える」「星が見える」は問題がないわけです。しかし、次の⑮を見ると⑭の非文性は「ごみ」という言葉にあるわけではないことがわかります。

⑮ ゴミは外から<u>見えない</u>ように容器に入れるか、色の濃い袋に入れて出したほうがいいでしょう。

⑮は、色の濃い袋が目が機能するのを阻止しているということを伝えるための文で、見る機会の有無を言っている文ではありませんから「見える」が使われています。

ここで、⑭をちょっと脇においておいて次の⑯について考えてみたいと思います。

⑯ (歩き慣れた道を駅から自宅へ歩いています。角の古いアパートを左に曲がると4軒目がB氏の家です。家に入るとB氏の家族(A)が次のように言いました)
 A：角のアパート、とうとうこわしちゃったわね。何が建つのかしら。
 B：えっ。( )

⑯の( )内には「見える」も「見られる」も入りません。B氏は歩いて帰宅したのですから彼の目は正常に機能していたはずですし、まさにその角を曲がったのですからアパートの跡地を見る機会もあったと考えられます。しかし、( )内に入れられるのは、例えば「気がつく」のような言葉です。

そこで⑭にもどりますが、この文で言わんとしていることも、おそらく、

⑰ 朝早く新宿を歩くとごみが目につく。

ではないかと思います。「見える」「見られる」と「気がつく」「目につく」との違いは、前者は、視覚で認めたものを目の機能や機会という側面から述べるものであるのに対し、後者は、視覚[2]でとらえたものに対して知的判断を加えているという点ではないでしょうか。

外国人学習者が標題のような文をつくってしまった原因は、「見える」を「自然に目に入ってくる（自発）場合に用いる」とのみ教えたからだと考えられます。「見られる」はともかく、「見える」はごく初級の学生でも使う機会があります。黒板の字が見えない場合などがそれです。できるだけ早い時期に教室用語として教えることも大切だと考えます。

また、「〜が見える」の構文で、「〜」に入るものは見る行為をする「目」である場合と、見る行為の対象であることがあります。「〜が見られる」では「〜」の名詞は見る行為の対象です。「目が見られる」と言うとだれかがほかのだれかの目を見ることができる」という意味になります。

(N)

1) ⑤⑥は可能性を述べているとも言えます。
2) 「気がつく」の場合、ほかの感覚で物事をとらえた時にも用いられます。

Question 34　受身文の動作主は、どんな場合に「に」「から」「によって」「で」で表しますか。

(1) 「に」

受身文の動作主は、まず基本的には「に」で示すと考えられます。

① 彼は看護師に支えられて歩いている。
② 太郎は二郎になぐられた。

また、迷惑の受身の場合には、常にその動作主を「に」で示します。

③ 赤ちゃんに泣かれた。
④ 雨に降られた。

しかし「に」は、受身の動作主以外にもいろいろな意味を表し、文に現れる頻度も高いため、同じ文中に複数の「に」が使われるのを避けたり、ほかの意味に誤解されるのを防ぐため、「に」の代わりに「から」「によって」などを用いることも多いようです。

(2) 「から」
⑤ 友達から/[に]誕生パーティに招待された。
⑥ 相撲協会理事長から/×に優勝カップが贈られた。
⑦ 彼はみんなから/に尊敬されている。

⑤のような場合には、同じ文中に「に」が2回現れるのを避けて「から」が用いられることが多いでしょう。⑥は「に」を使うとカップの贈られた先を示してしまいます。⑤も⑥も、その動詞は気持ちや物の移動を意味する方向性のある動詞で、その出どころが受身文の動作主と同一であるため、「から」によって示すことができるのです。⑤は「友達」が招待の出どころであり、⑥においては理事長がカップの出どころです。⑦は「から」を選ぶ積極的な理由はありませんが、「尊敬」の出どころが「みんな」であるため、「に」も「から」も自然に使えます。

⑧ 1億円のダイヤが何者か×から/に奪い去られた。

⑧の動詞も移動を表しますが、その方向が⑤〜⑦とは逆であり、「に」の代わりに「から」を使うと「何者か」は被害者（出どころ）になってしまうため、この文では「から」は使えません。

(3) 「によって」
⑨ （　）に建てられた塔

⑩ (　) に描かれた絵
⑪ (　) に掘られた井戸

　上の⑨〜⑪の動詞は、それぞれ何かを創造する意味を持つ動詞です。⑨〜⑪の (　) に言葉を入れるとすれば、

⑨ (広場) に建てられた塔
⑩ (壁) に描かれた絵
⑪ (庭) に掘られた井戸

のように、場所を表す言葉を考える人が多いのではないでしょうか。「建てる」「描く」「書く」「つくる」「掘る」など、何かを創造する意味を持つ動詞は、創造された結果そのものが存在する場所を示す言葉、「どこに」との結びつきが一番強いのでしょう。そのため、

⑨ (エッフェル) に建てられた塔
⑩ (ピカソ) に描かれた絵
⑪ (アリ) に掘られた井戸

と、受身文の動作主を「に」で示すと非文法的に感じてしまいます。また、これらの動詞には方向性がないので、「から」も使えません。「つくる」「書く」などの創造することを意味する動詞の場合、もし受身文に「から」を使うと、動作主ではなくて、原材料や創造する順番の意味に感じてしまうのではないでしょうか。

　このような動詞の受身の動作主を示すためには、

⑨a　エッフェル<u>によって</u>建てられた塔
⑩a　ピカソ<u>によって</u>描かれた絵
⑪a　アリ<u>によって</u>掘られた井戸

のように「によって」が選ばれます。ただ、上の⑨a、⑩a、⑪aのよ

うな文は書き言葉的であり、話す時には、

⑨b　エッフェルが建てた塔
⑩b　ピカソが描いた絵
⑪b　アリが掘った井戸

のように言うほうが普通でしょう。

「によって」は、次の例のように書き言葉の文中で、しかも、あらたまった固い表現の中でよく使われるようです。

⑫　反対派によって妨害された。
⑬　国家権力によって踏みにじられた自由。

(4)　「で」

⑭　雨に降られた。
⑮　泳げない子供が波にさらわれた。
⑯　洪水で家が流された。
⑰　風で帽子が飛ばされた。
⑱　戦争で何もかも破壊された。
⑲　ミサイルで何もかも破壊された。

　受身文の動作主は、自分の意志で動くことのできる生物であることが基本でしょうが、生物でなくても⑭⑮のように自然現象的なものを擬人化して「—に」で表すことがあります。また、⑯⑰のように「—で」で表すこともありますが、この場合は擬人化の感じはなく、動作主というよりむしろ「原因」のような意味が感じられます。⑱のように人為的なものになるとさらにその感じは強くなり、⑲の場合には「手段」の意味となって動作主はほかにいると感じます。
　結論的に言えば、受身文の動作主が生物の場合には「—で」で表すことはなく、無生物が受身文において「—で」で表されると、動作主とい

うより、原因や手段の意味になる場合が多いと言えそうです。　　(K)

Question 35　「財布が盗まれた」ですか、「財布を盗まれた」ですか。

　日本語としてどちらも正しい文ですが、もし、自分が盗難にあって警察に届けるとしたら、どちらでしょうか。

①a　財布が盗まれた。
　b　財布を盗まれた。

　一般的には、被害者は①bのように表現するのではないでしょうか。①bからは、財布は、話し手または話し手に近い関係にある人のものであると感じられますが、①aでは、だれの財布かということには関心が向きません。そして、盗難があり、その盗難品が財布であるという事実を客観的に述べていると感じられます。

②a　ルーブル美術館のゴッホの絵が盗まれた。
　b　ルーブル美術館はゴッホの絵を盗まれた。

　上の2文を比べてみましょう。客観的な新聞報道などであれば、②aのように表現するのではないでしょうか。②bからは、ルーブル美術館の動揺が感じられます。また、警備上の問題点などについて、美術館の責任を追及しているような調子にもとれます。次の例文ではどうでしょうか。

③a　子供が誘拐された。
　b　子供を誘拐された。

③aは子供自身に視点をおき、その身の上にどういうことが起こったかを客観的に述べる言い方で、新聞やテレビのニュースによく見られます。一方、③bは親の心情のほうに視点がおかれ、文中に親が顔を出していなくても、その嘆き悲しんで心配している様子が推察される文です。

次の例文の（　）には何が入るか考えてみてください。

④子供（　）ほめられてうれしくない親はいない。

自然な日本語という意味では、やはり「を」が入るのではないでしょうか。

以上のように、「Xが―れる/られる」は、X自身がどんな動作・作用を受けるかを客観的に述べる文ですが、「Xを―れる/られる」は、Xがある動作・作用を受けることについて、ある第三者Yが心情的に受けとめた場合の、その心情に視点がおかれた表現ということができるでしょう。この心情的なものを表す受身は、日本語の受身の特徴のひとつと言われています。話し言葉における受身は、「Xを―れる/られる」の形で、Yの心情に視点をおいて表現することが多いようですが、Xが受ける動作・作用を客観的に述べる時、また行為者が明らかでなかったり、行為者を明らかに示す必要のない場合には、次の例のように、「Xが―れる/られる」が用いられます。ただし、文脈によって、「が」は「は」と置き換えられることもあります。

⑤　宇宙ロケットが打ち上げられた。
⑥　1988年にソウルでオリンピックが開催された。
⑦　大統領にはだれが選ばれるか。
⑧　卒業式は3月15日に行われる。
⑨　歴史はくり返される。

(K)

Question 36 「お刺身が食べられる」ですか、「お刺身を食べられる」ですか。

〈動詞―たい〉と同じように、可能形も動詞の活用に伴って助詞が変化する文法事項のひとつです。

① 本を読む。→ 本が読める。
② 英語を話す。→ 英語が話せる。

しかし、次の例で見るように、私たちの言語生活では、必ずしも、「を→が」の変換をさせずに、可能形を使っていることがあります。

③ お寿司が/を食べられる。
④ OA機器が/を使える。

③④の例で見るように、「を」「が」には相互互換性があるようですが、次の例を見てください。

⑤ A：今晩どこで食べましょうか。
   B：お寿司が/[を]食べられるところへ行きたい。
⑥ A：遅れていますね。
      OA機器が/[を]使えないんですか。
   B：ええ。
⑦ （ドイツ歌曲が好きだから、）ドイツ語が/[を]話せるようになりたい。

⑤～⑦では、「が」「を」の使用は同じとはいかないようです。また、次の例では、「を」のほうがずっと自然に響きます。

⑧ 老眼になったのか、このごろ糸を通せないのよね。

上の例からもわかるように、可能形だからといって実際の言語運用上、必ずしも「を→が」と変換しているとは言えないようです。

⑨ A：出発はまだですか。
　　B：許可が/[を]もらえないんです。
⑩ A：どんな人を採用するんですか。
　　B：コンピュータが/[を]使える人ですね。
⑪ すぐにこんな大金が/[を]払えるんですか。
⑫ ロボット開発も進んで、字が/[を]読めるロボットまであるそうだ。

ここでも、「が」がそもそもが持っている排他的な機能を観察することができます。すなわち、⑨では、許可が問題になっているのであり、⑩では、他の能力ではなく、コンピュータ使用の能力が求められているのであって、⑫では、字だけを話題にしているのです。

⑬ 彼は日本の歌が/[を]歌える。
⑭ あそこのクラブではカントリーウェスタンが/[を]聞ける。
⑮ どんな会でも、音楽が/[を]聞ければいい。

いずれにしても、排他的に、可能性や能力を扱っていることがわかります。次に「を」を使うほうが自然な例を検討してみましょう。

⑯ A：人工飼育で育ったライオンでも、子供を/[が]育てられるでしょうか。
　　B：だいじょうぶでしょう。
⑰ A：針に糸を/[が]通せますか。
　　B：ええ。もちろんですよ。
⑱ A：今度のパーティに太郎さんを/[が]呼べる(?)

B：人数に余裕があるからだいじょうぶです。

ここでは、排他的に「子供」「糸」「太郎さん」を扱っているのではないところから、「を」のほうが適当に響くのだと考えます。ですから、⑧⑰の「糸」を排他的に扱うと「が」がよくなります。

⑲　よくこんな細い穴にこんな太い糸が通せますね。

〈動詞—たい〉でみた、動詞と対象との結びつきの強さはここでは重要ではないようです。

⑳　時間があるから、アイロンがかけられる。
㉑　この子はアイロンがかけられる。

⑳㉑は、決して不自然な文ではありません。むしろ、アイロンを取り立てているのであり、「が」のほうがよく響きます。

可能形の使用では可能の意味を伝えるにしても、能力の意味を伝えるにしても構文は「…は〜が」の構文の体裁をとります。可能性あるいは能力を有している者の、何かの可能性と能力について取り立てて（＝排他的に）言及するわけですから、可能形表現の場合には〈動詞—たい〉より「が」を用いることが一般的には多くなるのではないでしょうか。

(A)

Question 37　「食べられる」はどんな場合に受身の意味になりますか。

「食べられる」という形には、いくつかの使い方があります。

①　ジョンさんは納豆が食べられる。

② ねずみは猫に食べられる。
③ 先生はお刺身を食べられる。
④ この魚は食べられる。

　日本語話者であれば、①が可能の用法、②が受身の用法、③が尊敬の用法、④が魚そのものが食用となる（ここでは便宜的に自発の用法と呼んでおきます）、という用法であることはわかります。
　一段活用の動詞では、「食べる」の場合のように理論上は同形で4つの用法がありうるのです。[1] 動詞を見ているだけでは、解釈の判定はつきません。しかし、①〜③の例文の助詞に、操作を加えると解釈の鍵が見つけられそうです。

①a　ジョンさんは納豆が食べられる。
　b　ジョンさんは納豆に食べられる。
　c　ジョンさんは納豆を食べられる。
②a　ねずみは猫に食べられる。
　b　ねずみは猫を食べられる。
　c　ねずみは猫が食べられる。
③a　先生はお刺身を食べられる。
　b　先生はお刺身に食べられる。
　c　先生はお刺身が食べられる。

　助詞を入れ替えることで、「食べられる」の解釈が変わることがわかります。実際には、「納豆に食べられたり、お刺身に食べられたりする」ことはありませんから、現実に使われる文ではありません。しかし、とりあえず①bと③bは「受身」の用法としての解釈が可能です。
　なぜそれが「受身」だとわかるのでしょうか。「食べる」という動作・行為は「食べる行為をする要素」と「食べる行為を受ける要素」とを必要とします。仮に、前者をX、後者をYとして整理をすると以下のよう

になります。

　　　　X（食べる行為をする要素）　　　　Y（食べる行為を受ける要素）
〈例〉　　　　猫　　　　（食べる）　　　　ねずみ
・XはYを〈動詞―られる〉――尊敬
・XにYが〈動詞―られる〉――受身
・XはYが〈動詞―られる〉――可能

　解釈に決定的なことは尊敬の場合にはYが「を」で示され、可能の場合は、「が」[2]で示され、受身の場合はXが「に」[3]で示されることです。尊敬の場合は尊敬でない普通の言い方は、「彼はお刺身を食べる」となるのですから、格助詞についてはなんら変化はありません。

　五段活用の場合、現代語では若干の例外を除いて尊敬と受身が同形になります。[4]

⑤　先生は田中さんを呼ばれた。
⑥　田中さんは先生に呼ばれた。

　⑤はYが「を」で示されており、⑥ではXが「に」で示されていますから、それぞれ、「尊敬」、「受身」の解釈を受けます。

　「Yを」を必要としない自動詞の場合はどうでしょうか。「来られる」で見てみましょう。「来られる」も「食べられる」（自発を除く）同様に3つの解釈の可能性があります。

⑦　先生は来られる。
⑧　先生に来られる。

　⑧が受身であることはXが「に」で示されていることにより、明白です。しかし、⑦については「可能」か「尊敬」かの判定はこれだけではつきません。他動詞の場合はYが「を」で示されるか、「が」で示されるかが両者の判定に重要な働きをしているわけですから、Yを必要とし

ない自動詞の場合には「可能」か「尊敬」かの判断は不可能となります。そこで、文脈の助けを借りるか、誤解を避けるべくほかの表現方法を取ることになります。

⑨　A：会は10時から始まるけど、先生は間に合うでしょうか。
　　B：新幹線は9時に着きますから、1時間あれば、来られますよ。
⑩　A：先生は来られますか。
　　B：ええ、いらっしゃると思いますよ。

ここで見たように、文の中の構成要素の関係を表明するのに、この場合にも格助詞が重要な働きをしていることがわかります。
　例文④の「この魚は食べられる」に関しては割愛しましたので、『日本語のシンタクスと意味』(寺村秀夫〔くろしお出版〕)を参照してください。(A)

1) 〈例1〉 朝早く起きられる。（可能）
   〈例2〉 先生は朝早く起きられる。（尊敬）
   〈例3〉 子供に朝早く起きられる。（受身）
   〈例4〉 ×この人形は起きられる。
   「起きられる」は4つの形が可能ではありますが、「可能」「尊敬」「受身」の用法しかありません。このように全部の動詞に4つの用法があるとは限りません。
2) 可能表現における「が」について、格助詞「を→が」変換があることをQ.36で検討したとおりです。
3) 受身の解釈については実際に動作・行為をした要素について、「に」で示すことが多いのですが、ほかに「から」「によって」「で」などがあることはQ.34で検討しました。
4) 「読む」の可能形は現代語で「読める」となります。古来「読まれる」だったのですが、現代語の共通語にはその形が残っているのは「行われる」「聞かれる」ぐらいなものではないでしょうか。しかし、関西の言葉には「読まれへん」「書かれへん」などというのがありますが、「読まれる」「書かれる」という可能形からの活用です。「浮かばれる」「浮かばれない」もこの類かと思いますがどうでしょうか。

Question 38 　「あの家は天井が高く<u>て</u>、素敵です」はどんな意味ですか。

　Q.30（p.95）で「─て…」は並列関係にある事柄を接続する場合に用いられることを見ました。標題の「あの家は天井が高くて，素敵です」は並列というよりは、「天井が高い」という事実により「素敵だ」と判断するという内容ではないでしょうか。

(1)
① 野原で寝転ぶと空が広々と広がってい<u>て</u>気持ちがいい。
② あまりに静か<u>で</u>、眠れなかった。
③ アメリカへ行ったときに、20歳という年齢<u>で</u>ビールが買えなかったことがある。

(2)
④ 朝起き<u>て</u>、歯を磨い<u>て</u>、朝ごはんを食べ<u>て</u>、家を出た。
⑤ まず山下さんが来<u>て</u>、田中さんが来た。

(3)
⑥ 外国人が子供を連れ<u>て</u>バスに乗っていた。
⑦ ゆで卵の白身は黄身の周りに白く固まっ<u>て</u>殻にぴったりくっついています。

(4)
⑧ ビルから飛び降り<u>て</u>自殺した。
⑨ 自分で注文し<u>て</u>、テレホンカードをつくる。

(5)
⑩ Ａ：私はワインを買っ<u>て</u>行きましょう。

B：じゃ、私はチーズを買って行きます。

　〈文1―て、文2〉は並列の事柄を接続するだけではないことがわかります。(1)の例文はすべて〈文1〉が〈文2〉の伝える事柄の理由となっています。また、(2)は事柄を起こった順にあげています。(3)の例では、〈文2〉が伝える内容がどんな様子で行われているかを〈文1〉が伝えています。すなわち、⑥はバスに乗っている様子が1人ではなくて、子供と一緒の様子・状態であり、⑦は白身が黄身の周りに白く固まった様子・状態であることを伝えています。また、(4)の⑧では、自殺の方法が飛び降りることであり、⑨では、テレホンカードの作り方が自分で注文することだとなります。ですから、(4)の場合は、〈文1〉は〈文2〉の事柄の手段とか方法とかの解釈を受けます。さらに、(5)は友達の家にでも行く途中に買物に寄るといった内容です。

　しかし、「理由」「順」「様子」「方法」「途中」を示す言葉があるわけではありません。ですから、〈文1〉と〈文2〉の意味関係はそれぞれの文が伝える内容を照合して判断しなければなりません。したがって、複数の解釈が可能になってしまう場合も現実にはあります。

⑪　フィリピンは山が多く<u>て</u>、広い平野が少ない。
⑫　20世紀初めに、独立戦争が成功し<u>て</u>、共和制に移行した。
⑬　80年からは好景気が続いてい<u>て</u>、消費財の輸入も多くなっ<u>て</u>、外国資本の合弁企業も生まれた。

　⑪はフィリピンの地理上の特徴を並列的に列挙し、述べているという解釈と、山が多いことが広い平野が少ないことの「理由」としてとりあげているという解釈も可能です。また、⑫は、独立戦争が成功して、次に共和制に移行したという「順番」の解釈も、また、共和制に移行できたのは独立戦争に成功したからだという「理由」の解釈も成立します。⑬もやはり、「順番」の解釈と「理由」の解釈が可能ではないでしょうか。

⑬などは、経済的事実を参照すれば、いずれかの解釈に決定できるのでしょうが、事実を無視して文だけを見ると複数の解釈が可能となってしまいます。

　国語文法では、「て」は順接の接続助詞としてとらえるのですが、これだけでは説明にならないことがわかります。たんにそれだけでは以下のような文も可能になってしまうからです。

　⑭　×窓を開けて雪が降っていた。

　〈文1〉と〈文2〉との関係は「順番」でも、「理由」でも、「様子」でも、「手段」でもありません。事柄同士の意味関係についての考察が文接続の場合、大切なことがわかります。　　　　　　　　　　　　　　(A)

Question 39　　「太った人」と「太っている人」は同じですか。

①　階段の昇り降りは太った/ている人にはきつそうです。

　上の例文でわかるように「太った人」もいま「太っている人」と解釈されますから、「太っている人」と同義に使われます。それでは、〈動詞—た〉の形で名詞を修飾しても〈動詞—ている〉の形式で修飾しても、どんな場合にも同じなのでしょうか。次の例を見てください。

②　日本語で話した/ている人
③　テレビを見た/ている人

②③の「—た」「—ている」はそれぞれ決して同じ意味を伝えていません。「—た」は動作の終了、「—ている」は動作が継続していることを伝えています。「太った人」「話した人」「見た人」の違いを見てみましょう。

④a ×さっき太った人
　b さっき日本語で話した人
　c さっきテレビを見た人
⑤a ×1時から2時まで太っている人
　b 1時から2時まで毎日映画について話している人
　c 1時から2時まで毎日テレビを見ている人

　④aが不自然なのは、「太る」ということ自体「昨日太った」とか「明日太る」などというように、「太る」時点を明確に言うことができないことによるのでしょう。また、⑤aからわかるように、「太る」ということは、ある時間の間だけのことだとも言えないことがわかります。これに対して、「話す」「見る」で表される動作はいつからその行為を始めたのか、また、どのぐらいの時間続いたのかをとらえることができる動作だと言えます。

　それでは、「座った人」「座っている人」の場合はどうでしょうか。次の例を見てください。

⑥a 窓のそばに座った人は暑くて大変だ。
　b 窓のそばに座っている人は暑くて大変だ。
　c さっきあそこに座った人はだれですか。
　d あそこに1時から2時まで毎日座っている人はだれですか。

　「太る」では、「太った人」は「太っている人」と同義の解釈のみであり、また、「見た人」と「見ている人」は異なる解釈しかありませんでした。ところが、「座った人」は2つの解釈が可能なことがわかります。すなわち、⑥bが文法的であることは⑥aとの同義性を伝え、⑥cにおいて、「さっき」と共起することができる点、「見る」「食べる」と同質の性格を持っていることを伝えています。また、⑥dからは、ある時間内、座り続け、その後は「座っていない」状態に変化することも伝えている

ことがわかります。このことから「座る」という動作は「太る」と「食べる」「見る」の両方の特徴を持っていると考えられます。

では、「折れた枝」「折れている枝」はどうでしょうか。

⑦a 折れた枝につまずいて怪我をした。
 b 折れている枝につまずいて怪我をした。
 c さっき折れた枝がある。
 d ×1時から2時まで折れている枝がある。

「折れた枝」もやはり「折れている」様子を伝えていますから、この点は「太った人」「座った人」と同様です。さらに、「さっき」とともに使えることからわかるように、折れた時点がはっきりしているところは「座った人」「食べた人」と同じです。しかし、「1時から2時まで折れた枝」が不可であることは「折れる」という動作は、それが起こったあとは折れていない状態に変化しないことを意味します。「座る」は一方で「立つ」という変化を前提とすることができますし、「食べる」も「食べていない」状態を前提とすることができます。ところが、「枝が折れる」はもとにもどることを前提としていません。

このように、動作・行為と言っても一律ではないことがわかります。したがって、その動作・行為を表す動詞をその違いで『日本語動詞のアスペクト』(金田一春彦編〔むぎ書房〕)、『日本語のシンタクスと意味Vol. 2』(寺村秀夫〔くろしお出版〕)などでは以下のように分類します。

状態動詞	「―ている」という形式を持たない動詞 〈例〉いる、ある
継続動詞	「―ている」という形式にすると、動作の継続を表す動詞 〈例〉食べる、見る
瞬間動詞	「―ている」という形式にすると、動作・行為が起こ

	ってその結果が残っている状態を伝える動詞
	〈例〉立つ、座る、折れる
形状動詞	「—ている」という形式で用いられ、ある人・物の属
（第四種動詞）	性的特徴を伝える動詞
	〈例〉太る、曲がる、とがる

　連体修飾の中に限ってのことですが、動詞を〈動詞—ている〉の形式にした時に、動作の継続を示す（継続動詞）場合には、〈動詞—た〉と対立します。一方、〈動詞—ている〉が動作の結果の状態を示す（瞬間動詞）場合には、〈動詞—た〉と対立する場合と対立しない場合があると言えます。また、属性的な性格を示す（形状動詞）場合には〈動詞—た〉が過去を示すのではなく対立しないことがわかります。

　連体修飾の中で、考えてきたのは、形状動詞が「—た」の形で現れるのは連体修飾の場合だけだからです。

　⑧a　彼はパンを食べている。
　　b　彼はパンを食べた。
　⑨a　彼は窓のそばに座っている。
　　b　彼は窓のそばに座った。
　⑩a　テニスコートは雨で濡れている。
　　b　テニスコートは雨で濡れた。
　⑪a　富士山はそびえている。
　　b　×富士山はそびえた。

　このように、〈動詞—た〉は必ずしも過去を示すものではありません。少し列挙しておきます。

　⑫　どいた、どいた。
　⑬　あった。

⑭ やめたほうがいい。
⑮ 明日は彼女の誕生日だった。
⑯ 明日、友達に会った時に、このプレゼントを渡します。
⑰ 食べたあとで、ちょっと来てください。

(A)

Question 40 「まだ見ていません」と「見ませんでした」と「まだ見ません」は、どう違いますか。

① A：あの映画、ずいぶん話題になりましたけど、見ましたか。
  B：いいえ、見ませんでした。
② A：あの映画、ずいぶん話題になりましたけど、見ましたか。
  B：いいえ、まだ見ていません。

　上の例は、①も②も正しい自然な日本語のやりとりですが、その意味は違います。①の会話から、私たちはその話題の映画はもう終わってしまったと感じ、②の会話から、その映画はまだ上映中であると理解するのではないでしょうか。
　①の会話を見ると、もう終わってしまって過去のこととなったある一定の上映期間中に、その話題の映画を「見る」という事実があったかどうかを尋ねるために、「見ましたか」と、「―ました」の形をとるということが、まずわかります。そしてその問いに対して、その過去の期間中にそのような事実がなかったことを伝えるために、「―ました」に対応する「―ませんでした」の形で、「見ませんでした」と答えることが次にわかります。
　「見ましたか」はまた、②の例のようにその映画の上映中、上映し始めてからいまに至るまでに、「見る」ということがすんでいるかどうかを尋

ねるためにも使われますが、この場合には、「もう見ましたか」の「もう」が省略されていると考えるべきでしょう。そして、見る予定はあるがいままでにそのことがまだすんでいないということを伝えるためには、「まだ見ていません」と、「まだ—ていません」の形が必要となります。この場合の「まだ」も「もう」と同じく省略可能であり、省略されても文の意味は変わりません。

　もし、見る予定が全然なければ、「まだ見ていません」とは言わず、次の③のように答え、「—しません」の形で見る意志がまったくないことを示すのではないでしょうか。

③　A：あの映画、もう見ましたか。
　　B：見ません。戦争映画は好きじゃないんです。

では、次の例④のBの答えはどんな意味でしょうか。

④　A：あの映画、ずいぶん話題になりましたけど、見ましたか。
　　B：いいえ、まだ見ません。もう少しすいてから見ようと思っています。

　上の④では、Aがいままでにその映画を見るということがすんでいるかどうかを尋ねているのに対して、Bはその問いに直接答えていません。そして、見る予定はあるが、まだその時ではないということを意志的に「まだ見ません」と「まだ—ません」の形で伝えています。この場合、「見る」は話者の意志的な行為であるため、「まだ見ません」は意志的なニュアンスをもちますが、次の⑤〜⑦の例のように、第三者の行為を客観的に述べたり、あるいは話者の行為であっても意志的でない場合、また、人間の意志と関係のない事柄について述べる場合などには、意志的なニュアンスはなく、たんにまだその時に至らないということを示すだけのようです。

⑤　A：彼、もう起きましたか。
　　B：いいえ、まだ起きませんよ。
⑥　A：もう終わりましたか。
　　B：まだ終わりません。あと1時間ぐらいかかります。
⑦　A：雨、もうやみましたか。
　　B：まだやみません。よく降りますね。

　以上、①～④そして⑤～⑦はその伝える意味に少しずつ違いが見られますが、初級の学習者の場合には混乱を避け、また、実際に使えるようにするためにも、①と②にしぼって確実に指導することが一般的でしょう。

(K)

Question 41　「バスが来ています」と言った時、バスはどこにいますか。

　これはバス停のお知らせを見た学習者の質問です。最近はバス停も整備され、表示にいろいろな工夫が見られます。バスがひとつ前の停留所を出るとバスの絵が点灯するのもそのひとつでしょう。そして、バス停のポールにはそのバスの絵の点灯についてこう書いてあります。「バスのマークが点灯すると、バスが来ています」

　この「来ています」の使われ方が学習者を混乱させてしまったようです。では、「来ています」はどんな意味を伝えているか考えてみましょう。次の①②を見てください。

①　りょうちゃん、おばあちゃんが来ているわよ。
②　けい君、手紙が来ているよ。

①の「おばあちゃん」、②の「手紙」は、それぞれ発話時には、発話者のいる場所にいます(あります)。では、次の③④では、バスはどこにいるのでしょうか。

③　バスはひとつ前の停留所まで来ています。
④　バスはそこまで来ています。

③④のバスは、それぞれ「ひとつ前の停留所」、「そこ」にいると解釈するでしょう。①〜④から、構文〈名詞―が来ている〉の「名詞」の存在場所は、特に示されていない場合は、発話者のいる場所と同じであると考えられます。「来ている」の第一義はこれで、学習者も「来ている」のこの意味をまず習います。このことは、標題の文「バスが来ています」にもあてはまります。つまり、標題の文のバスは、発話者の目の前にいることになります。しかし表示の意味は違います。バスはひとつ前の停留所を出たところで、まだ着いてはいません。それどころかまだ見えてもいないのです。

この質問にどう答えるかを考える前に、〈動詞―ている〉について観察しましょう。〈動詞―ている〉の分類は、『日本語動詞のアスペクト』(金田一春彦編、むぎ書房) などでご存じかもしれません。

⑤a、⑥a、⑦a、⑧aの「練習する」「書く」「出る」「開く」の形は一般に現在形と呼ばれていますが、実はこの形では未来に起こる動作や状態を示しています。[1]

⑤a　二郎はピアノを練習する。
⑥a　二郎は手紙を書く。
⑦a　列車は2時に出る。
⑧a　銀行は9時に開く。

「練習する」や「出る」などが現在の動作・状態を示すためには「―ている」の形にします。

⑤b 二郎はピアノを<u>練習している</u>。
⑥b 二郎は手紙を<u>書いている</u>。
⑦b 列車は2時に<u>出ている</u>。
⑧b 銀行は9時に<u>開いている</u>。

　これに対し⑨⑩の動詞はこのままの、現在形で現在のことを表し「―ている」の形にする必要がなく、したがって「―ている」の形をもっていません。

⑨　教室に学生が<u>いる</u>。
⑩　あいつは話が<u>わかる</u>。

　⑨の「いる」は、その時点の様子を言う動詞、⑩の「わかる」は属性を意味する動詞です。「(数学が) <u>できる</u>」、や動詞の可能形、例えば、次の⑪⑫もこの中に入ります。[2]

⑪　英語が<u>話せる</u>。
⑫　平仮名は<u>読める</u>けど漢字は難しい。

　「いる」「わかる」のように現在であることを伝えるのに「―ている」の形をとらない動詞を状態動詞、「練習する」「出る」のように「―ている」の形で現在を表す動詞を動作動詞[3]と呼んでいます。
　さらに、「練習している」「書いている」と「出ている」「開いている」を比べると前者はいま、まさに「練習する」「書く」という動作を行っていますが、後者は「出る」「開く」という動作が終わったあとの結果の状態を伝えています。前者のような動詞を継続動詞、後者の類の動詞を瞬間動詞と呼んでいます。[4] 継続動詞も瞬間動詞も動作動詞で、その下位分類となります。継続動詞、瞬間動詞それぞれの例をもう少しあげておきましょう。

⑬　あそこで<u>話している</u>人が私たちの先生です。(話す：継続動詞)

⑭　川本さんはいま噴水のあたりを走っていると思います。(走る：継続動詞)
⑮　昨日のいまごろは必死に勉強していました。(勉強する：継続動詞)
⑯　この時間だったら彼の乗った飛行機はもう着いていると思います。(着く：瞬間動詞)
⑰　朝早かったので観光バスに乗っている間寝てしまいました。(乗る：瞬間動詞)
⑱　急いでください。外のみなさんはもう中に入っていますから。(入る：瞬間動詞)

ところで、これまでのことから考えますと、ひとつの動詞が継続動詞または瞬間動詞に分類でき、一方であれば他ではないということになりますが、実はそうではありません。複数にまたがって分類される例も多々あります。

⑲a　二郎はいまクラシックを聞いています。(聞く：継続動詞)
　b　A：融資の件でちょっとお話があるのですが。
　　　B：あ、その件ならそちらの課長さんから聞いています。(聞く：瞬間動詞)
⑳a　あの人は話がわかる。(わかる：状態動詞)
　b　死期が近いことはわかっている。(わかる：瞬間動詞)

では、「来る」を考えましょう。ここまでのことから考えると、「来る」は基本的には瞬間動詞と分類されます。つまり「来ている」の形で来る動作がすんでいることを伝えます。くり返しになりますが、バスが来ていると言った時には、バスはいま、目の前にいるという意味になります。しかし、分類がひとつにとどまらないことから考えますと、「来る」は「来ている」の形でいわゆる現在進行中の動作を表し、バス停の表示の意味はバスが「来る動作をしている」ということだとも解釈できるでしょう。

こう考えると、このバス停の表示文を書いた人が言い表したかったのは「バスが近づいて来ています」ということではないかと推察されるのです。すなわち学習者の見たバス停のサインは「来つつある、来る途中である」という意味を伝えるために「来ている」を使った例ではないでしょうか。

　こう言いますと、結局分類など役に立たないと思われるかもしれませんが、「―ている」による述語の分類は一番初めに考えられる意味を基本と考えればよいと思います。したがって、「聞く」「食べる」は継続動詞、「来る」は瞬間動詞として使われるのが第一の用法だと考えてよいでょう。

　ところで、「バスは、～まで来ています」となっていて、「～」にひとつ手前の停留所の名前があり、バスがその停留所まで来ている場所にはバスの絵が停留所名のところに現れるというサインもあります。このようにバス停の表示には、「ひとつ前の停留所まで」とか「すぐそこまで」とかいった言葉が入れてあると、「来ている」の解釈が特定でき、学習者が標題のような質問をすることもないのではないでしょうか。　　　（N）

1) これらに「毎日」「いつも」をつけると習慣を表すことができます。
2) 動詞の可能形を可能動詞とする説もあります。
3) 動作を示しているとは言えない語でも、いわゆる現在形と言われる形で未来を示し、現在を示すためには「―ている」の形をとる語は動作動詞と分類されることになります。
4) このほか、形状動詞（第四種の動詞）というのがあり、「そびえる」がその一例です。形状動詞は常に「―ている」の形で述語として使われ、物の形状や性質を示します。むしろ形容詞（形容動詞）的な語と言えましょう。
　〈例1〉　この道はこの先で右に<u>曲がっている</u>から気をつけて。（曲がる：形状動詞）
　〈例2〉　この人形、少し目が<u>よっている</u>わ。（よる：形状動詞）
「曲がる」「よる」など形状動詞と分類される動詞も、使われ方によってはほかの動詞（継続動詞や瞬間動詞）に分類されます。

Question 42 「食べた<u>がる</u>」と「食べた<u>がっている</u>」は同じですか。

日本語には、感情・感覚・思考といった内面活動の表現に関し、だれが感情を持つか、だれが感覚を持つか、だれが考えるかによって述語の形式に制約があります。

① 大学に合格して、私はとても<u>うれしい</u>。
②a ×娘さんが大学に合格して、隣の家族は<u>うれしい</u>。
③ 傷が深いのか、<u>痛い</u>。
④a ×傷が深いのか、子供は<u>痛い</u>。
⑤ 私は明日雨が降ると<u>思う</u>。
⑥ ×田中さんは明日雨が降ると<u>思う</u>。

日本語教育では、特に①~④の感情・感覚表現で第三者が主体である場合（隣の家族、子供）には、接尾辞「—がる」を付加して表現すると指導することがあります[1]（この項では、「—がる」「—がっている」の使用と異なる関係上、「思う」の用法については触れません）。

いま、「—がる」を付加すると書きましたが、②a、④aを文法的な文とするには、次の②b、④bのように「—がっている」としなければなりません。

②b 娘さんが大学に合格して、隣の家族はうれし<u>がっている</u>。
 c 娘さんが大学に合格して、隣の家族はうれし<u>がる</u>。
④b 傷が深いのか、子供は痛<u>がっている</u>。
 c 傷が深いのか、子供は痛<u>がる</u>。

いま現在の時点での感情・感覚を伝えるには、「―がる」ではなく「―がっている」の形式にするということを意味しています。別の言い方をすれば、「―がる」はいま現在の感情・感覚を伝えないということです。願望表現についても同じことが言えます。次の例文を見てみましょう。

⑦a　弟は自転車をほし<u>がっている</u>。
⑧a　妹はヨーロッパへ行きた<u>がっている</u>。

「―がっている」を「―がる」にするとどんな印象を受けるでしょうか。

⑦b　弟は自転車をほし<u>がる</u>。
⑧b　妹はヨーロッパへ行きた<u>がる</u>。

このような対立は独立して用いられる本動詞にもあります。

⑨a　いま、テレビを見ています。
　b　いま、テレビを見ます。
　c　毎日、テレビを見ます。

⑨aは、いま現在のことであり、⑨bはこれからのことを、⑨cは習慣的なことを伝えています。このように動詞の中には、〈動詞―ている〉という形式にして初めていま現在のことを伝えられるものがあることがわかります。「―がる」は、接尾辞ですが、こういった本動詞と同じ性質を持っていると考えていいでしょう。

「食べたい」「ほしい」「悲しい」「寒い」はいま持っている感情・感覚を伝える言葉です、それに対応する表現としては「―がっている」としなければ非文法となります。

「―がる」の形で使われる場合には本動詞の例と同じように、未来や習慣を表すのでしょうか。

⑩a　子供は新しいテレビゲームをほし<u>がる</u>。

b　［子供は来週新しいテレビゲームをほし<u>がる</u>］[2]

　上の⑩aのように一般論として、あるいは、「いつも」といった習慣的な意味には使えそうです。しかし、⑩bのような未来の使い方は予言者でもないかぎり無理ではないでしょうか。

　また、「子供は痛がっている」はよくても、「社長は痛がっている」はあまりよく響かないという印象はないでしょうか。実際に、感情・感覚の言葉にいつでも「―がる」を付加すればよいというのではありません。

　第三者の感情・感覚を伝えるほかの表現についても見ておきましょう。

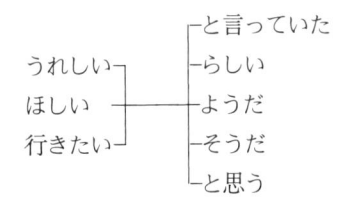

```
                ┌─と言っていた
うれしい─┐      ├─らしい
ほしい　　┼──┼─ようだ
行きたい─┘      ├─そうだ
                └─と思う
```

　これらは第三者の感情・感覚をどのように入手したか、あるいは、外から第三者の様子を見て行う話し手の判断を伝えています。日本語では第三者の感情・感覚は話し手が直接代弁することができないことがわかりました。最後に、「―がる」の異なる用法に触れておきます。

⑪　彼はできそうもないことをやりた<u>がる</u>。
⑫　悲し<u>がって</u>見せてもだめだ。

　⑪⑫の例のように「―がる」はたんに第三者の感情・感覚表現のために用いられるだけではなく、常に感情を前面に押し出すような意味合いや、ふりをするという意味合いなどを伝える場合にも用いられます。また、話し手自身についても以下のような用法があります。

⑬　私がいくら悲し<u>がって</u>も取り合ってくれない。

⑭ 父は私がほしがっていたものを覚えていてくれた。

(A)

1)『日本語教育辞典』(大修館書店) にも、「―たい」は話し手自身の感情しか表さず、「―たがる」は話し手自身の感情は表さないという相補関係が見られるとあります。
2) 次の例のように、よほど「あの子」の性格・好みといったことに詳しい場合には、未来のことにも使えそうです。
〈例〉あの子はこのテレビゲームをきっとほしがる。

Question 43 　「先生は週末にドライブしたいですか」と先生に言ったら間違いですか。

適当ではありません。なぜ「不適当」であって、間違いではないかという点について考えてみましょう。標題の文は個人の願望を伝えるために「―たい」を用いた点、「先生」に敬意を表し、「―たいです」とした点は「文法上」間違いないと考えられます。しかし、この文は実際に使われると、変だと感じられます。願望の表現の中に〈動詞―たい〉がありますが、これには文法上制約があります。まず、〈動詞―たい〉の文法上の制約を確認しておきましょう。

例えば次の①のように、平叙文の主語は1人称(私/私たち)に限られます。しかし、②のような疑問文では2人称が主語となります。また、③のように3人称の願望表現として〈動詞―たい〉を使う時は、「―そうです」や「―と言っていました」などの表現を補う必要があります。

① 私/×君/×彼ら/×舟村さんは旅行したい。
② ×私/君/×彼ら/×舟村さん*は旅行したいですか。

(*舟村さんは第三者)

③ 舟村さんは˟旅行したい/旅行したいと言っていました。

それでは次の例を見て、みなさんだったらどう言うか考えてください。〈動詞—たいです〉を使いますか。

④ 課長は冬は温泉旅行ですか。それもいいですけど、私はスキーに行きたいです。(新入社員)
⑤ ……わが社ではお客様に楽しんでいただきたいです。(旅行社社員)

④も⑤も文法上問題はありません。どちらも主語は「私」「わが社」と1人称となっています。しかし、どちらかというと、「—たいです」という言い方で文を終えるよりも、「—と思っています」とか「—のです」¹⁾などを続けるのではないでしょうか。これに対し、次の例⑥は、まったく問題がないと思われるでしょう。

⑥ A：杉本、今年の冬はどうする(？) ぼくはスキーだけど。
B：うん、ぼくもやっぱりスキーに行きたい。

④⑤は、どちらかというと公的な場面、⑥は、私的な場面を思わせます。確かに〈動詞—たいです〉は「です」が丁寧感を示していると考えられますが、〈動詞—たいです〉は「です」の有無にかかわらず、個人の欲求・欲望をストレートに表している表現です。あまりにむき出しになっている表現だと考える人もいるでしょう。したがって④⑤のように公の場、上司に対しての発言などでは避けられるのだと考えられます。

しかしながら、私的な場面であっても〈動詞—たいです〉と「です」をつけると不自然になる例がよくあります。どんな場合なら〈動詞—たいです〉が使えるのでしょうか。欲求・欲望をストレートに表現してもよい間柄を考えた場合、まず家族や親しい友人があげられます。しかし、これらの人たちと話す時には〈動詞—たいです〉ではなく〈動

詞—たい〉を使っています。ですから、〈動詞—たいです〉を使う関係はこれより少し離れた間柄だということになります。例えば教師と学生はどうでしょうか。

⑦　(学生が集まっていることろへ教師が来る)
　　先生：みなさん、何ですか。
　　学生：いま、藤田さんが京都で撮った写真を見せてもらっているんです。先生も見たいですか。
　　先生：ええ。ぜひ。

⑦の学生の「見たいですか」は少々不躾な印象を与えます。「見たいですか」を「ごらんになりたいですか」としても、どちらかというと避けたい表現ではないでしょうか。このような場合には、「ごらんになりませんか」と相手の意向を問う形で誘ったり、「ご一緒にいかがですか」などと言うでしょう。

これは関係が上に位置している教師の願望を下の身分の学生が「—たい」で表現しているからおかしいのでしょう。ところが、同じ教師と学生の間でも、⑧のように学生が「—たい」を使って自分の願望を表現するのは不自然ではありません。

⑧　(休み前に)
　　先生：今度の休みはどうしますか。
　　学生：休み中も毎日日本語を勉強します。早く上達したいですから。

また、⑨⑩も同様に可能な例文だと考えられます。

⑨　(陸上選手、足を折って入院中)
　　先生：気分は？
　　選手：おかげさまで。でも、一日も早く走りたいです。競技会ま

であと何カ月もありませんから。
⑩ A：毎日よく練習なさいますね。ショパンですか。
　B：ええ。
　A：発表会でおひきになるんですか。
　B：早くそうなり<u>たい</u>ですけど、なかなか……。

〈動詞—たいです〉を考えると、〈動詞—たい〉＋「です」というだけではとらえきれない、言い換えると、「文法上可」であっても、「運用上不可」である場合があることがわかります。

確かに「です」をつけると丁寧になることがありますが、常に、ある表現に「です」をつければ丁寧になるという方程式は必ずしも正ではありません。ここでは願望の表現を見ましたが、ほかの場合でも同様に注意したいと思います。
(N)

1) Q.48（p.152）、Q.51（p.159）参照。

Question 44　「読みました」と「読んでしまいました」の意味はどう違いますか。

「—てしまう」には、大きく分けると2つの意味があります。そのひとつは「完了」の意味、もうひとつは「後悔・残念」の意味です。「読みました」と「読んでしまいました」にいろいろな言葉を補ってその違いを比べてみましょう。

(1) 完了の意味
①a　少し<u>読みました</u>/<u>×読んでしまいました</u>

b 詳しく読みました/×読んでしまいました
  c ゆっくり読みました/×読んでしまいました
  d やっと読みました/×読んでしまいました
  e 全部読みました/読んでしまいました
  f 終わりまで読みました/読んでしまいました
  g あっという間に読みました/読んでしまいました
  h 一気に読みました/読んでしまいました

　「読みました」は、少しであろうと全部であろうと、またゆっくりであろうと一気にであろうとまったく関係なく、ただ過去に「読む」ということをしたと述べているだけです。なんの主観も交えず淡々と事実を客観的に述べている無色の表現なので、a～hのどの言葉と一緒に使っても矛盾しません。一方、「読んでしまいました」は、完了の意味で、a～dの言葉とともに使うとちぐはぐな感じがしますが、反面e～hの「全部」「終わりまで」「あっという間に」「一気に」は「読んでしまいました」の持つ意味をいっそう強調することができ、非常によく合います。

　完了の「—てしまう」はたんなる完了だけの意味ではなく、「全部、すっかり、(物理的・心理的に) 短い時間で」完了するという意味を持っているようです。

(2) **後悔・残念の意味**
  ② 寝ぼうして遅刻しました/遅刻してしまいました。
  ③ 電車の中にかさを忘れました/忘れてしまいました。

　淡々と事実を述べる「遅刻しました」「忘れました」に比べ、「遅刻してしまいました」「忘れてしまいました」には、後悔や残念に思う気持ちが込められていると感じます。

　「—てしまう」について初級レベルの学習者に教える場合には、以上の典型的な2つの意味を指導すれば十分であると考えられますが、教師とし

文 法　141

て次のような例についても観察しておきましょう。

④　火事で家が焼けてしまいました。
⑤　おかしくて思わず笑ってしまいました。
⑥　かわいそうで、もらい泣きしてしまいました。

④は「完了」か「後悔」かどちらとも線引きはできないと思います。また、⑤、⑥は完了とか後悔とかいうより、自分の意志でコントロールできずにそうなったという意味を表しているのではないでしょうか。

(K)

Question 45　「東京ディズニーランドへ行きましたか」と「東京ディズニーランドへ行ったことがありますか」はどう違いますか。

「東京ディズニーランドへ行きましたか」の質問の意味には2つの可能性があります。

(1)　まず、ある過去の一時点に関する質問の場合で、例えば次のような会話になります。

①　A：先週の日曜日に東京ディズニーランドへ行きましたか。
　　B：はい、行きました。
　　　　いいえ、行きませんでした。

(2)　次に、東京ディズニーランドへ行くということがいままでに完了しているかどうかという場合で、これは次のような会話になります。(1)の場合との違いはBの否定の答え方に表れています（Q.40〔p.126〕参照）。

② A:(もう)東京ディズニーランドへ行きましたか。
　　B:はい、行きました。
　　　　いいえ、まだ行っていません。

「東京ディズニーランドへ行ったことがありますか」は「—たことがある」という経験を表す表現を使っての質問ですから、当然経験の有無を尋ねています。「東京ディズニーランドへ行きましたか」が、(1)のように過去のある時点に関する問いである場合には、経験の有無を問う「東京ディズニーランドへ行ったことがありますか」との違いは明らかで、あまり問題にはなりません。ここでは、(2)の「完了」を表す「東京ディズニーランドへ行きましたか」と「東京ディズニーランドへ行ったことがありますか」との比較について考えましょう。

「—ましたか」が「完了」を表す場合、その質問は、その発話時点までに当然すんでいると予想されることについて、それが完了したかどうかを問題としています。

③a　A:もう昼ごはんを食べましたか。
　　　B:忙しくてまだ食べていません。
　b　A:評判のあの映画見ましたか。
　　　B:いいえ、まだ見ていません。

③a、③bのような場合は、たんなる「完了」ですが、話題が経験に関するような場合には、その発話の時点までにすでに経験がすんでいるのではないかと予想されることについて問う質問となります。

では、来日した外国人に対し、その経験についてどのような質問が考えられるでしょうか。

④a　東京タワーへ行きましたか。
⑤a　さしみを食べましたか。
⑥a　歌舞伎を見ましたか。

⑦a　日本のお酒を飲みましたか。

⑧a　［梅干を食べましたか］

　④〜⑦は日本へ来た外国人ならたいてい経験すると予想される内容の自然な例文ですが、⑧は不自然です。たいていの外国人が梅干を食べる経験をするとは予想されないからでしょう。

　次に④〜⑧を「—たことがありますか」の表現に変えてみましょう。

④b　東京タワーへ行ったことがありますか。

⑤b　さしみを食べたことがありますか。

⑥b　歌舞伎を見たことがありますか。

⑦b　日本のお酒を飲んだことがありますか。

⑧b　梅干を食べたことがありますか。

　④b〜⑧bはすべて自然な問いとなります。「〜たことがある」には、「当然経験していると予想されること」などといった制限はないので、「神様に会ったことがありますか」のように、とてもありえないようなことでも自由に表現することができます。したがって、⑧bの「梅干を食べたことがありますか」もまったく問題ありません。④b〜⑧bはまた、日本へ来たことのない外国人に対する質問としてもまったく差しつかえありません。

　「—たことがある」は、私たちが生まれてから現在までに経験したことすべてについて述べることのできる表現なのでしょう。

　一方、④a〜⑦aは来日したことのない外国人に対する問いとすると不自然な感じがします。「東京タワーへ行きましたか」や「さしみを食べましたか」は日本へ来てからの経験を尋ねているのであって、生まれてからいまに至るまでの経験を問題としているのではありません。**「—ました」が経験の「完了」を示す場合、その内容はある一定の時から発話時までに経験するであろうと予想されることに限られるようです。**

では、標題の「東京ディズニーランドへ行きましたか」について考えましょう。

1) 質問の相手が外国人であれば、それは来日している外国人に対する質問と考えられます。
2) 質問の相手が日本人であれば、それは東京ディズニーランドができてからまだあまり年月がたっていない場合ではないでしょうか。東京ディズニーランドが古くなればなるほど「東京ディズニーランドへ行きましたか」と言うより、「東京ディズニーランドへ行ったことがありますか」と言ったほうが自然になるようです。

日本人に富士登山の経験を尋ねる場合、

⑨a ［富士山に登りましたか］
　b 富士山に登ったことがありますか。

bのほうが自然なのは、富士山が私たちの生まれる前からあったからでしょう。

一方、「東京ディズニーランドへ行ったことがありますか」は質問の相手が日本人であれ外国人であれ、その人が生まれてからいままでの間に、東京ディズニーランドへ行くということを経験したかどうかについて尋ねていると考えられます。

(K)

Question 46 「―かもしれない」と「―と思います」の違いについて教えてください。

「―と思います」は推量や意見陳述、また婉曲の表現としても用いられます。ここでは「―かもしれない」と混同されやすい推量の意味を検討しましょう。

まず「―かもしれない」ですが、この表現はある事態の実現（非実現）の可能性（のひとつ）を述べています。次の例①で見てください。ここでは「―と思います」より「―かもしれない」のほうが自然です。

① 10人のクラスで全員がスピーチをすることになっている。1番目は中川さん、2番目は山上さん、3番目はまだ決まっていない。全員に当たること、次は残りの7人の中からであること、私もまだスピーチをしていないことから考えると、次は私かもしれない。

これに対し「―と思います」は、あらゆる可能性の総合から論理的に引き出される結果を推量し、答えとして述べるのに使われます。次の例からそれがわかるでしょう。

② 10人のクラスで全員がスピーチをすることになっている。1番目は中川さんだった。中川さんは数学がトップの人だ。2番目は山上さんだった。山上さんは理科がトップの人だ。次は梅木さんか下田さんだと思う。梅木さんは社会がトップだし、下田さんは英語がトップだから。[1]

「―かもしれない」の導入に次のような例を使うことがあります。

③ （クラスで、前日病気だった学生Aが来ていない。「―と思います」を既習している学生Bに、教師がAのことを尋ねる）
教師：Aさんは来ると思いますか。
学生B：来ないと思います。
教師：来ないかもしれませんね。

③だけで「かもしれない」の導入をすませると、学生Bは「―かもしれない」も「―と思います」と同様の推量の意味を伝える形式だと理解するのではないでしょうか。しかも、来るか来ないかを問うたことから「―かもしれない」は二者択一の時の形式だと受けとる可能性があります。

④ A社の飛行機は落ちる/落ちないかもしれない。

と言われたら「落ちないかもしれない」飛行機に乗る人はいないのではありませんか。④の場合「落ちる」と「落ちない」はたんなる2者対等の関係ではないのです。

④は、「―かもしれない」がある事態の実現（非実現）の可能性を言う表現だと伝えるには、よい例だと思いますが、「落ちないかもしれない飛行機」という意味がわかるためには「―かもしれない」がわかっていなければならない、と堂々廻りになってしまいます。

また「かもしれない」導入時には、学習者が既習している動詞の数は、普通それほど多くはありません。そのため④ではなく③のような例が選ばれることが多くなってしまうのではないでしょうか。確かに③のように、学習者に身近な例を用いるのはよいことだと思われますが、問題点もあるということを認識しておきましょう。結論的には①のようにある名詞実現の可能性を考えさせる例が有効ではないかと考えています。

(N)

1) ②ではまた、「3番目は梅木さんかもしれない。または下田さんかもしれない」とも言えることになります。

Question 47 「二郎は昨日新宿で映画を見たと言っていました」の代わりに「二郎は昨日新宿で映画を見たそうです」と言ってもいいですか。

これは「伝聞」の表現に関する質問です。返事は「はい」でもあり「いいえ」でもあります。

直接・間接話法¹⁾の違いだとか、「―と言っていました」は「はっきり

している」が「—そうです」は「曖昧だ」と言われる場合もあります。また前者には「責任がない感じがする」と直感を言う人もいるでしょう。日本語学習者に「感じがする」とか「ちょっとニュアンスが違う」という教え方ではいけません。しかしここでは日本人の「感じがする」ということが用法や機能を正しくとらえているということも認識しておきたいと思います。

(1) 直接的か間接的か

　話法は「—と言っていました」には使われる文法範疇ですが、「—そうです」には使われません。聞いたことをそのままの形で伝える（直接）か変形して伝える（間接）かということから言うと「—と言っていました」は直接・間接のいずれの伝え方もありますが、「—そうです」には聞いたことを変形する伝え方しかありません。ここでは、この直接、そのままの形で伝えるものを不変形形式、間接的に聞いたことを変形して伝えるものを変形形式と呼んでおきましょう。例①を見てください。

① 二郎が「昨日新宿で映画を見ました」と言うのを聞いて、これを第三者に伝える。
　a　二郎は、昨日新宿で映画を見たと言っていました/そうです。
　b　二郎は、昨日新宿で映画を見ましたと言っていました/*そうです。

　①aの「—と言っていました」も「—そうです」も可能です。しかし①bの「—そうです」は非文です。

　①aは「—と言っていました」も「—そうです」も変形形式、①bの「—と言っていました」は不変形形式です。どちらの形式の「—」にも述語が入りますが、「—と言っていました」の「—」には丁寧形も単純形も用いることができるのに対し、「—そうです」の「—」には単純形と決まっています。このことからも両者が違った伝え方を表していることがわかります。

(2) 発話か否か

(1)で見たように「―と言っていました」は聞いたこと（言ったこと）をそのまま伝えることができます。つまり、聞いたことであればすべて「―と言っていました」で伝えられるということです。

例えば、「キャーッ」という女の悲鳴を聞いた場合、

② 彼女は、キャーッと言っていました/×そうです。

「―と言っていました」の「―」は、声（広くは音）であれば、いわゆる言語外のものであってもかまいません。例えば、次の③がその例です。

③ 古くなったのかドアがギーギー(と)いっていた。

一方、「―そうです」の情報はいわゆる言語として認められるものでなければなりませんが、「音」を伴わない場合もあります。新聞、雑誌などからでもよいのです。[2]

次に、「―と言っていました」は「はっきりしている」が「―そうです」は「曖昧だ」と思う人がいるようですが、この直感を次の(3)と(4)から裏付けて見ましょう。

(3) ニュースを直接に入手

「―と言っていました」は直接聞いたことを伝える場合に使います。逆に言うと、この表現が使われると直接聞いたことだということがわかります。一方「―そうです」は必ずしも直接聞いた場合でなくてもかまいません。次の④で確認してください。

④ （二郎の「昨日新宿で映画を見ました」という発言を聞いたA氏→B氏→C氏と伝える）　〔a、bは異なる場面〕
  a　A：二郎さんは昨日映画を見たと言っていました/そうです。
　　 B：そうですか。

b　B：二郎さんは昨日映画を見た˟と言っていました／そうです。
　　　C：そうですか。

　④aのA氏は、二郎から直接聞いたことを伝えるので、「―と言っていました」も「そうです」も使えます。ところが、④bのB氏は間接的に聞いたことを伝えているので「―と言っていました」は使えません。

(4) ニュースソース
1) 「―と言っていました」では、「―」の情報提供者が文または文脈に示されています。

　⑤　A：二郎さんは毎日楽しんでいらっしゃいますか。
　　　B：ええ、(二郎は)昨日新宿で映画を見たと言っていました／そうです。

　⑤のBの「と言っていました」は二郎が「映画を見た」と言ったことを示していますが、あとの「そうです」にはそれが明確には示されていません。二郎から直接聞いたのかもしれないし、間接に第三者から聞いたのかもしれません。

2) 情報を入手して、その場でそれを第三者に伝える場合、「―そうです」しか使えません。[3]

　⑥　(A、B、Cの3氏が居合わせる。BはAとCとの通訳)
　　　A：あの映画を見ました。
　　　B：Aさんはあの映画を見た˟と言っていました／そうですよ、Cさん。

(5) 内容に対する話者の責任
1) 直接聞いたか、人伝てか
　「―と言っていました」は直接聞いた情報だから明確である、という人

がいます。確かにそのとおりです。

しかし、これに対しまったく反対の意見を述べる人もいます。すなわち、「―そうです」を使ったほうが内容に責任があると感じられる、という意見を聞くのです。これは、「―そうです」が常に内容に手を加える、つまり変形形式で内容を伝えなければならないことからの「感じ」だと思われます。重複しますが、ここで「手を加える」というのは、次のことを指しています。

2) 言い換え

「―そうです」は常に変形形式で、述語はすべて単純形に換えられます。これに対し、「―と言っていました」は不変形形式でも変形形式でもよく、形式を問いません。

また、述語ばかりでなく、名詞にも変形、不変形の違いがあります。例えば今日が10日で、9日に「昨日あの映画を見た」と友人が言ったとしましょう。それを別の友人に今日、10日に伝える場合は「おとといあの映画を見た……」となり、「昨日→おととい」の変換が必要となります。「昨日」「今日」と同様「君」「私」なども変形形式では変換されます。

⑦ (「それはぼくの物ではない」というある人の発言を聞いた人がそれを第三者に伝える)
　a 「それはぼくのものではない」×そうです/と言っていました。
　b それは彼の物ではないそうです/と言っていました。

また、「―そうです」の構文では内容の要約をして伝えることができますが、「―と言っていました」の構文ではできません。

このように伝達者が必ず内容を整理することから「内容に責任を負う→責任がある」と感じられるのではないでしょうか。見方を変えると全然異なった結論が出ることになります。

3) 内容の否定（真偽を云々する）

変形形式「―そうです」は、伝える者が自分で整理した内容を伝える

形式ですから〔(5)—1)〕、その真偽を云々する文に続けたり、そのような文を続けることはできません。

⑧　二郎は昨日新宿で映画を見た<u>と言っていました／×そうです</u>。でも、本当は別の所で秘かに転職の下準備をしていたんです。

(6) 実現したか否か

　情報の実現・非実現に関係なく、予告時間が過ぎると「―そうです」は使えません。次の⑨の例文を見てみましょう。例えば、11日の12時に花火があがるという情報を10日に入手したとしましょう。11日の11時59分までは、⑨ａのように「―と言っていました」、「そうです」のいずれも可能です。しかし、11日の12時01分以降は、⑨ｂのように「―そうです」は不可となります。

　⑨ａ　12時に花火があがる<u>と言っていました／そうです</u>。(11日11時59分まで)
　　ｂ　12時に花火があがる<u>と言っていました／×そうです</u>。(11日12時01分以降)

(2)で見ましたが「―と言ってました」には音をそのまま伝える働きがあります。この働きには時間の隔たりは関与しないようです。

　以上「―と言っていました」と「―そうです」をいろいろな点から観察してみましたが、初めにおさえておきたいということから考えますと、次の2点がまず大切でしょう。

　[1]　両者ともにほかから得た情報を伝えること。
　[2]　「―と言っていました」は声（または音）で直接得た情報に限って伝えることができるが、「―そうです」はいわゆる言語であれば新聞等視覚からの情報も可であること。
　　　　　　　　　　　　　　　　　　　　　　　　　　　　　（N）

1) 直接話法は聞いたこと（言ったこと）をそのまま伝える言い方で、書くときには括弧（「　」）を用いて表します。一方、間接話法は括弧を取った言い方ということになります。
2) 文字で表現された情報でも、それが著者（作者）の意見である場合には「―と言っていました」を使ってもおかしくない場合があります。
3) 情報がすでに過去のものである場合（動作が完了している場合）にはこの限りではなく、「―と言っていました」も可能です。

Question 48　「―んです」はいつ使いますか。

　文末に用いられて説明的なニュアンスを表す「―んです」が、実際にはどのような時に使われているのか、例を見ながら観察しましょう。

(1) 疑問文で

①a　暑いですか。
　b　暑い<u>ん</u>ですか。

　①aの例は、相手が暑いかどうかについてまったく白紙の状態で尋ねる場合であり、bの例は相手がセーターを脱いだり、あるいは窓を開けているのを見て、その理由として自分が推測していることを相手に確認する場合と考えられます。次の例ではどうでしょうか。

②a　大学へ行きますか。
　b　大学へ行く<u>ん</u>ですか。

　②aでは、例えば進路調査などで相手に関して何の予想もなく白紙の状態で大学へ行くかどうか尋ねており、②bでは、相手が受験勉強をし

ていたり、大学の入学案内を読んでいるのを見て、自分が推測した内容を相手に確かめるための質問と考えられます。

③a　昨日は何をしましたか
　b　昨日は何をした<u>ん</u>ですか。

たんに昨日の過ごし方を聞きたい場合は、③aのように質問するでしょう。一方、相手が疲れた顔をしていたり、いつもと違う様子で不審に思ったら③bのように尋ねるでしょう。

①②③の例から見て、何か質問の前提となる状態や状況があって、そのことについてわけを説明してほしいと思ったり、詳しく知りたいと興味を持ったりした場合には「—んですか」の形で質問すると考えられます。

気分が悪そうな様子の人を見たら、「どうした<u>ん</u>ですか」、夢中で本を読んでいる人を見たら、「何を読んでいる<u>ん</u>ですか」、また、夜遅くまで帰ってこなかった人に対しては、「どこで何をしていた<u>ん</u>ですか」と、詰問するようなニュアンスになることもあります。

(2) 平叙文で

1) 会話のスタートに「—んです」を使うと、どんな意味になるでしょうか。

④　A：昨日、新宿へ行った<u>ん</u>です。
　　B：……

Bは、Aの話がこれで終わらずにもっと続くと期待して待つのではないでしょうか。

⑤　A：昨日、新宿へ行った<u>ん</u>です。
　　B：そう。(それでどうしたの)

A：そしたら、ばったりダグラスさんに会ったんです。彼、いま日本の会社に勤めて……

このように、会話の初めに「─んです」を使うのは、これから話したいと思うことを切り出すためのようです。

2) 相手にわかってほしい気持ち、説明したい気持ちを強くアピールするために使います。例えば、医者に「どうなさいましたか」と聞かれて自分の病状を説明する時は、次のように言うでしょう。

⑥a 吐き気がするんです。
　b このへんがしくしく痛いんです。
　c 食欲がないんです。

3) 相手にわけを尋ねられて、説明する時使います。

⑦　A：どうしたんですか。元気がありませんね。
　　B：頭が痛いんです。
⑧　A：どうして遅くなったんですか。
　　B：電車の事故があったんです。

理由を聞かれた時の答え方として、学習者が次のように「─んです」と「─から」を両方使って「─んですから」と言ってしまうことがあります。

⑨　A：どうして遅くなったんですか。
　　B：×電車の事故があったんですから。

⑨のように答えると、「仕方がないでしょう。電車の事故があったんですから」のように強い意味に感じられてしまいます。「─んです」にすでに理由を説明する意味があるうえに、さらに理由を示す「─から」を加えたため、必要以上に強い説明になってしまうからでしょう（次のQ.49

を参照)。

次の会話を見て、以上のことを確かめてみましょう。

⑩　A：昨日は何をしましたか。(白紙で)
　　B：ディズニーランドへ行きました。(淡々と)
　　A：だれと行ったんですか。(興味を持って)
　　B：友達と行きました。(淡々と)
　　A：楽しかったですか。(白紙で)
　　B：いいえ、あまり楽しくありませんでした。(淡々と)
　　A：どうして楽しくなかったんですか。(わけを知りたい)
　　B：友達とけんかしたんです。(わけを説明)

(K)

Question 49　「寒いんです」と「寒いですから」はどう違いますか。

①　　A：どうしてストーブをつけたんですか。
　a　B：寒いんです。
　b　B：寒いですから。

「どうしてストーブをつけたんですか」という問いに対して、「寒いんです」も「寒いですから」も文法的に正しい応答ですが、それぞれの理由づけの仕方から、多少意味の違いが感じられます。次の例ではどうでしょうか。

②　　A：どうしてストーブをつけたんですか。
　a　B：何だか寒いんです。
　b　B：今日は寒いですから。
③　　A：どうして窓を開けているんですか。

a　B：頭が痛い<u>んです</u>。
　　b　B：空気が悪いです<u>から</u>。
④　　A：どうして学校を休むんですか。
　　a　B：空港へ友達を迎えに行く<u>んです</u>。
　　b　B：今日は文化の日で国民の休日です<u>から</u>。
⑤　　A：どうして国へ帰るんですか。
　　a　B：結婚する<u>んです</u>。
　　b　B：結婚します<u>から</u>。
⑥　　A：みんなどうしてあんなに勉強しているんですか。
　　a　B：明日テストがある<u>んです</u>。
　　b　B：明日テストがあります<u>から</u>。

　②③④から、事実を客観的に理由として表す場合には「―から」が、個人的な理由の説明には「―んです」が用いられることが観察されます。⑤bのように、個人的な理由を「―から」で表すと、事実を客観的に理由として述べているだけで、どこか冷たい感じがします。また、⑥aのように、客観的な事実であっても「―んです」で表すと、その事実を個人的な判断で受けとめて、理由として説明していると感じられるのではないでしょうか。

　事実を客観的に理由として述べる時には「―から」を用い、個人的な理由であったり、個人の判断をもとにした理由づけの場合には、「―んです」で表すと言えるようです。

（K）

Question 50 「若い<u>から</u>」と「若い<u>のだから</u>」はどう違いますか。

それぞれの〈文2〉にどのような文が来るか、観察しましょう。

①a 若い<u>から</u> ｛ ・元気だ。
・経験が足りない。
・よく食べる

b 若い<u>のだから</u> ｛ ・元気なのは当然だ。
・いろいろ挑戦すべきだ。
・老人に席を譲りなさい。

①aの〈文2〉はどれも客観的な事実で、〈文1〉は〈文2〉の原因・理由を表しています。一方、①bの〈文2〉はどれも強い意見や主張で、〈文1〉は、原因・理由というより、むしろその強い意見や主張の根拠を説明しているように感じられます。もう少し例文で検討してみましょう。次の②aは中級レベルの学習者がつくった文ですが、日本語としてどこか不自然です。②bのように訂正すればもっと自然な文になるでしょう。

②a 日本は経済力が豊か<u>だから</u>、もっと貧しい国を援助すべきだ。
b 日本は経済力が豊か<u>なのだから</u>、もっと貧しい国を援助すべきだ。

〈文2〉の強い主張を導くためには、説得力のある「―のだから」でその主張の根拠を前もって説明する必要があるのでしょう。では、「日本は経済力が豊かだから」の〈文2〉としてはどのような文が適当でしょうか。

②c　日本は経済力が豊かだから、 { ・何でも買える。
・物が豊富だ。
・生活が安定している。
・失業者が少ない。

〈文2〉は、どれも〈文1〉と直接的な因果関係にある事実や状態で、話者の特別な意見や主張ではありません。次の例文を見てください。

③a　忙しいから、手伝ってください。
　b　忙しいのだから、手伝ってください。

③aも③bも、〈文2〉は同じで「手伝ってください」ですが、それぞれの与える感じは違います。③aの「手伝ってください」はたんなる依頼、③bの「手伝ってください」は強い口調の強制的なものと感じます。「—のだから」から、私たちは、〈文2〉には当然強い主張があるはずだと予測して受けとめるからなのでしょうか。

「—のだから」は、話し言葉では「—んだから」、あるいは「—んですから」になりますが、これらをたんなる「原因・理由」の表現と思っているための学習者の誤用がよくあります。

④　×日本語がまだへたなんだから、あまり話せません。
⑤　×頭が痛いんですから、帰ってもいいですか。

また、中級レベルで作文を書かせる時などに「—のだから」の正しい使い方の指導が必要となることがあります。作文は意見や主張を述べることが多いためなのでしょう。

「若いから」と「若いのだから」の違いについては、前者は〈文2〉にくるもののたんなる「原因・理由」を表し、後者は、〈文2〉で強い意見や主張を述べるための根拠を説得力をもって説明する表現であると言えるのではないでしょうか。

(K)

Question 51 「行きたいです」と「行きたいんです」と「行きたいんですが」はどう違いますか。

単純な願望表現「行きたいです」に、「─んです」や終助詞の「が」がつくことにより意味がどのように変わるか検討しましょう。

① A：どこの国へ行きたいですか。
　　B：アメリカへ行きたいです。
② A：どうしてアルバイトしているんですか。
　　B：アメリカへ行きたいんです。
③ A：1週間も休まれると困るんですよ。
　　B：でも、どうしてもアメリカへ行きたいんです。
④ A：アメリカへ行きたいんですが。
　　B：はい。いろいろなプランがありますが、ご予算はどのくらいで……。
⑤ A：六本木へ行きたいんですが。
　　B：じゃ、恵比寿から地下鉄の日比谷線に乗るといいですよ。

①の例では、たんに自分の願望を述べているにすぎませんが、②の場合、アルバイトする理由として相手を説得するために、また③ではAにわかってもらおうとアピールすることを期待して「─んです」を用いて説明しています。④⑤では、まず単純な願望表現に「─んです」をつけて相手に強くアピールし、さらに終助詞「が」をつけ、言いさした形にして調子を和らげています。そしてその余韻の中に自分の願望を満たしてくれるようななんらかの反応を相手に期待する気持ちを表しているのでしょう。

「行きたいです」は、たんに自分の願望を述べる時の表現、「行きたいんです」は、理由を説明したり、相手を説得するために強くアピールする必要がある時の表現、また、「行きたいんですが」は、相手に助言や提案などなんらかの反応を期待する時の表現と、整理することができるのではないでしょうか。

(K)

Question 52 「読んだばかりです」と「読んだところです」は同じですか。

① 帰ったばかりです/ところです。

「帰ったばかり」も「帰ったところ」も少し前に、あるいは、直前に帰ったという意味です。表現形式として整理すれば〈動詞（た形）―ばかりです〉も〈動詞（た形）―ところです〉となり、両者とも終了した直後であることを伝えています。しかし、両者の使い方は異なるようですし、また、必ずしも直後という説明だけでは十分ではないようです。以下、検討していきましょう。

② A：日本語はどうですか。
　　B：日本に来たばかり/×ところですから、まだまだです。
③ A：いま、どこ（？）
　　B：いま、成田に着いた×ばかり/ところです。
　　A：そうですか。お待ちしています。
④ A：コーヒーを飲みに行くところですが、ご一緒にいかがですか。
　　B：せっかくですが、飲んで戻ってきた×ばかり/ところなんです。
⑤ A：もしもし、佐藤さんお願いします。
　　B：いま、帰った×ばかり/ところです。

⑥　A：子供たちは（？）
　　B：寝た×ばかり/ところ。
　　A：じゃ、起こさないほうがいいな。
⑦　A：遅くなりまして。
　　B：食べ始めた[ばかり]/ところですから、どうぞ。
⑧　A：まだ、食べるものある（？）
　　B：食べ始めたばかり/[ところ]だから、まだたくさんあるわ。
⑨　A：素敵な人がいるんだけど会ってみない。
　　B：離婚したばかり/×ところだから、ちょっと……。
⑩　A：バスすぐある（？）
　　B：残念、出た[ばかり]/ところだわ。
⑪　A：バスすぐある（？）
　　B：出たばかり/×ところだから、当分来ないんじゃない。

(1) 「直後」について

〈動詞（た形）—ところです〉は時間的直後ですが、〈動詞（た形）—ばかりです〉は時間的と同時に心理的直後であってもいいようです。1カ月前に来日しても、「日本に来たばかりですから……」と使うことができます。②⑨の例がそうです。

(2) 意味の中立性

〈動詞（た形）—ところです〉は直後という事柄同士の時間的関係を中立的に述べているのに対し、〈動詞（た形）—ばかりです〉は言外に含むところがあるように感じます。

⑨の例で「離婚したばかりですから……」と「……」の部分が言葉で示されなくても、提案に対する躊躇が見られますし、⑪の「いま、バスが出たばかりだから、……」にも「すぐは来ないだろう」といったことが読み取れます。

したがって、「コーヒーを飲みにいらっしゃいませんか」と誘われたら、その応答として「飲んだところなんです」と「飲んだばかりなんです」ではどちらがよく響くでしょうか。「飲んだところなんです」と言われるほうが心地良いのではないかと思います。〈動詞（た形）―ところです〉は主観を混じえず中立的に事柄を伝える表現だからでしょうか。それに対して、「飲んだばかりです」と言われると、「だからもう飲めない」とか「飲みたくない」とかいった話者の思いが感じられるのではないでしょうか。

⑫　A：いまから出て来ない（？）
　　B：いまから（？）いま、帰ったばかり/[ところ]なのよね。

⑫は、〈動詞（た形）―ばかり〉のほうがいいのではないでしょうか。内包している意味は、「行けない」とか「行きたくない」などでしょう。

⑬　A：何時に帰ったの（？）
　　B：いま、帰ったところ/[ばかり]。

⑬の「―ところ」は、直後を伝えているだけです。ここでは時刻を聞かれているのですから「―ところ」のほうが自然です。しかし仮に「―ばかり」が用いられると時間的な事柄だけではなくて、「まだ片づいていない」とか、「きれいではない」とか「落ち着いてない」といった言外の意味が内包されることになります。
　このように、〈動詞（た形）―ところ〉は時間的直後を中立的に伝え、〈動詞（た形）―ばかり〉は心理的な直後感とそれに伴う感慨を伝えています。
　「ばかり」も「ところ」も形式的には、動詞の「た形」に接続するのですが、同じ形式で次のような使い方があり、意味が違いますから注意しておきたいものです。

⑭　あんなことを言ったばかりに失敗した。
⑮　あの人に話したところで問題は解決しない。

(A)

Question 53　「日本へ来る時、友達に会いました」と「日本へ来た時、友達に会いました」は同じですか。

　時制の一致という規則がある言語を母語とする学習者にとっては「日本へ来る時、友達に会いました」は納得いかない表現なのではないでしょうか。事柄はすべて過去のことですから「日本へ来た時、友達に会った」としてしまいがちです。しかし「日本へ来る時、……」と「日本へ来た時、……」はそれぞれ文法的ですから、事実を知らない教師は学習者の間違いに気づかずに通り過ぎてしまうことになります。

　標題の例文は「どこで友達に会ったか」に違いがあります。すなわち、「日本へ来る時、……」は「日本へ来る途中」であり、「日本へ来た時、……」は「日本に着いた時点」という解釈です。次の例でもう少し検討してみましょう。

①　食べる時、「いただきます」と言います/ました。
②　食べた時、「ごちそうさまです」と言います/ました。

　①②からわかるように、「〈文1〉の時」の構造の〈文1〉の時制は〈文2〉が過去であっても、習慣であっても、未来であってもそれとは関わりなく一定です。「食べる」ことと「いただきますと言う」「ごちそうさまと言う」という事柄の時間的な前後関係を見てみると、次の図のようになります。

[時の経過]

① ——————|——————————|——————————→食べる時
　　〈文2〉「いただきます」と言う　　〈文1〉食べる

② ——————|——————————|——————————→食べた時
　　　　〈文1〉食べる　　　　〈文2〉「ごちそうさま」と言う

標題の例文についても、検討してみましょう。

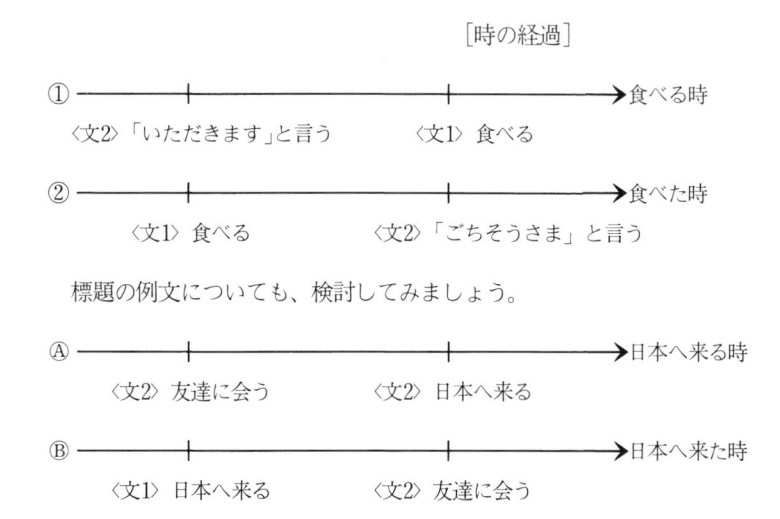

Ⓐ ——————|——————————|——————————→日本へ来る時
　　〈文2〉友達に会う　　　〈文2〉日本へ来る

Ⓑ ——————|——————————|——————————→日本へ来た時
　　〈文1〉日本へ来る　　　〈文2〉友達に会う

　〈文1〉の事柄（日本へ来る）が〈文2〉の事柄（友達に会う）より以後に起きる場合Ⓐでは〈文1〉は基本形（辞書形）で、時に接続します。一方、〈文1〉の事柄が〈文2〉の以前に起こる場合Ⓑでは、〈文1〉は「—た形」で時に接続します。

　すなわち、2つの事柄がある場合、時の経過の中で、以後に起こる事柄は「基本形（辞書形）」で示され、以前に起こる事柄は「—た形」で示されます。これは「—前に」、「—後で」の使い方でも観察されます。[1]

　それでは、〈文1〉の述語がどんな述語の場合にも同じことが言えるのでしょうか。

③a　バスに乗っている時に、地震が起こる/起こったかもしれない。
　b　バスに乗っていた時に、地震が×起こる/起こったかもしれない。
④a　学校にいる時に、先生に質問する/した。
　b　学校にいた時に、先生に質問×する/した。
⑤a　お金がない時に、アルバイトをする/した。

b　お金がなかった時に、アルバイトを˟する/した。
⑥a　子供が小さい時に、外国に住む/住んだ。
b　子供が小さかった時に、外国に˟住む/住んだ。
⑦a　有名な時に、人々はその人をちやほやする/した。
b　有名だった時に、人々はその人をちやほや˟する/した。

　③〜⑦の例では〈文2〉の時制に関わりなく、〈文1〉の述語は［基本形（辞書形）］のほうがよく響きます。標題の文と例文①②と③〜⑦では、〈文1〉の述語には、動作性であるか状態性であるかの違いがみられます。③〜⑦の〈文1〉と〈文2〉の事柄の関係を図示すると以下のようになります。

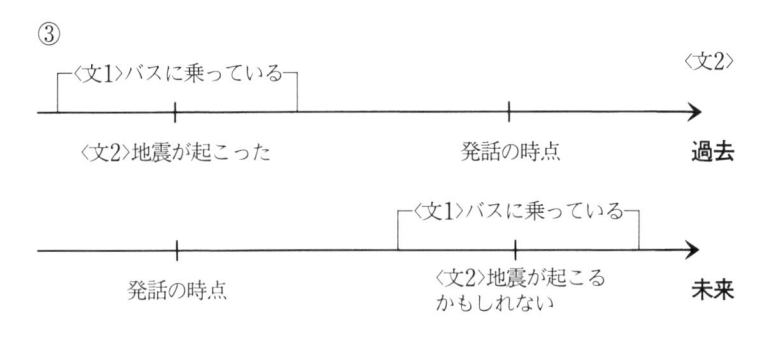

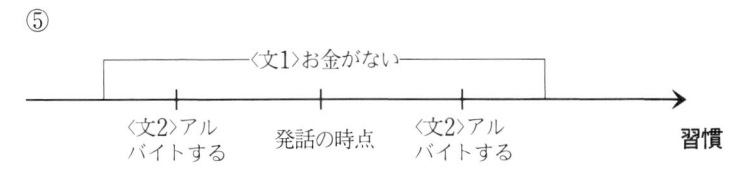

③

├─〈文1〉バスに乗っている─┤　　　　　　　　　　　　　　　〈文2〉
────┼──────────────┼──────────→
〈文2〉地震が起こった　　　　発話の時点　　　　　　　　　　　過去

　　　　　　　　　　　　　　　　　　├─〈文1〉バスに乗っている─┤
────┼──────────────┼──────────→
発話の時点　　　　　　　　　〈文2〉地震が起こる　　　　　　　未来
　　　　　　　　　　　　　　かもしれない

⑤

　　　　├──────〈文1〉お金がない──────┤
────┼────────┼────────┼──────→
　　　〈文2〉アル　　　発話の時点　　　〈文2〉アル　　　　習慣
　　　バイトする　　　　　　　　　　　バイトする

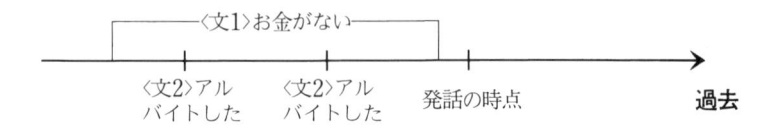

```
┌─────〈文1〉お金がない─────┐
────┼──────────┼──────────┼──────────┼──────→
   〈文2〉アル    〈文2〉アル   発話の時点              過去
   バイトした   バイトした
```

他の例についても、③⑤の例と同様の図が描けます。現象的にいえば、〈文1〉の述語が状態性の場合には、〈文2〉の時制には左右されず、いわゆる現在形のままで表現されることがわかります。

しかし〈文1〉の述語を「—た形」にしても〈文2〉の述語が「—た」であるなら、非文法になりません。しかし、述語をそのようにすると、過去の出来事であることがことさら強調されます（④b、⑤b）。また、〈文1〉の述語が形容詞の場合には「いまは、小さくない」「いまは、有名ではない」といった変化が強調されるのではないでしょうか。

⑧　あのレストランが安くておいしかった/おいしい時には、よく行ったものだ。

⑨　ここも静かだった/静かな時には、閑静な住宅街でした。

⑧⑨では、それぞれ「おいしかった」「静かだった」のほうがよく響くのではないでしょうか。これは「いまは、そうではない」という強調の含みがあるからだと思われます。ですから、そのような強調の必要がない場合には基本形（辞書形）のほうがいいのではないでしょうか。

最後に名詞の場合について検討しておきます。

⑩a　子供の時、アメリカにいた。
　b　[子供だった時、アメリカにいた]
⑪a　中学生の時、イギリスにいた。
　b　[中学生だった時、イギリスにいた]
⑫a　大学院生の時、ドイツにいた。
　b　[大学院生だった時、ドイツにいた]

⑬a 銀行員の時、ホンコンにいた。
 b 銀行員だった時、ホンコンにいた。

 ⑩〜⑬は、発話が行われている時点では、明らかに子供でなく、中学生でなく、大学院生ではありませんが、それぞれのbの例文からは何か不適当な印象を受けます。しかし、⑬bでは、「いま、銀行員ではない」ことを内包し、文法的に響きます。これは職業は変わることが前提にでき、発話の時点で違う職業に就いていることがありうるのに対し、子供、中学生、大学院生であるというのは、だれでもが通過していく過程であり、「いまはそうではない」ことを特に明らかにする必要がないことによるのでしょう。しかし、これを、次のようにすると様子が変わってきます。

⑩c 泣き虫の子供だった時、アメリカにいた。
⑪c ガリ勉の中学生だった時、イギリスにいた。
⑫c 言語の研究に没頭していた大学院生だった時、ドイツにいた。

 それぞれにその時代の特徴を付加すると「いまは、そうではない」ことを改めて提示することになり、文法的になります。
 概略、〈文1〉の述語が動作性である場合には事柄の前後関係で〈文1〉の述語の形が決まりますが、状態性の場合には〈文2〉の時制とは関わりが少なく現在形で用いられることがわかります。　　　　　　　　(A)

 1) 〈例1〉a 日本へ来る前に、日本語を勉強する。
   　　　b 日本へ来る前に、日本語を勉強した。
   　　　c ×日本へ来た前に、日本語を勉強した。
   〈例2〉a 彼が帰ったあとで食べる。
   　　　b 彼が帰ったあとで食べた。
   　　　c ×彼が帰るあとで食べる。
   〈例1〉では〈文1〉が〈文2〉の以後に起こる事柄であり、〈例2〉では〈文1〉の事柄が〈文2〉の以前に起こる事柄ですから、「―前」では「基本形（辞書形）」が、「―あと」では「―た形」が用いら

れます。

Question 54 「帰ったほうがいいです」と「帰るほうがいいです」は同じですか。

① A：どうしたんですか。
　　B：どうも風邪をひいたらしんですが。
　　A：早く、帰って寝た/[寝る]ほうがいいですよ。
② A：朝ごはんを食べますか。
　　B：いいえ。
　　A：食べた/[食べる]ほうがいいですよ。
③ A：ご両親にはよく連絡をしますか。
　　B：いいえ、あまりしません。
　　A：月に１回ぐらいは連絡した/[連絡する]ほうがいいですよ。心配なさいますから。
④ A：殺風景な部屋ですね。
　　B：絵があった/[ある]ほうがいいですね。
⑤ A：映画でも見に行こうか。
　　B：込んでいるでしょう。家で[寝ていた]/寝ているほうがいいですよ。

　以上見たように、「帰ったほうがいい」「帰るほうがいい」で代表される〈動詞（た形）—ほうがいい〉〈動詞（基本形）—ほうがいい〉は使い方が異なります。
　〈動詞（た形）—ほうがいい〉がよりよく響く例を検討してみると、話し手が聞き手に対して話し手自身の意見・提案を積極的に表明する場合

だと言えるようです。したがって、①では「帰って寝ること」を、②では「朝ごはんを食べること」を、③では「連絡すること」を、④では「何かを飾ること」を提案しています。

一方、〈動詞（基本形）―ほうがいい〉は比較の意味合いが表に出るようです。⑤は、「映画を見に行くより」と比較対象されています。次の例を見てください。

⑥　A：黙って家を出て3日でしょう。
　　B：……。
　　A：連絡した/[する]ほうがいいわよ。
　　B：電話してくれる（？）
　　A：自分で電話[した]/するほうがいいわよ。
⑦　A：駅までは歩くと30分で、バスだと10分ぐらいだけど、どうする（？）
　　B：天気もいいし、[歩いた]/歩くほうがいいな。

⑥の「連絡する」ことはAの強い提案を示し、弱気になっている人には選択の余地を残さない返答になっています。しかし、あとの「電話する」のように積極的にではなく、私がするより、あなた自身するほうが摩擦が少ないだろうという範囲にとどまれば、「動詞（基本形）―ほうがいい」を使うことになります。

また⑦でも「どちらかというと」という自分の選択を伝えたいのですから〈動詞（基本形）―ほうがいい〉が選ばれるのでしょう。

このように〈動詞（た形）―ほうがいい〉は話し手から聞き手に対する選択の余地を残さない意見・提案を伝える場合に用いられるのに対して、〈動詞（基本形）―ほうがいい〉は「どちらかというと」という話し手の選択を伝える場合に用いられると言えます。

形式上「―た形」と「基本形」の対立があるのは、動詞の肯定形を用いる場合だけであって否定形を用いる場合には「行かないほうがいい」

というように、区別はありません

このように違いを見てきましたが、〈動詞（た形）—ほうがいい〉も、比較の意味が内包されている点においては違いはありません。

⑧　スポーツ大会に参加するなら、それは、勝ったほうがいい。
⑨　こんな屈辱を受けるくらいなら、死んだほうがいい。

いずれも、話者の積極的な提案の意味が強いですから〈動詞（基本形）—ほうがいい〉では不自然に響きます。しかし、⑧では「負けるよりは」、⑨では「屈辱を受けて生きているよりは」という意味が読み取れます。

また、〈動詞（た形）—ほうがいい〉は、選択の余地を残さない発話に用いられるわけですから、運用上、命令の機能を果たすことがあります。

⑩　ここのところ問題があるように思うんですけど。直したほうがいいですよ。

「直せ」「直しなさい」とは言いにくい場合に〈動詞（た形）—ほうがいい〉を用いて、婉曲に表現するのに用いられます。　　　　　　　　　(A)

Question 55　「のに」と「けれども」はどう違いますか。

①　勉強したのに/けれども、テストの成績は悪かった。

「のに」も「けれども」も逆接を示す接続助詞です。しかし、①の例からわかるように、ただ逆接というだけでは両者の違いの説明にはなりません。

②　若いのに/けれども、知識が深い。
③　あそこのレストランはおいしいのに/けれども、客が少ない。

④ 電車事故があったのに/けれども、時間に間に合った。
⑤ 高いのに/けれども、よく売れる。
⑥ 約束の時間に行ったのに/けれども、だれもいなかった。
⑦ おいしかったのに/けれども、たくさん残った。
⑧ 高いカメラを持っているのに/けれども、写真はたいしたことない。
⑨ 高いカメラを持っているのに/けれども、彼にはそぐわない。

〈文1〉と〈文2〉の意味関係が「のに」「けれども」の選択に重要な働きをしています。「のに」は、〈文1〉が伝える事柄が起こった場合には当然起こると想定される事柄があるが、それが実現しない場合に用いられます。例文②〜④を次の表で整理してみましょう。

〈文1〉	〈文1〉の事柄から予想される〈文2〉の事柄	予想の当然性の程度[1]	実際の〈文2〉の事柄	A「けれども」、B「のに」の選択
若い	知識が浅い	○	知識が深い	B(A)[2]
	食事の量が多い	△	食事の量が少ない	A(B)
	きれいだ	×	きれいではない	A
	スポーツが得意だ	×	スポーツが得意でない	A
おいしい	客が多い	○	客が少ない	B(A)
	たくさん食べられる	△	たくさん食べられない	A(B)
	安い	×	安くない	A
電車事故	遅刻する	△	遅刻しない	A(B)
	電車が込む	△	電車が込まない	A(B)

1) ○ 当然性が高い／△ どちらとも言えない／× 当然性が低い
2) ( )内は、場合によっては使用可能。

上の表で見るように、〈文1〉の事柄に対して種々の予想される事柄が

起こりうるのですが、それが**当然である場合**と**必ずしも当然ではない場合**とがあります。その中で、「当然あるべき」帰結が実現しない場合に「のに」が用いられます。その一方で、必ずしも当然の帰結ではないが、それが実現しない場合に「けれども」が用いられます。

「けれども」は「のに」に構文的には置き換え可能です。とは言っても、「けれども」の場合には「のに」で接続した場合のように「当然性」の解釈はなく、対立する事柄として伝えることになります。

したがって、当然の帰結が起こらないことに驚いたり、怒ったりしている場合には「けれども」への置き換えは難しくなります。

⑪ こんなに熱があるのに/×けれども、出かけるなんて。
⑫ 一生懸命教えてやったのに/×けれども、落第したって！ 俺の苦労はどうなるんだ。

また、「のに」のほうが話者の感情を表現する側面を持っているようです。したがって、Naomi H. McGloin (*A Students' Guide to Japanese Grammar* 〔大修館書店〕) が指摘するように、日記に自己のこととして記す場合には「のに」は使われません。

⑬ 昨夜遅く帰宅したけれども/×のに、母には何も言われなかった。

しかし、不満のような感情を表す場合には「のに」が用いられます。

⑭ 弟は何も言われないのに/×けれども、なんで私だけが叱られるのか。

当然起こるべきことだという期待に話者の勝手な判断が含まれており、その期待が外れた場合には「のに」が用いられ、驚き、不満、苛立ちなどを表すことになります。ですから、⑬の「のに」も母親への面当てに遅く帰り、文句を言うようにしむけ反抗しようというもくろみがあれば「のに」を使っても自然になるのではないでしょうか。　　　　　(A)

Question 56 「おいしいけれど高い」を「高いけれどおいしい」と言い換えても意味は同じですか。

A、B 2つのレストランがあり、それぞれ次のような評判を聞きました。

①a　Aの店はおいしいけれど高い。
　b　Bの店は高いけれどおいしい。

さて、みなさんはA、Bどちらの店に行って食事をしますか。B店ではありませんか。なぜB店なのでしょうか。考えてみましょう。

「けれど」[1]は〈文1けれど文2〉という構文で使われますが、[2]この〈文1〉〈文2〉は反対の内容をもっています。すなわち、「けれど」には逆接の用法があります。

②a　この本は難しいけれど、その本はやさしい。
③a　この薬はよく効くけれど、飲みすぎると体をこわしてしまうそうだ。
④a　漢字は、意味はわかりますけれど、読み方はわかりません。
⑤a　昨日は寒かったですけれど、今日は暖かくなりました。

〈文1〉〈文2〉は反対の意味であればよいので、理論的には〈文1〉と〈文2〉を入れ替えた〈文2けれど文1〉も文法的です。②b～⑤bの例で確かめておきましょう。

②b　その本はやさしいけれど、この本は難しい。
③b　この薬は飲みすぎると体をこわしてしまうけれど、よく効く。

④b　この漢字は、読み方はわかりません<u>けれど</u>、意味はわかります。
⑤b　今日は暖かくなりました<u>けれど</u>、昨日は寒かったです。

　初級で「けれど」を導入する場合、第1段階は〈文1〉と〈文2〉が相反する内容をもっていることを教えることだと言えましょう。それで、〈文1〉〈文2〉の入れ替えができるような例を導入に使うことがよくあります。筆者は次のような例文を使ったことがありました。

⑥a　この鞄は<u>重い</u>けれどあのかばんは重くありません。
⑦a　夜は<u>静かだ</u>けれど昼はあまり静かじゃない。
⑧a　二郎さんは<u>来ました</u>けれど三郎さんは来ませんでした。

　当然の結果として学習者は「けれど」のあとは否定形がくるのかという質問をします。それでこの質問に応えるために〈文1けれど文2〉、〈文2けれど文1〉の入れ替えが可能であることを示します。

⑥b　あの鞄は重くありませんけれどこの鞄は重いです。
⑦b　昼はあまり静かじゃないけれど夜は静かだ。
⑧b　三郎さんは来ませんでしたけれど二郎さんは来ました。

　くり返しになりますが、〈文1〉と〈文2〉の2つについて言う時、〈文1〉〈文2〉が反対の性質・評価などをもっていると伝えるために、両者〈文1〉〈文2〉を「けれど」でつないで一文にすることができました。このことは②〜⑧で確かめられました。「けれど」のはたらきの中でこの機能が第1番目のもので、〈文1〉と〈文2〉の2つについて両者の内容が相反するものであることに言及することが目的である場合には、〈文2けれど文1〉としても問題にはならないでしょう。
　しかし、文というものは単独で使われる場合より文脈、つまり前後の関係を考えながら使われる場合が普通です。①の文に理由を示す「から」を続けて考えてみましょう。

⑨a Aの店はおいしいけれど高いからやめよう。(×行きたい)
　b Bの店は高いけれどおいしいから無理しても行きたい。(×やめよう)

　a、bいずれも「から」によって引き出される結論は「けれど」構文の〈文2〉を受けています。
　〈文1〉〈文2〉の出現順が文脈に左右される例をもうひとつ見ておきましょう。

⑩　A：安いアパートないかな。安ければどこでもいいんだ。
　　B：あるよ。
　a　少し駅から遠いけど安いんだ。
　b　[安いけど駅から遠いんだ]

　⑩bはそれ自身は文法的です。しかし、⑩の状況ではaを選ぶと思われ、bはつながり具合があまりよいとは感じられないでしょう。
　日本語の基本構文は文末に述語がきます。このことと述語が文を構成する要素の中で大切なものであることから、文が伝えたい意味が文末にかかってくると感じられるようです。したがって〈文1けれど文2〉構文の場合も〈文2〉の述語の意味のほうが強く相手に伝わるのでしょう。「けれど」構文と文脈との関係も「けれど」に関する情報として大切なことです。
　さて、ここでひとつ注意したいのは〈文1〉〈文2〉を単純に入れ替えられないものがあるということです。次の⑪を見てください。

⑪a　苦しいけれどがんばります。
　b　×がんばるけれど苦しいです。

　⑪aの〈文1〉〈文2〉は、入れ替えられません。なぜでしょうか。⑪を観察すると、aが「いま現在苦しい状況であることと、がんばるという

現在の決意を述べている」のに対し、bは「がんばるという現在の決意の結果、将来苦しい」と将来の感覚を述べているからだと考えます。bを次のようにすると、その問題がなくなります。

⑪c がんばっていますけれど苦しいです。
　b がんばります（がんばるつもりです）けれど苦しいと思います。

「けれど」の導入に際しては、まず「けれど」の逆接の機能を示すことが第一だと言えるでしょう。そして次のステップとして「けれど」の構文を前後の関係から使って見せることもしたいと思います。このためには、もうひとつ文を続けてみせるという方法があると思います。例えば、導入時、あるいはあとで学習者から標題のような質問があった場合、第２段階では次のような文を示すことで「けれど」の性質が理解させられると思います。

⑫a 仕事柄昼間仮眠をしたいと思っている。しかし、夜は静かだけれど昼間はあまり静かじゃない。だからいつも寝不足だ。
　b 昼間はあまり静かじゃないけれど、夜は静かだ。だからいつも睡眠が十分とれて朝気持ちよく起きられる。
⑬a 二郎さんは来ましたけれど三郎さんは来ませんでした。残念です。
　b 三郎さんは来ませんでしたけれど二郎さんは来ました。うれしかったです。

以上、逆接の「けれど」について観察してきましたが、「けれど」には逆接とは言えない用法もあります。例のみ挙げておきます。

⑭　もしもし、松原ですけれど、北沢さんいらっしゃいますか。

(N)

1)「けれども」「けど」もこれに含めます。
2)「けれど」の前が、単語であることがあります。これは、前後の関

係から文の述語だけが現れているからだと考えられます。述語は〈動詞〉、〈形容詞〉、〈形容動詞〉、〈名詞＋だ〉を指しています。これらは文の最後、つまり文末に現れます。

Question 57 　「ために」は、どんな場合に原因・理由の意味で使われますか。

① 事故があった<u>ために</u>、遅刻した。
② 留学する<u>ために</u>、勉強する。

①は「原因・理由」、②は「目的」を伝えています。その解釈の違いを「ために」を修飾する文末の述語の形に着目し、分析する場合があります（『外国人のための基本語用例事典』文化庁）。

- ●原因・理由　〈述語（た形）〉　　｝「ために」
　　　　　　　〈名詞―の〉
- ●目的　　　　〈動詞（現在形）〉　｝「ために」
　　　　　　　〈名詞―の〉

しかし、次のような例の場合には、説明がつきません。

③ 子供たちが、毎日冷蔵庫が空になるまで食べる<u>ために</u>、毎日、買物に行かなければなりません。

「ために」の前の形が基本形なのに、この使い方では、原因・理由の解釈を受けます。さらに、名詞に接続する場合は、両方とも「の」による接続ですから、その解釈は混乱を招きます。

④ やりたくもないジョギングの<u>ために</u>、膝を痛めた。（原因・理由）

⑤ 明日のジョギング大会のために、靴を買う。(目的)

このように見てくると、たんに、「ために」が導く文末の述語の形だけでは、意味の違いを判断することはできないことがわかります。特に、名詞の場合には、手掛かりがありません。また、「ために」に導かれる文には形容詞文、形容動詞文もあります。

⑥ 5人家族には部屋が狭いために、引っ越しを考えている。
⑦ 仕上げがお粗末なために、売れない。

そこで「ために」の文を「〈文1〉ために〈文2〉」と形式化し、〈文1〉が〈文2〉に対して(A)相対的未来であるか、(B)相対的過去であるかという視点で考えてみます。

(A) 相対的未来

相対的未来とは、〈文2〉の事柄が未来であろうと、過去であろうと、現在を示していようと、〈文2〉の事柄が起こったあとに〈文1〉の事柄が起こる場合を言うこととします。すなわち、〈文1〉が〈文2〉に対して、相対的未来を示しているということになります。

⑧ 人々を静かにさせるために、あとで音楽をかける。(文2:未来)
⑨ 人々を静かにさせるために、あとで音楽をかけた。(文2:過去)
⑩ 人々を静かにさせるために、あとで音楽をかけている。(文2:現在)

いずれも〈文2〉の内容が事柄として先行し、そのあとに〈文1〉の事柄が起こる場合です。この場合には、「ために」は「目的」の解釈を受けます。もう少し例を見ましょう。

⑪ 登山隊を派遣するために、資金調達をする。
⑫ 英語の発音を良くするために、発音クリニックへ行く。

⑪は、資金調達したあとに登山隊を派遣するのであり、⑫は、発音クリニックへ行き、そのあと発音がよくなるのです。

名詞の「ために」の場合はどうでしょうか。「名詞」に接続する場合は、形態上判断することができませんから、〈文1〉が相対的未来であるかどうかは前後の意味関係を吟味することによって判断しなければなりません。

⑬　石油の輸入の安定のために努力する。
⑭　研究のために渡米する。

石油の輸入の安定がこれからの努力目標であり、また、渡米後研究するのですから、〈文1〉は〈文2〉に対して相対的未来であり、「目的」の解釈を受けることになります。

(B)　相対的過去

相対的過去とは、〈文2〉の事柄が「未来」であろうと「過去」であろうと「現在」であろうと〈文2〉の事柄が起こる以前に〈文1〉の事柄が起こった、もしくは起こっている場合を言うことにします。〈文1〉が〈文2〉に対して、相対的過去を示しているということになります。

⑮　予定外の人が来たために、料理が足りなくなる。(文2：未来)
⑯　予定外の人が来たために、料理が足りなくなった。(文2：過去)
⑰　予定外の人が来たために、料理が足りなくなっている。(文2：現在)

いずれも〈文1〉の内容が事柄として先行し、そのあとに〈文2〉が起こる場合です。この場合には、「ために」は「原因・理由」の解釈を受けます。相対的過去では、次の2つに細分化して考えてみます。

(i)　〈文2〉の事柄の以前に〈文1〉の事柄が完了している

⑱ 変なものを食べたために、お腹をこわした。
⑲ 遅刻したために、叱られた。

「─た形」は「基本形」に対して相対的過去を示しますから、〈述語─た形〉に「ために」が接続した場合には「原因・理由」の解釈になります。

(ii) 〈文2〉の事柄の以前に〈文1〉の事柄の状態になっている

⑳ 雨が降っていたために、外出をとりやめた。
㉑ 背が高いために、鴨居によく頭をぶつける。
㉒ 一人、来ていないために、出発できない。

いずれも〈文2〉の事柄が起こる以前に〈文1〉が伝える状態になっています。品詞のうえで言えば、形容詞・形容動詞は属性・感情・感覚を示す機能を持つものであり、状態の様子を伝える機能を持っています。ですから、〈文1〉が形容詞文、形容動詞文の場合は常に相対的過去を示すことになり「原因・理由」の解釈を受けます。

一方、「名詞─の」に接続する場合には、「相対的未来」の場合と同様に、〈文1〉〈文2〉の意味関係から判断しなければなりません。

㉓ 大雨のために新幹線が止まった。
㉔ 満員のために入場できなかった。

㉓は、新幹線が止まる以前にすでに大雨であり、㉔は満員であるという事実がまずあって、入場できないのですから、「原因・理由」の解釈を受けることになります。

最後に、いままで検討してきた点を〈文1〉の述語の形態では判断できない例で検証しておきましょう。次の表を見てください。

㉗の文は「運動会に参加することに決まっていた」という解釈も可能ですから、相対的過去(ii)の解釈も可能ではあります。

例文	〈文1〉と〈文2〉の関係	「ために」の意味
㉕娘は留学するために、いろいろ準備している。	相対的未来	目的
㉖娘が留学するために、いろいろ準備している。	相対的過去(ii)	原因・理由
㉗運動会に参加するために、ゼッケンをつける。	相対的未来	目的
㉘運動会があるために、ゼッケンをつける。	相対的過去(ii)	原因・理由
㉙太郎は走るために、大会に参加した。	相対的未来	目的
㉚太郎は100メートルを10秒強で走れるために、大会に参加できた。	相対的過去(ii)	原因・理由

日本語学習者には、「相対的未来」「相対的過去」の識別がつきにくい点があります。現象的にとらえれば〈文1〉〈文2〉の主語が同一であり、〈文1〉の主語に意志性があれば「目的」を示し、この両方の条件を完全に満たしていない場合は「原因・理由」の解釈を受けます。

ここにあげた例文㉕～㉚を整理すると以下のようになります。

	〈文1〉〈文2〉の主語の同一性	〈文1〉の意志性	原因・理由	目的
㉕	○	○		○
㉖	×	×	○	
㉗	○	○		○
㉘	×	×	○	
㉙	○	○		○
㉚	○	×	○	

また、「ために」は、「あの人のためにこんなひどいめにあった」ような使い方もあります。

(A)

Question 58 「風邪をひかない<u>ように</u>」ですか、「風邪をひかない<u>ために</u>」ですか。

「—ために」は目的を表す表現です。原因・理由を表す場合もありますが、いまここではその用法についてはふれません。目的というものはたいてい肯定的な意志的なものですから「<u>成功するために</u>」、「<u>受験戦争に勝ち抜くために</u>」のように、「ために」の前は動詞の現在形の肯定の形がくることが普通です。そして「失敗しない」「負けない」のような否定の表現は、目的というより、予防ととらえて、「失敗しないように」「受験戦争に負けないように」という形で次のように表すことが多いのではないでしょうか。

①a 失敗しない<u>ように</u>慎重に行動する。
②a 受験戦争に負けない<u>ように</u>体力をつける。

「—ないように」には、予防という意味から当然のことながらどこか控えめな消極的な雰囲気が漂います。形は「失敗しない」「負けない」と否定であっても、時には前向きの目的として決意を込めて表したいことがあります。そんな時には、やはり「ために」を用いるのではないでしょうか。

①b 失敗しない<u>ために</u>慎重に行動する。
②b 受験戦争に負けない<u>ために</u>体力をつける。

同じ文脈であっても、①a、②aに比べ①b、②bには決然たる意志が

感じられます。

③a 太らないように甘い物を控える。
　b 太らないためにエアロビクスをする。
④a 遅刻しないように努力する。
　b 遅刻しないために全力で走る。
⑤a 忘れないようにメモする。
　b 忘れないためにくり返し練習して頭にたたき込む。

③a、b、④a、b、⑤a、bは〈文2〉をそれぞれ入れ替えても文法的にも意味的にもまったく問題ありません。ただたんに予防としてとらえるか、形は否定であっても前向きの目的としてとらえ、積極的な態度を〈文2〉で示すかによって、「—ないように」と「—ないために」を使い分けているようです。

「風邪をひかないように」も「風邪をひかないために」もどちらも正しい日本語ですが、次のように使い分ければ、さらに細かいニュアンスを伝えることができるのではないでしょうか。

風邪をひかないように ┌・厚いセーターを着る。
　　　　　　　　　　 ┤・帰宅したら必ずうがいする。
　　　　　　　　　　 └・人込みに出る時はマスクをする。

風邪をひかないために ┌・乾布摩擦をする。
　　　　　　　　　　 ┤・栄養のあるものを食べて体力をつける。
　　　　　　　　　　 └・ジョギングをして体を鍛える。

(K)

Question 59　「そして」と「それから」は同じですか。

辞書によれば、「そして」にも「それから」にも、Ⓐ前に述べた動作状

態を受けて引き続いて起こる事柄を述べる、Ⓑ前にあげたことにさらに追加する意を表す、という2つの用法があげられており、「そして」には「それから」、「それから」には「そして」がそれぞれ類義語としてあげられています。しかし実際には同じように使えない場合もあります。学習者はそこの違いを知りたいのでしょう。

「そして」には、次の例文のような5つの用法が見られます。これは「―て形接続」の意味と共通する点があるようです。この5つの用法に「それから」が使えるかどうか検討してみましょう。

(1) 並列

① 彼はハンサムです。そして/それから背が高いです。

(2) 時間的経過

② 明日は午前中に床屋へ行きます。そして/それから午後は映画を見に行きます。

(3) 〈文1〉は〈文2〉の前提

③ 昨日レストランへ行きました。そして/[それから]えびフライを食べました。

(4) 帰結

④ 2人は結婚しました。そして/[それから]幸せに暮らしました。

(5) 原因

⑤ 高い車を買いました。そして/[それから]お金がなくなりました。

例文から、「そして」「それから」のどちらも使えるのは(1)、(2)の「並列」と「時間的経過」です。(3)、(4)、(5)の「〈文1〉は〈文2〉の前提」「帰結」「原因」は「そして」だけにある用法のようで、「それから」を使うと不自然になります。用法の重なる(1)、(2)についても受ける感じには微妙な違いがあります。

⑥a 空は限りなく青い。そして限りなく広い。(並列的)
 b 駅前にはいろいろな店がたくさんある。それから銀行やデパートもある。(付加的)
⑦a 昨夜は友達に手紙を書きました。そして11時ごろ寝ました。(時間的経過)
 b 昨日は新宿で映画を見ました。それから渋谷でボウリングをしました。(時間的経過)

⑥は、前にあげたことにさらに追加する意味の例文ですが、〈文1〉と〈文2〉を並列的につなぐ時には「そして」、〈文1〉に〈文2〉を付加的に追加していく場合には「それから」のほうが自然に感じられます。ただ、話し言葉の場合には、実際には「そして」よりもむしろ「―て形」で接続するか、あるいは「それから」を使うことのほうが多いのではないでしょうか。「そして」はどちらかというと書き言葉としてよく使われるようです。作文を書く時など「それから」を多用すると、どこか幼稚な感じがします。

⑦は、前に述べた動作状態に引き続いて起こることを述べる場合で、「そして」「それから」のどちらも使えますが、「そして」で文をつなぐと〈文1〉と〈文2〉にはどこかつながりのある流れが感じられますし、「それから」でつなぐと、〈文1〉〈文2〉はそれぞれ互いに関係のない独立した動作のような感じがするのではないでしょうか。

(K)

Question 60 「前はいまほど日本語が上手ではありませんでした」と「前は日本語が下手でした」は同じですか。

「ほど」は何かを比較する場合に使われます。標題の文では前の日本

語の実力といまの日本語の実力を比べています。また、「ほど」が使われている文の述語は否定形となっています。次の例で確認しておきましょう。

① ロックはジャズほど好きじゃない/˟好きだ。
② 京都へは奈良ほど行かなかった/˟行った。

それでは標題の質問について下の例で考えてみましょう。

③a （シュークリームとプリンを食べた。シュークリームはおいしかったがプリンはまずかった。しかし、どちらかというと）
　˟プリンはシュークリームほどおいしくなかった。
　b （シュークリームとプリンを食べた。どちらもおいしかった。しかし、どちらかというと）
　プリンはシュークリームほどおいしくなかった。
④a （カエルのジャンプ大会があった。二郎のカエルはよく飛んだ。三郎のカエルは全然飛ばなかった）
　˟三郎のカエルは二郎のカエルほど飛ばなかった。
　b （カエルのジャンプ大会があった。二郎のカエルも三郎のカエルもそれなりに飛んだ。測ってみると）
　三郎のカエルは二郎のカエルほど飛ばなかった。

　③a、④aと③b、④bとの違いは、bでは比較されるものが同じ意味範囲に入っているのに対して、aでは比べられる2者は異った意味範囲に入っているという点でしょう。ここで、同じ意味範囲に入っているということは、③bではシュークリームもプリンも「おいしい」と評価され、④bでは二郎のカエルも三郎のカエルも「ある距離を飛んだ」ということを指しています。また、異った意味範囲とは③aのシュークリームとプリンが、それぞれ「おいしい」「まずい」と評価され、④aのカエルは「飛んだ」「飛ばなかった」と異っていることを指しています。

これらの例から、「ほど」は同じ意味範囲の2者を比較する時に用いられる言葉だと考えられます。

　「ほど」の構文を「AはBほど～ない」で表すと、例③④から、この構文はAについてBを基準として述べるためのものだと言えるでしょう。つまりAの程度とBの程度を比べた場合、Aの程度はBの程度に達していないという意味を伝えることができます。先の例文で言うと、③bは、シュークリームのおいしさが基準で、プリンのおいしさはシュークリームのおいしさに達していないという意味ですし、④bは二郎の蛙が飛んだ距離が基準で三郎の蛙が飛んだ距離はそれより短かったという意味です。

　「ほど」を理解させるには、述語が否定形であることばかりでなく、比較する2者の何を基としているのか、いずれが基準なのかを明確にさせておくことが大切だということがわかります。

　以上のことから考えると、標題の問いに対する答えは、「いいえ、同じではありません」ということになります。「ほど」の基本の意味は、同じ意味範囲の2者を比較するという点で、標題の2文を同義としないと思います。

(N)

Question 61 「自転車より車のほうが多い」と「自転車は車ほど多くない」は同じ意味ですか。

　Q.60（p.185）で「ほど」について考えました。もう一度「ほど」について確認しておきましょう。「ほど」は2者を比較する時に用いられ、述語の否定形と呼応しますが、述語の意味そのものは否定されません。

①a　二郎は三郎ほどできなかった。

b 二郎はできた/˟できなかった。でも(二郎は)三郎ほどできなかった。

①aのように言った場合、普通二郎ができなかったという解釈はしないと思います。これは①bからも裏付けられるでしょう。

では、「より」はどうでしょうか。「より」も2者を比較して述べる時に用いられ、この点は「ほど」と同じです。比べられる2者をA、Bで示すと、「ほど」「より」の文構造はそれぞれ次のように表せます。

Ⓐ 「AはBほど〜ない(否定形)」
Ⓑ 「AよりBのほうが〜(肯定形)」
Ⓑ′「AよりBのほうが〜ない(否定形)」

具体例で見てみましょう。

②a プリンはアイスクリームほど冷たくない。…………Ⓐ
　b プリンよりアイスクリームのほうが冷たい。………Ⓑ
　b′ プリンよりアイスクリームのほうが冷たくない。…Ⓑ′
③a 新聞は牛乳ほど早く来ない。…………Ⓐ
　b 新聞より牛乳のほうが早く来る。……Ⓑ
　b′ 新聞より牛乳のほうが早く来ない。…Ⓑ′

②③から、「ほど」の文構造Ⓐと基本的に同じ意味を伝えている「より」の文構造はⒷの、述語が肯定形のものです。そこでここからは文構造ⒶとⒷのみを比較・検討することにします。では次の④⑤を見てください。

④ (セーターもカーディガンも安い場合)
　a セーターはカーディガンほど安くない。
　b セーターよりカーディガンのほうが安い。
⑤ (セーターは高い。カーディガンは安い場合)
　a ˟セーターはカーディガンほど安くない。

b　セーター<u>より</u>カーディガンのほうが安い。

　①④⑤から「ほど」は同じ意味範囲に入る2者を比較する構文、これに対し「より」は基本的に相対評価を示す構文であると言えるでしょう。別の言い方をしますと、例えば「安い」という言葉を「より」を使った比較の文に用いると、比較される両者が実際に安い場合もそうではない場合も可となります。しかし、「ほど」には後者の用法はありません。このことが、文法性・非文法性を説明できるかどうか、もう一度次の例で確かめておきましょう。

⑥a　×小錦は高見山<u>ほど</u>小さくない。
　b　小錦<u>より</u>高見山のほうが小さい。
⑦a　×中国はアメリカ<u>ほど</u>狭くない。
　b　中国<u>より</u>アメリカのほうが狭い。

　大きい、小さいのような、あるものに対する評価は視点が違うと変わってしまいます。しかし、小錦も高見山も一般的には（日本では）大きいと評価されるでしょう。こういう場合、普通は「ほど」を使うことによって2人を小ささで比較することはしません。⑥で「ほど」が使えないのは「小錦は小さい。高見山は小さい」が成立してしまい、一般的な解釈に反するからだと考えます。同様に一般に広いという評価を受けている中国とアメリカの面積を比較する場合、狭いという反対の概念と「ほど」を共起させないのでしょう。

　普通「ほど」より「より」のほうが先に勉強する項目となっていると思いますが、「ほど」の導入時に「より」との言い換えだけで教えてはいけないことがこれでわかると思います。

(N)

Question 62 「もっと高い」と「ずっと高い」ではどちらのほうが高いのですか。

「もっと」と「ずっと」の導入は初級で比較の表現を教える時、同時に導入されることがあります。この時は普通、「もっと」はより以上であることを意味し「ずっと」は「もっと」より程度のはなはだしいことを伝える語であると教えているのではないでしょうか。この用法では比較の度合いは「もっと」「ずっと」の順に大きくなります。しかし、どちらかと言えば、「ずっと」の第一義は、比較してどうかという意味より「とても」や「たいへん」に近いと言えるのではないでしょうか。この項ではそのあたりに注目してこの2つを検討してみましょう。

まず、「ずっと」は2者の度合いにはなはだしい隔たりがなければ使えません。

① a 　（私の祖母は年をとっていて、89歳です）
　　　　×祖父はずっと年をとっています。祖父は91歳です。
　 b 　（私の祖母は75歳です）
　　　　祖父はずっと年をとっています。95歳です。

「もっと」は①のa、bいずれにも使えます。では「もっと」の観察をしましょう。「もっと」は、比較する2者の一方に、ある評価をし、動かぬ基準とします。そして、他の一方をその基準に照らすとどうであるかを述べる時用いられます。比べられる2者は同じ評価を得たものでなければなりません。

② 　（エッフェル塔は高い。300mだ）

東京タワーはもっと高い。333mだ。
③a　（私の家は2階建てで、高さも高い）
　　　×池袋のサンシャイン60はもっと高い。

　②の例でエッフェル塔と東京タワーは正確な数値がわかって初めて高さが比較できます。言い換えると2者が同じ土俵上にあると言えましょう。これに対し、③の私の家の高さと池袋のサンシャイン60の高さの違いは歴然としていて比較の対象としては少々はずれていると言えます。このことから同じ基準での評価ができない場合には「もっと」を使うことができないと考えられます。

　一方、「ずっと」にはこの制約はありません。③aの「もっと」を「ずっと」に置き換えてみてください。

③a　（私の家は2階建てで、高さも高い）
　　　池袋のサンシャイン60はずっと高い。

次に評価の基準に注目して考えましょう。

④　（皿A、Bが目の前にある）
　　Bのほうが×もっと/ずっと大きいです。
⑤　（食品A、Bが試食用として皿に載っている。Aを食べました。
　　おいしいです。それからBを食べました）
　　Bのほうがもっと/ずっとおいしいです。

　⑤ではAが比較の基準となっています。④にはその基準がありません。比較の基準が明らかにされていないと「もっと」は使わないと思います。この時比較の基準となるのは比べられる2者の一方です。
　さて、「もっと」は比較される2者の一方を基準としましたから、常に基準としたほうから他の一方へ、という一方向からしか述べられません。しかし、「ずっと」は、たんにある差がはなはだしい状態にあるというこ

とを述べているだけですから、2者のいずれからも述べることができます。次の⑥を見てください。⑥aが成立した場合、⑥bのように「ずっと小さい」と言えますが、「もっと小さい」は使えません。

⑥ （A、Bがともに大きく、大小関係にある）
　a　Aは<u>もっと</u>/<u>ずっと</u>大きい。
　b　Bは<u>×もっと</u>/<u>ずっと</u>小さい。

さらに、「もっと」はA、B両者の評価が同じ範疇に入っていなければ使えませんが「ずっと」は使えます。

⑦ （Aが小さく、Bが大きい場合）
　a　Bは<u>×もっと</u>/<u>ずっと</u>大きい。
　b　Aは<u>×もっと</u>/<u>ずっと</u>小さい。

「ずっと」を比較の表現として扱う場合には、上記のことを念頭に置いて指導されるとよいと思います。

また「ずっと」について観察してみると、「ずっと」にはある期間中途切れることなくその〈動詞〉の状態が続いているという使い方もあります。

⑧　午前中は<u>ずっと</u>本を読んでいた。
⑨　あの人は子供の頃から<u>ずっと</u>首席だったそうだ。

さらに、次の⑩のような用法もあります。

⑩　山の上からだとこの広い平野が<u>ずっと</u>見渡せる。

また、「もっと」と「ずっと」のほか「はるかに」なども検討しておく必要があるでしょう。

(N)

Question 63 「たいてい」と「よく」の使い分けがわかりません。

「よく～する」は「～することが多い、頻度が高い」ということを表し、「たいてい～する」は「ほとんどの場合～する」という意味ですから、まずその点で違いがあります。次の例で確かめましょう。

① このごろ午後よく/たいてい雨が降る。
② 朝、電車の中でよく/たいてい山下さんに会う。
③ 日曜日はよく/たいていテニスに行く。

①②③から、確かに「よく」より「たいてい」のほうが「～する」ことが多いと感じますが、たんにそれだけでなく、さらに「たいてい～する」からは「～する」ことがほとんど習慣化しているということを感じます。

「たいてい～する」は「ほとんどの場合～する」という意味なので、結果的に習慣性を表す時に多く使われると言えるようです。それに比べ、「よく～する」はたんにその行為の頻度が高いことを表すだけで、それ以上の意味を含みませんから、次の例のように習慣的なことを話題にしている時にはなじみません。

④ A：朝何を飲みますか。
　　B：×よく/たいていコーヒーを飲みます。
⑤ A：毎日何時ごろ家へ帰りますか。
　　B：×よく/たいてい8時ごろ帰ります。
⑥ A：日曜日は何をしますか。

B：×よく/たいてい洗濯と掃除をします。

　④は、いろいろな飲み物の中でコーヒーを飲むことが、⑤は、いろいろな時間帯の中で8時ごろ帰宅することが、⑥は、いろいろな行動の中で洗濯と掃除をすることが一番多く、それぞれ習慣となっていることを示しています。このように「たいてい〜する」は、いくつかの行為の中で、あるひとつの行為をすることがほとんどで習慣となっているということを意味します。
　習慣とは関係なく頻度だけを問題にしている時には、反対に「たいてい」を使うと不自然です。

⑦　A：デパートへ行きますか。
　　B：ええ、よく/×たいてい行きます。
⑧　A：私はよく/×たいてい手紙を書くほうですが、Bさんは(?)
　　B：私はあまり書きません。

　⑦はデパートへ行く頻度、⑧は手紙を書く頻度が高いという意味であり、ほかの行動との比較は意識にない点が、「たいてい」とは違います。
　次に「よく」は動詞文の時にしか使いませんが、「たいてい」は名詞文・形容詞文にも用いられ、「ほとんどの場合〜だ」という意味を表します。

⑨　トラックの運転手はたいてい男性だ。
⑩　子供はたいていハンバーグが好きだ。
⑪　タイの料理はたいてい辛い。

「たいてい」には次のような用法もあり、意味も違います。

⑫　たいていの人は何か趣味を持っている。
⑬　あのころの歌ならたいてい知っている。
⑭　明日の夜はたいてい家にいます。
⑮　並たいていの努力ではない。

⑯　いたずらもたいていにしなさい。

　初級レベルでは、習慣を表す用法にしぼって、「よく」との混同を避けるための「頻度」であるか「習慣」であるかを明確にして、④〜⑧のような場合に正しく使えるように指導することが大切ではないでしょうか。
(K)

Question 64　「よく週末に会社の書類を読みました」と「週末に会社の書類をよく読みました」は同じですか。

　「よく」は形容詞の「よい」の連用形ですが、次のように副詞としての用例があります。

①　二郎ちゃんのこの絵、よく描けているね。
②　彼は数学がよくできる。

　①②の「よく」には形容詞の「よい」という意味が含まれています。では、次の例はどうでしょうか。

③　ゆうべはよく降りましたね。
④　あの人のことはよく知りません。

　③④の「よく」には形容詞の「よい」という意味はありません。説によっては①②、③④ともに副詞としているようですが、①②の「よく」は「よい」との意味によるつながりが感じられる点で、形容詞の副詞的用法と考えたいと思います。
　ここでは③④の「よく」、つまり純粋な意味での副詞として用いられた場合の意味について考えましょう。
　次の例から「よく」の意味を考えてください。

⑤　週末には友達がよく来る。
⑥　うちの近所で映画の撮影がよくある。
⑦　問題をよく読みなさい。
⑧　二郎はよく寝ているから、そっとしておいてやろう。

⑤⑥の「よく」は「来る」や「ある」が頻繁であることを意味し、⑦⑧の「よく」は十分であるとか、量が多いという意味です。

ここで、「よく」にはある行為が起こるのが「頻繁である（以後「頻繁」と呼ぶ）」や「量が多い、十分である（以後「十分」と呼ぶ）」の意味があることがわかりました。この「頻繁」と「十分」の使い分けを考えてみましょう。上の例で「よく」の第一義として考えるのは、⑤⑥の場合は「頻繁」、⑦⑧は「十分」です。副詞が直接関わっている動詞に注目すると⑤の「来る」と⑥の「ある」は、その動作を十分に行うという状況を想起するのが難しく、これに対し、⑦の「読む」⑧の「食う」は十分にその動作をする場面がよくあります。使いわけは動詞が大きな役割を果たしているようです。

それでは「よく」の意味は動詞によって分かれるのでしょうか。

⑨　よくかまないと消化に悪い。
⑩　彼はピンチになるとよくガムをかむ。

⑨の例から「よく」の意味解釈は共起している動詞だけで決まるわけではないと言えます。⑩をもう一度見ましょう。

⑪a　彼はピンチになるとよくガムをかむ。（＝⑩）
　b　彼はピンチになるとガムをよくかむ。

これまでの例文を見ると、ある文の「よく」の意味は一方であれば他ではないとは言い切れず、一方の解釈のほうがされやすいのだと考えられます。それでどういう場合に一方の解釈のほうが自然だととられるの

か観察しますと、⑪aの「よく」より⑪bの「よく」のほうが「十分」と解釈をしやすいのではないかと考えられます。

そこで標題の文を考えましょう。これは文中における「よく」の位置とその文の意味解釈についての質問だと考えられます。まず位置の問題を考えましょう。次の⑫に「よく」を入れることができる位置は3つあり、次のようになります。

⑫　（夜、恋人からの手紙を読んだ）
　a　よく、夜、恋人からの手紙を読んだ。
　b　夜、よく、恋人からの手紙を読んだ。
　c　夜、恋人からの手紙をよく読んだ。

⑫の「よく」はa、b、cの順に、どちらかといえば、「頻繁」の解釈より「十分」の解釈を受けやすくなります。文中での位置も意味解釈の選択に関与しているようです。もうひとつ例を見てみましょう。

⑬a　ゆっくり風呂に入る。
　b　風呂にゆっくり入る。

「ゆっくり」は時間の余裕があるという意味と動作を時間をかけて行うという意味があります。前後に文をつけてみましょう。

⑭a　忙しくてゆっくり風呂に入る時間もない。
　b　忙しくて風呂にゆっくり入る時間もない。
⑮a　急激な運動は血圧によくありません。ゆっくり風呂に入るよう心がけてください。
　b　急激な運動は血圧によくありません。風呂に（は）ゆっくり入るよう心がけてください。それから、出る時も時間をかけて同様にしてください。

⑭⑮ではどの文も文法的です。しかし、副詞の文中における位置は比

較的自由ですが、伝えたい意味が正確に伝えられるという点から考えると、それぞれbよりaのほうが好ましいと思われます。

さて、副詞を分類すると、動作そのものを修飾するものと出来事全体を修飾するものがあると考えられます。「そっと」「こっそり」「少し」などは前者の仲間、「よく」「時々」などは後者になります。また、「去年」「来月」など名詞ではありますが副詞的に用いられ、これらが副詞として機能する時は後者に入るでしょう。

先に副詞の文中での位置は比較的自由であること、そして複数の意味のある副詞の場合は、文中での位置が意味解釈の選択に関与するようだということを観察しました。そして動作そのものを修飾する副詞は動作の直前、もしくは目的語がある場合には目的語の直前、すなわち文末近くに位置したほうが意味が明確に伝えられると考えられます。

⑯a 二郎はガラスの鉢をそっと置いた。
　b 二郎はそっとガラスの鉢を置いた。
　c そっと二郎はガラスの鉢を置いた。
⑰a 二郎は中をこっそりのぞいた。
　b 二郎はこっそり中をのぞいた。
　c こっそり二郎は中をのぞいた。
⑱a 二郎は拾ったお金を少し使った。
　b 二郎は少し拾ったお金を使った。
　c 少し二郎は拾ったお金を使った。

一方、出来事全体を修飾（説明）する副詞は文末の述語の側にあるより文頭に近い位置にあるほうが自然に聞こえます。

⑲a 二郎は学校を時々さぼる。
　b 二郎は時々学校をさぼる。
　c 時々二郎は学校をさぼる。

⑳a 二郎が郊外に大邸宅を<u>来年</u>建てる(というニュースはすぐ広まった)。

b 二郎が郊外に<u>来年</u>大邸宅を建てる(というニュースはすぐ広まった)。

c 二郎が<u>来年</u>郊外に大邸宅を建てる(というニュースはすぐ広まった)。

d <u>来年</u>二郎が郊外に大邸宅を建てる(というニュースはすぐ広まった)。

上記のほか動詞が複数ある文の場合は、副詞を被修飾語の直前に入れると意味がはっきりとします。

㉑a <u>昨日</u>もらったボーナスを使い果たした。

b もらったボーナスを<u>昨日</u>使い果たした。

㉑のaは二義文です。「昨日使い果たした」場合は、bのようにすると意味がはっきりします。しかし、「昨日もらった」場合はaの言い方しかできず、不明瞭さは残ります。

標題の文にもどりましょう。これは基本的にはどちらも同じ意味を伝えることができると思います。しかし「十分」の意味で「よく」を使う場合は、文頭に置かないほうがいいと思います。　　　　　　　　　(N)

Question 65　「太郎と二郎は<u>それぞれ</u>本を2冊買った」と言ったら2人で何冊買ったのですか。

① 昨日、4人で本屋へ行って本を5冊買った。

② 昨日、4人で本屋へ行って<u>それぞれ</u>本を5冊買った。

①では全部で5冊本を買い、②では20冊買ったことになります。②の「それぞれ」はその前に出ている「4人」のひとりひとりを指しています。このように「それぞれ」はその前に出ている名詞を受ける性質をもっています。文中または文脈上、前に該当する名詞がない場合はそれぞれが使われている文の解釈ができなくなります。次の③はこの文だけでは意味がわかりません。

③ それぞれ本を5冊買った。

次に、「それぞれ」が指す名詞を見ると、この時の名詞は複数の意味を持つものに限られていることがわかります。ここで複数の名詞というのは英語などに見られる複数ではありません。このことから、次の④b、⑤bが非文である理由がわかります。

④a 二郎と三郎が訪ねてきてそれぞれプロポーズをした。(それぞれ＝二郎と太郎)
　b ×二郎が訪ねてきてそれぞれプロポーズをした。
⑤a 昨日1人で本屋へ行き、本を3冊買った。それぞれ車と旅と酒の本だった。
　b ×昨日本屋へ行き、本を1冊買った。それぞれ車と旅と酒の本だった。

「それぞれ」は前提として複数個の存在を意味しており、しかもその**複数個ひとつひとつについて述べるための言葉**です。したがって「それぞれ」のあとにはその**複数個すべてが列挙されていなければなりません**。

⑥ （部屋の中に4人いる。医者と看護師と警察官、それにパイロット、という状況の時）
　a それぞれ医者、看護師、警察官、それにパイロットです。
　b ×それぞれ医者、看護師、警察官です。

c ×<u>それぞれ</u>医者、その他です。

⑥の登場人物は4人ですが、b、cの文は4人すべてを列挙しているわけではありません。

また、「それぞれ」が指す可能性のある名詞が前に複数ある場合、「それぞれ」がどの名詞を指すのか特定できない時もあります。次の文から「それぞれ」が指している言葉を考えてください。

⑦a　二郎と三郎は<u>それぞれ</u>白と赤のカーネーションを買った。
　b　二郎と三郎は白と赤のカーネーションを<u>それぞれ</u>買った。

⑦aの「それぞれ」は、二郎と三郎の2人を指しています。ところが⑦bの「それぞれ」はどうでしょうか。「二郎と三郎」である場合と、「白と赤のカーネーション」である場合があります。文意を明らかにするためには、次のようなやり方があります。

⑦c　二郎と三郎は白と赤のカーネーションを<u>それぞれで</u>買った。
　d　二郎と三郎は白と赤のカーネーション<u>それぞれを</u>買った。

(N)

Question 66　「<u>それぞれが</u>1万円もらいました」と「1万円<u>ずつ</u>もらいました」とは同じですか。

「それぞれ」に関してはQ.65 (p.199) で少し見ましたが、「ずつ」も、「それぞれ」と同様に数に関係があります。

①a　二郎と三郎は<u>それぞれ</u>饅頭を3つ取りました。
②a　二郎と三郎は饅頭を3つ<u>ずつ</u>取りました。

また、前提として複数が関与している点も同じです。

①b 二郎と三郎がいます。それぞれ3つ饅頭を取りました。
　c ×二郎がいます。それぞれ3つ饅頭を取りました。
②b 二郎と三郎がいます。2人は饅頭を3つずつ取りました。
　c ×二郎がいます。二郎は饅頭を3つずつ取りました。[1]

「それぞれ」は、「それぞれ」の前の文中、あるいは、文脈上現れている複数の意味を持つ名詞をうけ、そのひとつひとつについて述べます。

③　私のクラスには学生が5人います。それぞれ別の国からの留学生です。
④　AクラスからDクラスまでそれぞれ順番に応援合戦をしました。

③では5人の学生ひとりひとりが「それぞれ」の示しているもので、④ではA、B、C、Dのクラスが「それぞれ」に該当しています。③、④の意味を「ずつ」を使って伝えることはできません。「それぞれ」は、その該当するひとつひとつに言及するものであることが観察されます。

これに対し、「ずつ」は数量を定める（限定する）働きをし、数量を示す言葉（正確には助数詞）のあとについてのみ用いられます。「ずつ」はひとつ当たりの割合数を言うものです。次の⑤～⑦の例からわかるように、指し示す数量はひとつとは限りません。

⑤　回答用紙は4枚ずつお取りください。
⑥　10分ずつスピーチするよう言われた。
⑦　3個ずつ組にして束ねる。

これまでは、助詞を伴わない「それぞれ」の例をあげましたが、「それぞれ」には次の用法もあります。

⑧　二郎と三郎、それぞれが寿司を買ってきた。
⑨　二郎と三郎、それぞれを代表に選んだ。
⑩　二郎と三郎、それぞれにトロフィーが渡された。

⑪ 二郎と三郎、それぞれの考えを発表する機会があった。

以上見てきたように、「それぞれ」「ずつ」の違いは明瞭であると思えますが、導入時の不注意から学習者に疑問を抱かせてしまったことがあります。学習者は英語圏からの人で、筆者の説明を聞いた結果「それぞれ」も「ずつ」も、"each"と解したようでした。その時に導入したのが次の例文です。

⑫ (「テストをします。Aさん1枚どうぞ。Bさん1枚どうぞ。Cさんも1枚どうぞ」と言ったあと)
1枚ずつどうぞ。
⑬ (「みかんがあります。Aさんが1個食べました。Bさんも1個食べました。そしてCさんも1個食べました」と言ったあと)
Aさん、Bさん、Cさんは1個ずつ食べました。
⑭ (「図書館へ行きました。Aさんが1冊借りました。Bさんが1冊借りました。それからCさんも1冊借りました」と言ってから)
1冊ずつ借りました。

もうおわかりと思いますが、学習者は「1」という数に注目してしまいました。すなわち1人が1つ、ということを「ずつ」で表すと思ったのです。それで、次のように例文を追加しました。

⑮ (Aさんがビールを3本飲みました。Bさんも3本、Cさんも3本飲みました)
3本ずつ飲みました。
⑯ (Aさんが同じ言葉を10回練習しましたBさんも10回練習しました。Cさんも10回でした)
10回ずつ練習しました。
⑰ (Aさんが5分話しました。Bさんも5分話しました。それからCさんが5分話しました。

5分ずつ話しました。

⑮〜⑰のような例文を示すことで、「1」についての疑問は解消されました。さて、次に「それぞれ」の導入のための例文です。

⑱ (「テストをします。Aさん3枚どうぞ。Bさん3枚どうぞ。Cさんも3枚どうぞ」と言ったあと)
それぞれ3枚どうぞ。

⑲ (「みかんがあります。Aさんが1個食べました。Bさんも1個食べました。そしてCさんも1個食べました」と言って)
それぞれ1個食べました。

⑳ (「図書館へ行きました。Aさんが2冊借りました。Bさんが2冊借りました。それからCさんも2冊借りました」と言って)
それぞれ2冊借りました。

むろん「ずつ」と「それぞれ」を同時に導入したわけではありませんが、「ずつ」「それぞれ」両者を導入したのち学習者が混乱したのはうなずけると思います。そこで、以下の(1)〜(4)の点に留意して導入することが重要だと思われます。

(1) 「それぞれ」も「ずつ」も、前提として複数の者（物）を登場させることを理解させる例文が必要です。

㉑ (二郎が好きな物を買いました。三郎が好きな物を買いました)
それぞれ好きな物を買いました。

㉒ (りんごとみかんがあります。りんごを2個食べました。それから、〔二郎は〕みかんを2個食べました)
それぞれ2個食べました。

㉓ (面接試験の時、初めにA、B2人が部屋に入りました。それからC、D2人が入りました。そして、E、F……)

2人ずつ部屋に入りました。

㉔　(学生ABCDがいます。先生が5枚ずつコピーを配りました。その結果Aが5枚、Bが5枚、Cが5枚、Dが5枚コピーを受け取りました。)

(2) 「それぞれ」は登場した複数の者（物）を指すことを示す例文をつくらなければなりません。

㉕　(二郎が好きな物を買いました。三郎が好きな物を買いました)
　　それぞれ好きな物を買いました。

㉖　(りんごとみかんがあります)
　　それぞれを同数箱に入れました。

㉕㉖には数が出ていません。

(3) 「ずつ」に関しては、数が出ていない文は非文となるということが重要です。

㉗a　(二郎が3軒回りました。三郎も3軒回りました)
　　　3軒ずつ回りました。

　b　(二郎が3軒回りました。三郎が3軒回りました)
　　　×ずつ回りました。

(4) 「それぞれ」「ずつ」、両方を同時に使って文をつくることもできます。

㉘　(二郎が3軒回りました。三郎も3軒回りました)
　　それぞれ（＝二郎と三郎）3軒ずつ回りました。

(N)

　1)　いろいろな饅頭がある場合は可となります。

Question 67　「〜の隣」と「〜の横」はどう違いますか。

　「〜の隣」も「〜の横」も、何かが横列に並んでいる場合の表現であるという点では同じですが、「〜の隣」は隣接していなければ言えないのに対し、「〜の横」は必ずしも隣接していなくてもいいという点でまず違います。しかし、教室で問題になるのはこのようなことではなく、隣接している場合の両者の使い分けであると考えられます。例を見ながら考えてみましょう。

① 一郎は二郎の隣
② 本屋は靴屋の隣
③ ドイツ語の辞書はイタリア語の辞書の隣
④ トースターは電気釜の隣

　上の①〜④は、それぞれ同種・同系列・同格のもの同士の位置関係であり、「〜の隣」で表してごく自然な例ですが、次の⑤a〜⑩aの場合には「〜の隣」では不自然です。

⑤ トースターは冷蔵庫の[隣]/横
⑥ 赤ちゃんはお母さんの[隣]/横
⑦ 介添人は花嫁の[隣]/横
⑧ テレビは勉強机の[隣]/横
⑨ 一郎は勉強机の[隣]/横
⑩ 空き地は家の[隣]/横

　上の例の「〜の隣」が不自然なのは、どうしてでしょうか。その理由を次に整理してみましょう。

⑤⑥：同種・同系列だが大きさが違う。(同格でない)

⑦：同種で大きさも特に問題とならないが、主・従がはっきりしている。(同格でない)

⑧：同系列で大きさも特に問題とならないが、価値観における順位が違う。または、どちらかというと固定された物と移動可能な物。(同格ではない)

⑨⑩：異種・異系列のもの。

以上の整理から、異種・異系列の場合、また、種類や系列が同じでもいろいろな意味で格が違う場合には「〜の隣」ではなく、「〜の横」でその位置関係を表すと言えそうです。異種・異系列の場合にも純粋にそれだけの理由というよりは、むしろなんらかの意味で基準になるものと従うものという関係が感じられ、やはり格の違いを認めているのではないかと思われます。

「〜の隣」の場合、2者は同格ですから「一郎は二郎のとなり」を「二郎は一郎の隣」と言うこともできますが、「〜の横」の場合はそうはいきません。

⑤b ×冷蔵庫はトースターの横

⑥b ×お母さんは赤ちゃんの横

⑦b ×花嫁は介添人の横

⑧b ×机はテレビの横

⑨b ×机は一郎の横

⑩b ×家は空き地の横

「〜の横」の場合は、「従たるものは主たるものの横」の公式があるようです。

(K)

Question 68 「二郎が三郎と行きました」は「三郎と二郎が行きました」と入れ替えても同じですか。

　最初の文からは二郎が中心で、後者からは二郎と三郎はまったく対等であると感じられます。この違いを考えてみましょう。

① 二郎が三郎と行きました。
② 三郎と二郎が行きました。

　2つの文は構文が違います。基本的には、構文が違うと意味も違います。Q.22 (p.68) で2種類の「と」、格助詞の「と」と並立助詞の「と」について考えました。Q.22で扱った構文は、「BとAが〈動詞―する〉」でした。これは②の構文です。これをⒷとします。日本語の語順の融通性から考えると「Aが」を文頭に移動させた「AがBと〈動詞―する〉」も可となります。これをⒶとしましょう。①はこの構文です。以上を並べて示すと、次のようになります。

　　［AがBと〈動詞―する〉］…………Ⓐ
　　［BとAが〈動詞―する〉］…………Ⓑ

　Ⓑは二義文で「と」の解釈によって異なった意味を伝えることができます。このことはQ.22で見ました。Ⓐには曖昧性はありません。ここでは格助詞の「と」がⒶ、Ⓑに使われた場合、言い換えると、Ⓐの構文が「Aが」と「Bと」の移動でⒷになった場合について考察しましょう。
　Q.22では、共同行為であるか否かという点に注目して動詞を分類しましたが、ここでも、これを応用してみましょう。

(1) 必然的に共同で行う行為、つまり共同行為者を要求する。
　　〈例〉結婚する、ぶつかる、闘う、など。
(2) 必然的に共同では行わない行為、すなわち必ず一人で行う行為。
　　〈例〉寝ぼける、自問自答する、独り言を言う、など。
(3) 基本的には共同行為者を要求しないが、場合によってはだれかと行うことも可能な行為。
　　〈例〉勉強する、行く、持つ、など。

(1)(2)(3)の動詞を構文Ⓐ Ⓑに使ってみましょう。まず(1)の例です。

③a　二郎が花子とぶつかる。……Ⓐ
　b　花子と二郎がぶつかる。……Ⓑ
④a　ダビデがゴリアテと闘う。……Ⓐ
　b　ゴリアテとダビデが闘う。……Ⓑ

(1)の動詞は構文Ⓐ Ⓑのいずれにも使うことができます。(3)はどうでしょうか。

⑤a　二郎が花子と勉強する。……Ⓐ
　b　花子と二郎が勉強する。……Ⓑ
⑥a　二郎が花子と行く。……Ⓐ
　b　花子と二郎が行く。……Ⓑ

それでは(2)の動詞を観察しましょう。

⑦a　×三郎が二郎と自問自答した。……Ⓐ
　b　二郎と三郎が自問自答した。……Ⓑ
⑧a　×三郎が二郎と独り言を言った。……Ⓐ
　b　二郎と三郎が独り言を言った。……Ⓑ

(2)は構文Ⓐ「AがBと〈動詞〉―する〉」を満足させることができま

せん。このことから、構文Ⓐは必然的に1人で行う行為を示すことができないと考えられます。また構文Ⓐが、2者が共同して行った行為を伝えることから「AがBと〈動詞─する〉」は共同行為を伝える構文であると言えるでしょう。

一方構文Ⓑは、構文Ⓐから移動によって生じた場合と、Q.22で観察した並立助詞の場合とがあります。構文Ⓐから移動によって構文Ⓑの文を導いた場合、ⒶⒷ両文は同義文です。この時ⒶⒷ両構文中の「と」は格助詞です。

さて、これまで構文Ⓐが基本文型で構文Ⓑは移動によって生じた型だとしてきましたが、はたしてそう言ってよいのでしょうか。次はこの点を考えたいと思います。

Q.22で考えてましたが、構文Ⓑ「BとAが〈動詞─する〉」は二義文でした。言語は、伝えたい内容を正確に伝えることをその使命としています。したがって「文」は意味が明瞭であらねばなりません。しかし、二義文は、その文一文ではいずれの意味が正であるのか判断されえません。構文Ⓐにはこの問題がありません。このことから意味を正確に、しかも明瞭に伝える構文Ⓐが基本の構文だと考えます。

ところで、冒頭に「二郎が三郎と行きました」は二郎が中心で、「三郎と二郎が行きました」は対等であるという感じがすると書きましたが、次はこのことについて考えてみましょう。構文Ⓐの「と」は格助詞、構文Ⓑは並立助詞の「と」を使った構文と同じになることを留意しておいてください。

⑨a 二郎が病気と闘っている。
　b 病気と二郎が闘っている。
　c ×病気と二郎が闘っている。（並立の「と」）

⑨cは並立の「と」を使った例で、これは非文です。⑨でなぜ並立の「と」が使えないかと言うと、病気、二郎のそれぞれが何かと闘う内容が成立

しないからです。ここで「共同して」と言うのは、動詞の意味する行為が完了するために必要な要素である、という意味です。例えば、「闘う」という動詞は闘う相手を要求し、この相手が「と」で示されます。

「AがBと〈動詞─する〉」という構文Ⓐは基本的にはA、Bが対等の関係で〈動詞─する〉を完了するというより、〈動詞─する〉ためにAがBへ働きかける、つまり「が」で示されたいわゆる主語からものを言う時に使われる構文だと思います。次の例を見てください。

⑩a 二郎が花子と結婚してやった。
 b 二郎と花子が結婚してやった。
 c ［二郎と花子が結婚してやった］（並立の「と」）

「─てやる」はいわゆる主語の側からものを述べる時に使われます。⑨cと同様、並立助詞「と」が使われた⑩cはこの文では情報が完結していませんから、その点で意味が正確に伝えられません。

構文Ⓑを使った場合、この「と」は並立の「と」と解釈できる余地があります。並立助詞「と」は動詞に対し名詞が対等の関係であることを伝えます。構文Ⓐと構文Ⓑは「と」が格助詞であれば意味は同じですが、構文Ⓑは並立助詞の「と」の構文からも導けるということから、Ⓐより対等な印象をうけるのではないでしょうか。

日本語では文中の要素の移動条件が比較的ゆるやかであると言われていますが、無条件にできるわけではないこと、その場合の条件についても十分検討したいと思います。
(N)

Question 69 「いいだと思います」はどうして間違いですか。

① a ×明日は天気がい<u>いだ</u>と思います。
  b 明日は天気がい<u>い</u>と思います。
② a ×東京は物価が高<u>いだ</u>と思います。
  b 東京は物価が高<u>い</u>と思います。

上の①a、②aなどはよく耳にする間違いです。①b、②bのように言うべきところですが、どうしてこのような間違いが起こるのでしょうか。例を見ながら考えましょう。次の③④⑤は「─です」という断定の文ですが、これらを「─と思います」という表現の文に変えてみましょう。

③ a 田中さんは大学生<u>です</u>。
  b 田中さんは大学生<u>だ</u>と思います。
④ a 田中さんは親切<u>です</u>。
  b 田中さんは親切<u>だ</u>と思います。
⑤ a 田中さんは頭がい<u>いです</u>。
  b ×田中さんは頭がい<u>いだ</u>と思います。

③aを③bの文にする時には、「です」を「だ」に変えなければなりません。④aを④bにする時も同様です。しかし、⑤の場合は違います。⑤bの文には、「です」も「だ」もありません。そこで間違いが起こります。③b、④bから、学習者は、「─と思います」の前では「です」は「だ」に変わるという原則を導き出し、したがって「い<u>いです</u>」も「い<u>いだ</u>」となると考えるのでしょう。これは「─と言っていました」のような表現の場合にも同様によくある間違いです。

③c　Bさんが、田中さんは大学生<u>だ</u>と言っていました。
④c　Bさんが、田中さんは親切<u>だ</u>と言っていました。
⑤c　×Bさんが、田中さんは頭がいい<u>だ</u>と言っていました。

「大学生<u>です</u>」「親切<u>です</u>」は「大学生<u>だ</u>」「親切<u>だ</u>」となるのに、「いい<u>です</u>」はどうして「いい<u>だ</u>」とならないのでしょうか。

「大学生」は名詞、「親切」は形容動詞の語幹ですから、それだけで文の述語となることはできません。名詞や形容動詞が文の述語となるためには、「だ」または丁寧さを加えての「です」が必要不可欠です。ところが、「いい」「高い」のような形容詞は、次の⑥a、⑦aのように、それだけで文の述語となることができ、もともと「だ」を必要としません。ただ、丁寧な言い方をしたい時には、「です」をそのために添えて、⑥b、⑦bのように表現するのです。

⑥a　田中さんは頭がいい。
　b　田中さんは頭がいい<u>です</u>。
⑦a　東京は物価が高い。
　b　東京は物価が高い<u>です</u>。

「―と思います」はその前に接続する形として、「日本人<u>です</u>」「行き<u>ます</u>」のような「です」「ます」の形ではなくて、丁寧さなどの主観的な要素を排し、単純に内容を示すだけの「日本人だ」「行く」のような形を要求します。そのため「大学生<u>です</u>」は「大学生<u>だ</u>」、「親切<u>です</u>」は「親切<u>だ</u>」、そして「いい<u>です</u>」は「です」がもともとたんなる添え物ですから、「いい<u>だ</u>」とはならずに「いい」となるのです。

⑧　Bさんが「田中さんは大学生です」<u>と言っていました</u>。
⑨　Bさんが「田中さんは親切です」<u>と言っていました</u>。
⑩　Bさんが「田中さんは頭がいいです」<u>と言っていました</u>。

「—と言っていました」は、AがBに聞いたことをCに伝える時の表現です。Bの言った言葉をそのまま用いて直接、上の⑧〜⑩のようにCに伝えることもできますが、内容をより客観的に整理してCに伝える場合には「—と思います」と同じように、「—と言っていました」の前は、「大学生だ」「親切だ」と「頭がいい」となります。

「いいと思います」や「いいと言っていました」の定着を図ると、今度は逆に次の⑪⑫のように、名詞や形容動詞の場合にも「だ」をつけないという間違いが起こることもあります。

⑪ ×大学生と思います。
⑫ ×親切と言っていました。

いずれにしても、学習者にとって単純に見えても難しいことのひとつなのでしょう。

(K)

Question 70　テレビで「見れる」と言っていました。「見られる」だと思うのですが。

みなさんはどちらを使っていますか。「見られる」ですか、「見れる」ですか。みなさんの周りの人たちにも聞いてみてください。すると、「見られるが正式だと思うけど、普段は見れると言っている」という答えが大方ではないでしょうか。そして、正式の場とプライベートな付き合いの場で私たち日本人は「見られる」と「見れる」を使い分けているとの答えがよく返ってきます。

「見れる」か「見られるか」ということを日本語教授という視点から考えると、次の場合があります。

方法1　「見られる」も「見れる」も教える
方法2　「見れる」のみを教える
方法3　「見られる」のみを教える
方法4　その他

　どの方法を選ぶかについて答えを出す前に、もう少し可能形の確認をしておきましょう。

　まず、「見られる」「見れる」のように1語について2つの可能形の存在が認められるのは一段活用動詞であることを確認しておきたいと思います。[1]

Ⓐ　起きる──起きられる/起きれる
　　食べる──食べられる/食べれる
　　着る───着られる/着れる
Ⓑ　読む───読める[2]
　　書く───書ける
　　話す───話せる

　次に前述の4つの方法を長所・短所の両面から見ていきましょう。

　方法1：「―られる」も「―れる」も教える、というものです。現在2種類の可能形があるので、この方法は現実的であると言えるでしょう。しかし、同じ意味（可能）を伝える形を2つ覚えさせる必要があるでしょうか。学習する側から言うと、これは負担も大きく、煩雑な感じがします。

　方法2：この方法では可能形は「―れる」に統一されます。したがって**方法1**のような負担や煩雑さから学習者は解放されます。また、起きる、食べる、見る、着る、などは初級の初めから習う言葉で、しかも日常頻繁に使われる語でもあります。これらの可能形は「―れる」派のほうが多いと観察されます。このことから考えると**方法2**を採用し、「―れる」

に統一して教えるという案は妥当なものだと言えましょう。

しかし、**方法2**にも問題点があります。次のテストをして見てください。

テスト1 「覚える」「教える」の可能形を考える。
　　覚えられる/覚えれる
　　教えられる/教えれる

テスト1で「─れる」となった人は**テスト2**に進む。

テスト2 それぞれの可能形を丁寧形にする。
　　覚えられます/覚えれます
　　教えられます/教えれます

テスト2で「─れます」となった人は**テスト3**に進む。

テスト3 各可能形の否定形をつくる
　　覚えられません/覚えれません
　　教えられません/教えれません

テスト3で「─れません」となった人は**テスト4**に進む。

テスト4 丁寧形の否定形の過去形をつくる。
　　覚えられませんでした/覚えれませんでした
　　教えられませんでした/教えれせんでした

テスト1～4をしてみるとだんだん「─られる」派が増えていきます。[3] 私たちが丁寧感を伝えていると感じるほうに「─られる」が使われることから、私たちは「─られる」のほうが丁寧であると感じていると考えられます。また始めに見ましたが、「─られる」のほうが正式であるという意見があります。**方法2**はこの点をカバーすることができません。

さらに、母音動詞「のがれる」の可能形は「のがれられる」であって「のがれれる」とは言わないのではないでしょうか。[4]「─られる」「─れ

る」の混在を母音動詞全体に見られる現象だというのは規則を拡大しすぎることになるでしょう。

方法3：母音動詞の可能形を「―られる」のみと教えます。「―られる」ひとつを教わるのですから、学習者の負担が軽いことは**方法2**と同様です。[5] ところが**方法3**では現実に耳にすると考えられる「―れる」について日本語学習者は知らされないことになります。**方法3**で習った日本語学習者は、教室外で耳にする「食べれる」「起きれる」などの「―れる」を理解することができなくなります。

方法4：以上のことから、筆者は「筆者の」[6]**方法4**をやってみました。「筆者の」**方法4**というのは、「―られる」を基本としてまず教え、様子を見て「―れる」についての情報も与えるというものです。この場合「食べる」「見る」「起きる」ぐらいに限って教えます。また学習者には「試験の時は『―られる』を書くように」という指示も与えます。この方法ですと、日本語学習者は2つの可能形という複雑さに煩わされることなく、また現実の問題も知ることができます。　　　　　　　　　　　　　(N)

1) 共通語の場合、次の五段動詞は2つ可能形を持っています。
    行く：行かれる/行ける
    寝つく：寝つかれる/寝つける
   また、"-areru"をつけて子音動詞の可能形としている地域もあるようです。この地域では、次のようになります。
    飲む→飲まれる
    泳ぐ→泳がれる
2) 例⑧のような子音動詞（五段活用動詞）の可能形を可能動詞とする場合もあります。
3) 筆者は過去5年間日本語教員養成に携わってきましたが、その間必ず養成コースをとっている学生に質問した結果です。
4) 「まだ、のがれれる、と言う人はいないでしょう」と言ったほうが適切かもしれません。
5) 歴史的にも「―られる」がもとであったと考えられます。
6) 私案なので「筆者の」としました。

Question 71 「田中先生はいらっしゃいますか」に対して、「いいえ、違います。いらっしゃいません」はどうして間違いですか。

① A：田中先生はいらっしゃいますか。
　 B：いいえ、いらっしゃいません。

正しい応答は上のようになりますから、「違います」の使い方が間違いであることがわかります。同じような間違いとして、次のような応答もよく耳にします。

② A：冬休みに国へ帰りますか。
　 B：×はい、そうです。
③ A：お宅の近くは静かですか。
　 B：×はい、そうです。

②は、「はい、帰ります」、③は「はい、静かです」が正しい答え方ですから、「そうです」の使い方を正しく知らないための間違いと考えられます。では「はい、そうです」「いいえ、違います」は、どのような時に使うのでしょうか。例を見ながら整理しましょう。

④ A：それはすしですか。(名詞—です)
　 B：{ はい、そうです。
　　　 いいえ、違います。
⑤ A：すしはおいしいですか。(形容詞)
　 B：×{ はい、そうです。
　　　　 いいえ、違います。

⑥ A：すしが好きですか。(形容動詞)

B：×$\begin{cases} はい、そうです。\\ いいえ、違います。\end{cases}$

⑦ A：毎日すしを食べますか。(動詞)

B：×$\begin{cases} はい、そうです。\\ いいえ、違います。\end{cases}$

　④〜⑦の例を見ると、④のように質問の述語の部分が〈名詞―です(だ)〉である時にだけ、「はいそうです」または「いいえ、違います」で答えることができると言えるようです。次の例を見ながらもう少し検討してみましょう。

⑧ A：これがすしなんですか。(名詞―［な+んです］)

B：$\begin{cases} はい、そうです。\\ いいえ、違います。\end{cases}$

⑨ A：(あまり食べないのを見て) まずいんですか。(形容詞―んです)

B：$\begin{cases} はい、そうです。\\ いいえ、違います。\end{cases}$

⑩ A：(あまり食べないのを見て) きらいなんですか。(形容動詞―んです)

B：$\begin{cases} はい、そうです。\\ いいえ、違います。\end{cases}$

⑪ A：毎日食べるんですか。(動詞―んです)

B：$\begin{cases} はい、そうです。\\ いいえ、違います。\end{cases}$

　⑧〜⑪の例はすべて質問の述語の部分に「―んです」がついており、いずれも「はい、そうです」「いいえ、違います」で答えることができま

す。「―んです」は「―のです」と同じで、この「の」は前に置かれたものを、品詞的には何であろうと関係なくすべて名詞化してしまう働きを持っています。

⑫　すし<u>な</u>んですか。
⑬　まず<u>い</u>んですか。
⑭　きらい<u>な</u>んですか。
⑮　食べ<u>る</u>んですか。

⑫〜⑮の〰〰の部分は、それぞれ〈名詞＋だ〉、形容詞、形容動詞、動詞ですが、「ん」がつくことによりすべて名詞化され、全体的に〈名詞―です〉の形となり、したがって「はい、そうです」「いいえ、違います」で答えることができるのです。

以上、まとめますと、形の上からは、質問の述語の部分が下の(1)(2)の場合に、「はい、そうです」または「いいえ、違います」で答えると言えるようです。

(1) 〈名詞―です(だ)か〉
(2) 〈―んですか〉

なお、意味的な面から考えると、「すしですか」は、あるものを質問者が「すし」と認定して、その認定が正しいかどうかを尋ねており、また、「まずいんですか」は相手の様子から「まずいのだ」と解釈してその解釈が正しいかどうかを尋ねています。このように質問者が、ある物・事に対して持った自分の認定や解釈が正しいかどうかを尋ねている場合に「はい、そうです」または「いいえ、違います」で答えるのではないでしょうか。

(K)

Question 72 「毎日行きますか」に対して、「いいえ、よく行きます」はどうして変ですか。

「毎日」も「よく」も頻度を表す副詞で、初級レベルの指導では次のように並べて示されることが多いのではないでしょうか。

① 毎日行きます。
② よく行きます。
③ 時々行きます。
④ あまり行きません。
⑤ めったに行きません。
⑥ 全然行きません。

頻度から言えば確かに上のような順で並びますが、「行く」ということに対する姿勢が、①～③と④～⑥では違います。④～⑥は、「行くことが少ない」「行くことが非常に少ない」「行くことがまったくない」と、「行く」ということについて消極的であることを否定の形で表していますが、①～③は、「行くことを毎日行う」「行く頻度が高い」「行くことが時々ある」というふうに、頻度の違いはあっても「行く」ということについて前向きの姿勢です。

「よく行きます」は、「行く頻度が高い」ことを表す文であって、「毎日行きます」を否定する文ではないので「いいえ」で受けることはできません。「行きますか」に対して「いいえ」と受けるなら、「いいえ、行きません」、「行きませんか」に対しては、「いいえ、行きます」が文法的な文です。

標題の例文で否定したいのは「行きます」ではなくて「毎日」のほう

ですから、次のような応答にすれば文法的に正しい答え方になります。

⑦ A：毎日行きますか。
　B：いいえ、毎日じゃありませんけど(毎日は行きませんけど)、よく行きます。

のように、まず「毎日」を部分否定しておいて、次に「しかし行く頻度は高い」と改めて付け加える形です。次の⑧のような形のやりとりもまた自然です。

⑨ A：毎日行きますか。
　B：そうですねえ（と考えて）よく行きます。

次のように、肯定の問いに対して否定で答える場合は、どれも自然でまったく問題ありません。

⑩ A：毎日/よく/時々行きますか。
　B：いいえ、あまり/めったに/全然行きません。

「あまり」には「あまりおいしいので食べすぎた」のような使い方もあり、常に述語に否定形を要求するとは限りません。また、「全然」はもともと否定形と呼応する副詞ですが、最近では「全然平気」、「こっちのほうが全然きれい」のような使われ方も観察されます。しかし、初級レベルの日本語指導においては、「あまり」「全然」は「めったに」同様、否定形との呼応関係で指導することが大切でしょう。

(K)

参考文献

Question 32

Japanese : The Spoken Language, Eleanor H. Jorden with Mari Noda（Yale University Press,1990)

An Introduction to Modern Japanese, 水谷修／水谷信子（The Japan Times、1977)

Question 37

『日本文法研究』久野暲（大修館書店、1973）

『日本語のシンタクスと意味Vol.1』寺村秀夫（くろしお出版、1982)

Question 39

『日本語動詞のアスペクト』金田一春彦編（むぎ書房、1976)

『日本語のシンタクスと意味Vol.2』寺村秀夫（くろしお出版、1984)

Question 42

『日本語教育辞典』日本語教育学会（大修館書店、1982）

Question 55

A Students' Guide to Japanese Grammar, Naomi H. McGloin (Taishukan Plublishing Company、1989)

Question 57

『外国人のための基本語用例辞典』（文化庁、1971）

『日本語動詞のアスペクト』金田一春彦編（むぎ書房、1976)

『日本文法研究』久野暲（大修館書店、1973）

『新日本文法研究』久野暲（大修館書店、1983）

『談話の文法』久野暲（大修館書店、1978)

『教師用日本語教育ハンドブック③　文法Ⅰ　助詞の諸問題』(国際交流基金、1978)

『教師用日本語教育ハンドブック④　文法Ⅱ　助動詞を中心にして』（国際交流基金、1981）

『現代語の助詞・助動詞』国立国語研究所編（秀英出版、1951)

『日本語の分析』柴谷方良（大修館書店、1978)

『現代日本語のアスペクトとテンス―国立国語研究所報告82』高橋太郎（秀英出版、1985）

『日本語のシンタクスと意味Ⅰ』寺村秀夫（くろしお出版、1982)

『日本語のシンタクスと意味Ⅱ』寺村秀夫（くろしお出版、1984)

『日本語のシンタクスと意味III』寺村秀夫（くろしお出版、1991）
『ケーススタディ　日本文法』寺村秀夫編（桜楓社、1987）
『基礎日本文法』益岡隆志／田窪行則（くろしお出版、1989）
『講座　日本語と日本語教育4　日本語の文法・文体』（明治書院、1989）
『基礎日本語辞典』森田良行（角川書店、1989）
『日本語文法入門』吉川武時（アルク、1989）

III 語彙

Question 73　「赤い靴」と「赤の靴」、どちらが正しい形ですか。

　日本語の色を表す言葉には形容詞と名詞の両方の形を持つものがあります。「赤い」と「赤」、「青い」と「青」、「白い」と「白」、「黒い」と「黒」は、日本語の歴史の中で古くから形容詞形と名詞形を持っていた語です。現在では、この4語および名詞「黄色」、「茶色」に「い」が付いてできた「黄色い」、「茶色い」の6つの色を表す語が形容詞と名詞の形を持っています。しかし、最も古代からの色を表す形容詞としては、「赤い」「青い」「白い」「黒い」の4語だけで、ほかの色を表す語は日本語ではすべて名詞です。

　問題は、これら形容詞と名詞の形を持つ語が名詞を修飾する場合、形容詞形と名詞形のどちらを使うのが正しいのかということですが、答えは「どちらも文法的に正しい」と言えます。では「赤い靴」と「赤の靴」はどう違うのでしょうか。

　初めに、色を表す語が形容詞と名詞の両方の形を持つ時、どのように使い分けられるのかを考えてみましょう。普通、ある物の色について述べる時、形容詞と名詞のどちらの形が用いられるかと考えてみると、形容詞のほうだと思われます。

① あそこに白い/˟白の建物がありますね。
② 急に黒い/˟黒の雲が空一面に広がってきた。
③ 今日の空は本当に青い/˟青だ。
④ 熱があるのか、顔が赤い/˟赤だ。

このように、たんに「ある物の属性としての色」について述べる時は、

形容詞が使われるのが普通です。そのものの色が何色かということだけを言いたい時には、名詞の形は使われません。「あそこにある建物の色が白いこと」「広がってきた雲の色が黒いこと」「空の色が青いこと」「顔の色が熱のために赤いこと」をただ事実として述べるだけなら、形容詞を使うわけです。

　それでは名詞の形はどんな時に用いられるのでしょうか。どんな文脈の時に名詞が使われるか考えてみましょう。

⑤　A：今日は何色の靴をはいていますか。
　　B：赤い/赤の靴です。
⑥　A：ちょっと、そのセーター見せてくれませんか。
　　B：どのセーターですか。
　　A：その黒い/黒のセーター。
⑦　A：Xビルはあのビルですよ。
　　B：あの青い/青の壁のビルですか。
⑧　A：ここに折り紙があります。好きな色の折り紙を取ってください。
　　B：私は白い/白の折り紙を取りました。

　上にあげた文脈の時には、形容詞形と名詞形のどちらも使うことができます。これら名詞形も使うことができる場合はどんな場合かと考えてみると、すべて「たんに物の属性としての色」について述べているのではなく、いろいろな色の中で「この色」と指定している時だということがわかります。「赤い靴」「黒い靴」「茶色の靴」などの中から「赤」という色の靴を選ぶ時、「赤の靴」と言うことができるのです。つまり、「エナメルの靴」「ヒールのある靴」「リボン飾りのついている靴」というように「どんな靴」の「どんな」の部分に色が指定されている時に、名詞形が使われるわけです。もちろん、この時「赤い靴」と言ってもかまいません。その場合はたんに靴の属性としての「赤」について述べている

だけです。同様に、たくさんの色の中で「黒い色のセーター」「青い色の壁」「白い色の折り紙」を指定している時、「黒の」「青の」「白の」ということができるわけです。

色の形容詞や名詞が副詞的に用いられた場合はどうでしょう。次の例文を考えてみてください。

⑨ 信号が青に/ˣ青く変わったら渡ってください。
⑩ りんごが次第に赤く/ˣ赤になった。
⑪ 部屋のカーテンを白に/ˣ白くした。
⑫ 日に焼けて顔が黒く/ˣ黒になった。

ここでは「信号」「りんご」「カーテン」「顔の色」の変化を問題にしているのですが、色そのものが徐々に変化する場合には形容詞を用い、ある色から別の色に瞬時に変化する場合には名詞を用いると言えそうです。

結論として、質問の答えは、「どちらも正しいですが、『赤い靴』はただ何色の靴かということを言うだけの時に用いるのに対し、『赤の靴』はいろいろな色の靴の中で『赤』という色を指定する時に用いる表現です」ということになります。

(Y)

Question 74 　　「重さ」と「重み」はどう違いますか。

「重さ」と「重み」、「厚さ」と「厚み」、「おもしろさ」と「おもしろみ」、「新鮮さ」と「新鮮み」などのように、語尾に「さ」がつく場合と「み」がつく場合があって、両者は微妙に意味が違うと感じられる言葉のペアがあります。これら対になっている語の意味は、どのように違うのでしょうか。

この問題を考える前に、まず接尾語「さ」と「み」はどのような語に

つくか考えてみましょう。「さ」も「み」も形容詞や形容動詞の語幹について、もとの語を名詞に変える働きを持っていますが、「さ」がほとんどの形容詞、形容動詞のあとに付くことができるのに対して、「み」は限られた語にしか付けることができません。

青い	青さ	青み
重い	重さ	重み
楽しい	楽しさ	楽しみ
悲しい	悲しさ	悲しみ
美しい	美しさ	×美しみ
うれしい	うれしさ	×うれしみ
真剣だ	真剣さ	真剣み
きれいだ	きれいさ	×きれいみ
丁寧だ	丁寧さ	×丁寧み

　思いつく形容詞と、形容動詞で「—さ」、「—み」をつくってみてください。「—さ」と言えても「—み」とは言えない場合が多いことがわかります。また「穏やかさ」「親切さ」「ナイーブさ」など、「—さ」は和語系、漢語系、外来語系のいずれの形容動詞にも付くことができます。しかし、「×純さ」「×急さ」「×鈍さ」などとは言いませんから、漢字1語に「だ」が付いてできる形容動詞には「さ」は付きません。

　さて、「—さ」と「—み」の意味的な違いについてですが、次のようにまとめられるでしょう。

I.「—さ」
1) 感情、感覚、客観的な状態を表す形容詞や形容動詞に付いて、それぞれの語の属性そのものを客観的なものとして表す。

① 旅の楽しさは人との出会いにある。
   (旅の中で楽しいこと)
② 梅雨時の不快さは、日本の気候に慣れない人には耐えがたいようだ。
   (梅雨時が不快であること)

2) それぞれの語の属性の程度を表す。

「強さ→強度」「高さ→高度」「甘さ→どのくらい甘いか」「厚さ→どのくらい厚いか」「新鮮さ→どのくらい新鮮か」と言い換えることができる。

II.「―み」

1) それぞれの語の属性概念そのものを触覚的、感覚的にとらえて表す。

③ その本を持ってみるとずしりと重みを感じた。
   (持った時の重い感じ)
④ 厚みのある一枚板でつくったテーブルです。
   (触った時の厚い感じ)

2) その語の属性のような状態である場所や部分を表す。

⑤ 深みにはまる。
⑥ 弱みをにぎられている。
⑦ 事件が明るみにでた。
⑧ あの人の強みは支持者が大勢いることだ。

このように「―さ」は属性そのものや客観的な程度概念を表すのに対し、「―み」は触れたり持ったりすることによってじかに感じるもの、感覚的にとらえたものを表しています。

しかし、和語に「み」の付いた語のうち「痛み」「悲しみ」「苦しみ」「すごみ」「楽しみ」「なつかしみ」「哀れみ」などは動詞連用形と同じ形です

から、形容詞に接尾語「み」が付いた「—み」とは、語の成立の事情が異なると考えられます。

以上のことから、次の⑨⑩のそれぞれａ、ｂ２つの文中の「—さ」と「—み」の使い分けの理由が理解されるでしょう。

⑨ａ　この荷物の重さは5キロである。
　　（客観的な重いことの程度）
　ｂ　あの人は人間としての重みを感じさせる人だ。
　　（精神的、主観的にとらえられる重厚なこと）
⑩ａ　この本のおもしろさは読んでみなければわからない。
　　（どのくらいおもしろいか、おもしろいこと）
　ｂ　あの絵にはおもしろみがない。
　　（おもしろいと感じられるもの、そのもの）

なお、「深みにはまる」「高みの見物」の「深み」「高み」などは、語の構成を分析するよりも、ひとつの表現として語彙的に学習すべき語だと思われます。
　　　　　　　　　　　　　　　　　　　　　　　　　　　　（Ｙ）

Question 75　「多い友達が遊びに来ました」は間違っていますか。

普通、形容詞はそのままの形で述語としても連体修飾語としても使うことができます。「この花は赤いです」と言うことも「赤い花を買いました」と言うことも両方可能だということです。しかし、日本語話者ならすぐわかるとおり、「私は友達が多いです」とは言えても、「˟多い友達が遊びに来ました」と言うことはできません。「友達が大勢遊びに来ました」または、「友達がたくさん遊びに来ました」と言い換えなければなりませ

ん。「多くの友達」「大勢 (たくさん) の友達」と言うこともできますが、やや書き言葉的な感じがします。この点で「多い」はほかの形容詞とは違った性質を持っています。つまり、「多い」は述語としては使えても連体修飾語としては使うことができないのです。

ただし「多い」の前にほかの語があって、それ全体が「多い」のあとにくる名詞の属性を表しているような場合には、「〜が多い〜」ということができます。例えば、「兄弟が多い人」「雨の多い年」「中国人が多いクラス」などは可能だということです。この場合、多いのは「人」「年」「クラス」の数量ではなく、「兄弟」「雨」「中国人」の数量であり、「兄弟が多い」「雨が多い」「中国人が多い」がそれぞれ「多い」のあとの「人」「年」「クラス」を修飾し、「どんな人か」「どんな年か」「どんなクラスか」を説明しています。

同じことが「多い」の反対語、「少ない」についても言えます。「少ない」も「〜が少ない」と言うことはできても、「少ない〜」のように、それだけで連体修飾語として使うことはできません。「東京には緑が少ない」や、「このクラスには女子学生が少ない」は可能ですが、「×東京に少ない緑がある」とか「×このクラスには少ない女子学生がいる」などとは言えません。「少ない」は「多い」の場合と異なり、「少しの」を使っても不自然なことが多いようです。「〜が少ない」または、「少数の〜」のような言い方をしなければなりません。

① この辺には×少しの/多くの外国人が住んでいます。
② この辺には外国人が少し/たくさん住んでいます。
③ この辺には少数の/大勢の外国人が住んでいます。

「少ない〜」も「子供が少ない家族」や「甘みが少ないお菓子」のように、連体修飾部の述語として使われる場合には可能なことは、「多い」の場合と同じです。

また、「数量が小さい」という意味ではなく「限られた数量の」という

意味なら、「少ない〜」という言い方ができます。「少ない給料をやりくりして、なんとか生活しています」「少ない時間を有効に使いましょう」などは、「限度のあるお金、時間」という意味で「少ない」を使っているわけです。この質問者に対しては、「多い友達」や「少ない学生」は間違いであり、「〜が大勢（たくさん）」「〜が少し」と言わなければならないことを徹底させる必要があるでしょう。 　　　　　　　　　　　（Y）

Question 76 　　「うれしい」と「楽しい」の使い方がわかりません。

　感情を表す形容詞はいろいろありますが、「うれしい」と「楽しい」のように、意味がよく似ているのにそれぞれの語が使える文脈は異なるというものがたくさんあります。手近にある日本語学習者の誤用例をあげてみましょう。

① ˣ先日、生まれて初めて月給というものをいただきました。とても楽しかったです。（中国人学習者）
② ˣ私の友達はうれしい人です。（アメリカ人学習者）

　ここではそれぞれ「うれしかった」「楽しい人」にしなければならないわけですが、なぜそうなのかを学習者に納得させることは意外に難しいようです。
　「うれしい」も「楽しい」も「物事に対する話し手の喜ばしい感情」を表したり、「—ですか」という疑問文の形で「物事に対する聞き手の喜ばしい感情」を表現したりすることができます。

③a　私は森さんに会ってとてもうれしかったです。

④a　キムさん、先日のハイキングは楽しかったですか。(「キムさん」
　　は聞き手)

　一般に日本語では感情を表す語は、そのままの形で第三者の感情を表現することはできませんから、次のような文は日本語としては不自然です。

③b　˟林さんは森さんに会えてうれしかったです。
④b　˟キムさんは先日のハイキングが楽しかったですか。(「キムさん」
　　は聞き手〔＝you〕ではなく第三者)

「うれしい」は話し手や聞き手の感情を直接的に表現するものであり、ある状況や物事に接した時に、話し手や聞き手が、それを自分と関わるものとして、直接、即時的に感じる喜ばしい気持ちを表した語です。これに対して、「楽しい」は、ある場面や環境の中にいることから感じられる話し手や聞き手の喜ばしい感情の表現で、「うれしい」に比べると持続的、継続的な気持ちを表しています。また、「楽しい」は話し手や聞き手の感情を表すだけでなく、物事や状況そのものが、楽しいと感じられる属性を持っている場合にも使うことのできる語です。「うれしい」はこのような使い方はできません。つまり、「この話は長い」や「この話は難しい」が「この話はどんな話か」という「この話」の一般的な属性を述べているのと同じように、「この話は楽しい」という言い方で「この話」の一般的な属性を言うことはできますが、一般的に「この話はうれしい」と言うことはできないということです。「うれしい」は常に「うれしい」と感じる主体をはっきりさせなければなりません。

　このことは次の文の「うれしい話」と「楽しい話」という2つの表現の違いを比べてみてもわかるでしょう。

⑤　今日はとてもうれしい/楽しい話を聞きました。

上の文で「うれしい話」と言えば、その話は話し手に直接関わる話であり、話し手を離れて一般的に「うれしい話」ということはありえません。一方、「楽しい話」のほうはより客観的で一般的にだれにとっても「楽しい話」と考えることができます。「楽しい音楽」「楽しいパーティー」「楽しい旅行」など感情そのものの表出というより、感情を表す語による物事の属性を述べた表現だと言えるでしょう。

このように「うれしい」は直接的で即時的な感情を表す語ですから、「なぜうれしいのか」「何がうれしいのか」など、うれしい気持ちの原因やうれしいと思える内容を持つものを文面に出すのが普通です。

⑥ 入学試験に合格して、うれしいです。
⑦ 皆様のご親切がうれしい。
⑧ 友達からうれしい便りが届きました。

一方、「楽しい」は楽しい気持ちをひき起こした場面や状況を示すだけで、そのような感情を起こす直接の対象を持ちません。

⑨ 母から便りが来たのでとてもうれしい/ˣ楽しい。

また、「楽しい」は直接的、即時的な感情ではありませんから、意識的に、あるいは努力して「楽しく」することができますが、「うれしい」のほうはそのようなことはできません。

⑩ 病気でつらいのですが、毎日なるべく楽しく/ˣうれしく暮らすようにしています。

ある状況に接して直接的、即時的に感じる感情の表現である「うれしい」と、ある状況が与えられることによって持続的、継続的にもたらされる感情の表現である「楽しい」の違いは、次の2つの文からも理解されるでしょう。

⑪ 久しぶりに昔の友達に会えて、とてもうれしかった。(会った瞬間「うれしい」と感じた)
⑫ そして、いろいろ話ができて、とても楽しかった。(話をしている間ずっと「楽しい」と感じていた)

　例文①の誤用例に戻ると、「初めて月給をもらったこと」が話し手の喜ばしい感情の直接的な原因で、話し手はそのことを自分の気持ちとしてそのまま表出しているのですから、ここは「うれしい」としなければなりません。また②は、「私の友達がどんな人であるか」を述べているのですから、話し手の感情の表現ではなく、「どんな友達か」を述べている文です。このような場合の"a happy person"は、「うれしい人」ではなく「楽しい人」としなければなりません。　　　　　　　　　　　　　　(Y)

Question 77　　「思う」と「考える」の違いについて教えてください。

　日本語の初級教科書を見ると「—と思います」という文型とともに推量の意味の「思う」をまず初めに教えることが多いようです。英語を母語とする学習者はこれを"I think〜"と理解し、次に「考える」という動詞を学習した段階で「思う」と「考える」はどう違うのかという疑問を持つようです。「思う」も「考える」も"think"だと理解するからでしょう。確かに、「思う」と「考える」にはほとんど同じ意味で使え、相互に置き換え可能な場合もあります。また、どちらか一方しか使えない場合もあります。「思う」と「考える」の違いは何でしょうか。
　「思う」も「考える」もともに物、人、事について心や頭を働かせる活動を表しますが、「思う」は「その対象について感情的に心を動かす」こ

とから、「考える」と同じような「知的・分析的に対象について頭を働かせる」という意味まで「考える」よりずっと広い幅を持っています。「思う」の意味は使われる文脈によって、次のように分類できます。

・「思う」
(1) **推量を含んだ判断**
    ① あの様子では山口さんは明日のミーティングには行かないと思います。
    ② こんな空だから今晩は雨が降ると思いますよ。
(2) **判断の婉曲的言い方**
    ③ A：あの映画はどうですか。
       B：おもしろいと思います。（話し手は「おもしろい」と判断している）
    ④ A：明日、渡辺さんに会いますか。
       B：ええ、会うと思います。（話し手は会う約束をしている）
(3) **信念・決意・決心**
    ⑤ あの人はいつも自分だけが正しいと思っている。
    ⑥ 思ったことは必ず実行します。
(4) **「感じる」「気がする」に置き換えられるような感覚的判断**
    ⑦ 子供の成長をうれしく思います。
    ⑧ アッと思った時にはすべって転んでいました。
(5) **願望・期待**
    ⑨ 何でも自分の思うようになるわけではない。
    ⑩ あの映画は思ったほどおもしろくなかった。
(6) **想像・回想・回顧**
    ⑪ あの人に会えると思うとうれしくてしかたない。
    ⑫ 昔の生活を思うといまはまるで夢のようだ。
(7) **心配し、大切にする気持ち・恋慕**

⑬　母は息子のことをいつも<u>思っていた</u>。
⑭　私はあなたのことをこんなに<u>思っている</u>のに、あなたは知らん顔をしている。

　(1)と(2)は常にはっきり分けられるわけではなく、話者の気持ちによって(1)になったり(2)になったりするものです。大切なことは、日本語では「〜と思う」という表現で自分としては本当ははっきり断定していること、判断していることを婉曲に表現することが多いということです。また、(7)の意味では「大切に思う気持ち」や「恋慕の情」の向かう対象が必要ですから、「〜を思う」の文型になります。
　一方、「考える」のほうは意味の上から次のように分類できるでしょう。

・「考える」
(1) 知的判断
　⑮　この問題はよく<u>考えて</u>早急に答えを出さなければならない問題だ。
　⑯　この数学の問題はいくら<u>考えても</u>解けない。
(2) 予測、想像
　⑰　出版記念パーティーには100人ぐらいの参加者があるのではないかと<u>考えています</u>。
　⑱　あの人がそんなウソを言うなんて、私には<u>考えられない</u>。
(3) 決意、決心
　⑲　彼は会社をやめようと<u>考えている</u>らしい。
　⑳　今年の夏休みの旅行は、海外を<u>考えたい</u>。
(4) 注意、配慮
　㉑　訪問の日時は先方の都合を<u>考えて</u>決めた。
　㉒　子供の将来を<u>考える</u>と、簡単に「好きなことをしろ」とは言えない。
(5) 「考案する」「考えてつくりだす」
　㉓　彼はもっと便利な機械を<u>考えた</u>。
　㉔　おもしろいクイズを<u>考えた</u>から教えてあげましょうか。

「思う」にも知性を働かせて理性的に心を動かすという場合がありますから、「考える」と置き換えてもおかしくない場合があることは前述のとおりです。しかし、「思う」を使うと論理的な判断というより直観的、瞬間的な判断という感じが強くなります。そのため、推量や判断の表現では日常的な会話の中では「〜と思う」と言い、論文のような書き物の中では「〜と考える」と言ったほうが適切なことがあります。また、あきらかに心の動きを意味する「感覚的判断」や「願望・期待」「回想」「恋慕」などの「思う」は「考える」で置き換えることはできません。「教師は学生のことを思う」と言えば、「学生に対して情愛をもって親身に接する気持ちを持っている」という感じが強いですが、「教師は学生のことを考える」と言うと、「学生について適性や進路、将来などといったさまざまなことを理性的に考え、判断する」という意味になるわけです。　　（Y）

Question 78　　「本を閉じてください」と言うのに、なぜ「窓を閉じてください」は間違いなのですか。

　日本語学習の初期に教室用語として「本を開いてください」「本を閉じてください」という表現を習った学習者が、その後「窓を開いてください」「ドアを閉じてください」などと使うことが多いようです。「窓を開く」「ドアを閉じる」は、間違いだとは言えないまでも、日常の生活語としては何か変、不自然な表現だと感じられるのではないでしょうか。窓やドアは「開ける、閉める」のほうが自然な表現です。本は「開く、閉じる」と言うほか、「開ける」とも言います。しかし、「本を閉める」とは言いません。また、「箱のふた」「扉」「袋の口」などは「開ける、閉める」でも「開く、閉じる」でも同じ意味のように思えます。「開ける」と「開く」、「閉める」と「閉じる」はどのように使い分けられるのでしょうか。

「開ける、開く」は「何かの物によって隔てられたり、覆われたり、仕切られたり、塞がれたりしている物の、その隔て、覆い、仕切りなどを取り除くことにより、こちら側と向こう側が空間で通じるようにすること」という共通の意味を持っています。「閉める、閉じる」は「開ける、開く」の反対の動作を表す動詞です。しかし、これら4語は同じ文脈で使えるわけではありません。

初めに「開ける」と「開く」はどのような文脈で使われるか考えてみましょう。ただし、ここでは物理的な開閉という場合だけを考えます。

① 教科書の25ページを開ける/開く。
② 窓を開ける/ˣ開く。
③ ロッカーの扉を開ける/開く。
④ ふすまを開ける/ˣ開く。
⑤ 缶詰を開ける/ˣ開く。
⑥ 目を開ける/ˣ[開く]。
⑦ 傘をˣ開ける/開く。
⑧ 扇子をˣ開ける/開く。
⑨ 壁に穴を開ける/ˣ開く。

上の例文を見ると、まず、「開く」が使えるのは開閉の動作が常に表裏の関係で相伴って行われることが前提となっているようなものであるのに対して、「開ける」はそのような前提がなくても使えることがわかります。教科書、ロッカー、傘、扇子などは最初から開閉することを前提としたものですが、「缶詰を開ける」「壁に穴を開ける」などは「開けて、また、閉める」ことが前提になっている動作ではありません。

次に、「開ける」はものの開閉を平面的に行う場合によく使われるのに対し、「開く」のほうはものの開閉を立体的に行う場合によく使われます。教科書、ロッカーの扉、傘などは横にずらして開閉するのではなく、3次元的に開閉が行われますから、「開く」が使えます。一方、窓、ふすま

などは平面的に横にずらして開閉しますから、「開ける」が使われるのが普通です。

　また、ある一点を支点としての開閉には「開く」が使われます。扇子のように横にずらして開閉するものでも、一点を要として開閉の動作が行われる場合には「開く」を使うのです。傘、花のつぼみ、パラシュートなどに「開く」が使われるのは、これらのものの開閉がある一点を中心にした開閉だからです。そして、このような「開く」は「開ける」で言い換えることができません。

　「閉める」「閉じる」の関係も「開ける」「開く」の関係に準じています。ただし、「閉める」という動作は「開いているもの」を「閉める」のであり、「閉めたもの」はまた「開ける」可能性があるということが前提になっているようです。この点、「開ける」が「閉める」ことを前提としていないのと異なります。「開いているもの」を「開いていない状態」にすることだけに注目した動作は「塞ぐ」でしょう。

　ここで標題の質問に戻ると、「本」は横にずらして開閉するのではなく、背を中心に開閉するのですから、「開く、閉じる」を使えますが、「窓」は横に動いて開閉されるのが普通ですから「開く、閉じる」よりも「開ける、閉める」のほうが自然な表現だということになります。しかし、「本を開ける」は使えないわけではありません。ただし、「本を閉める」とは言わないでしょう。「目」は「開ける」ほうが「開く」より自然な言い方だと思われますが、反対の動作は「閉める」ではなく「閉じる」のほうが自然なようです。また、「ドア」のように上記の説明からすれば、「開く、閉じる」を使うほうが自然なはずのものでも、「ふすま」や「窓」からの類推によるためか、「開ける、閉める」のほうが一般的によく使われるという例もあります。

　このように個々の語については言い習わしもあり、必ずしもすっきり割り切れない面もあると思われます。

（Y）

Question 79 「テニスを遊ぶ」「ピアノを遊ぶ」は、どうして間違いなのですか。

この質問者は英語を母語とする人でしょう。日本語の「遊ぶ」を英語の"play"と理解し、"play tennis"、"play the piano"を「テニスを遊ぶ」「ピアノを遊ぶ」と翻訳しているのだと思われます。「日本語では『テニスをする』『ピアノをひく』ですよ」と何度も教えても、母語の干渉ということは思いのほか根強くあるもので、ふとした時に「テニスを遊びました」などと言ってしまうようです。私たちもうっかりすると"I met with you."だの"Why don't you drink your soup?"だのと言いがちですから、日本語学習者のこんな間違いを笑うことはできません。

さて、この質問者は「遊ぶ」という日本語と"play"という英語の単語の意味には重なる部分と重ならない部分があることを知らなかったようです。そのためこのような誤用をしてしまったわけですが、それでは「遊ぶ」と"play"はどのように意味が重なり合い、どこで意味が違っているのでしょうか。

国語辞典で「遊ぶ」の項を引いてみましょう。手許の辞典には次の6つの意味があげてあります。

「あそぶ」
1) 体を動かして好きなことを楽しむ。
2) 仕事や有意義なことをしないでブラブラする。
3) 酒色にふける。
4) (場所、道具、機械、労力などが) 有効に使われないでいる。
5) (ある土地に行って) そこの風物などを楽しむ。

6) 他郷に遊ぶ、遊学する。

また、「遊ぶ」の名詞形「遊び」の項には、以下の記述が見られます。

「あそび」
1) 遊ぶこと。
2) 楽しむだけでほかに役立たないこと。
3) 酒色にふけったり、かけ事をしたりすること。
4) 仕事がなくブラブラすること。
5) 物事のゆとり、余裕。
6) 機械の部品と部品の結合部分にあるゆとり。

(『国語大辞典』学習研究社)

次に英語の"play"を引いてみます。

play (*verb*)
1) to exercise oneself, act or move energetically, actuate, exercise
2) to exercise oneself in the way of diversion or amusement
3) to engage in a game
4) to exercise oneself or engage in swordplay, fighting, or fencing
5) to perform upon a musical instrument

play (*noun*)
1) exercise, brisk or free movement or action
2) exercise or action by way of recreation, amusement, diversion, sport, frolic
3) mimic action, dramatic performance

4) performance on a musical instrument

(*Oxford English Dictionary*)

　こうして見ると「遊ぶ」と"play"は基本的な意味が異なることがわかります。「遊ぶ」や「遊び」の意味として辞書にあげてある6つの意味の中で、一番基本的な意味は、「何もしない、そのものの機能を発揮しない状態」です。「遊ぶ」の項の2)や4)の「仕事や有意義なことをしない」「有効に使われない」ことが「遊ぶ」なのです。

　一方、"play"の基本的意味は"exercise"、"perform"で、「遊ぶ」とは正反対に「ある行為を積極的に行う」という点にあることがわかります。「価値のある行為や仕事を積極的にしない、無為の状態に放置しておく」という意味の「遊ぶ」は「働く」や「仕事をする」の反対概念であり、「仕事をしていない状態」が「遊んでいる状態」なのです。そして、その「仕事をしていない状態」が積極的にとらえられた時、「遊ぶ」は「体を動かして好きなことを楽しむ」行為となるわけですが、それは「仕事や学習をしないで、好きなことをする」ことです。この点で「遊ぶ」は、"play"と重なる意味を持っています。しかし、"play"は「あることを(体を使って) する」を意味しているのに対し、「遊ぶ」は「仕事をしない」を基本的意味としているわけですから、「子供が遊ぶ」という時の「遊ぶ」以外では意味が重なりません。

　以上のことが理解されれば、「テニスを遊ぶ」や「ピアノを遊ぶ」が誤用である理由は容易に理解できるでしょう。また、"Come and visit me." (〔特別な用事がなくても〕来てください)が「遊びに来てください」であり、「彼は大学を出てからしばらく遊んでいた」が「定職を持たずに好きなことをして暮らしていた」の意味であることもわかるでしょう。

　「遊ぶ」と"play"は基本的意味がまったく違いますから、意味が重なる部分が限定されているケースですが、訳語と日本語の間でほとんど意味が重なり合い、一部だけがズレるという場合も多くあります。いずれ

にしてもこのズレの部分で誤用が起こるわけですが、語の基本的意味を知ることにより、ズレの部分の理解が深まることでしょう。日本語教師としては日常何気なく使っている語のひとつひとつについて、基本的な意味、そこから発展し広がった意味について考える習慣をつけておきたいものです。
(Y)

Question 80　「立ちどおし」「立ちづめ」「立ちっぱなし」はどう違いますか。

① 昨日は新幹線が込んでいて、東京から大阪まで立ちどおし/立ちづめ/立ちっぱなしだった。

　この3つの文はどれも「東京から大阪までずっと立っていた」という意味で、「立ちどおし」「立ちづめ」「立ちっぱなし」は同じことを表しているように思えます。「立ちっぱなし」がややくだけた、会話的な表現だと感じられること以外には、3つの文の間にはほとんど違いが感じられません。「―どおし」「―づめ」「―っぱなし」はそれぞれある時間中、ある事柄が継続していることを表す表現です。これらの表現の間には違いがあるのでしょうか。

　確かに「立ちどおし/立ちづめ/立ちっぱなし」「座りどおし/座りづめ/座りっぱなし」「仕事をしどおし/仕事をしづめ/仕事をしっぱなし」などは3つとも「ずっと～している」という意味で使うことができます。しかし、「仕事をしっぱなし」には「ずっと仕事をしている」という意味のほかに、「仕事のあと後片付けをしたり、後始末をしないでそのままにしている」という意味もあります。「―どおし」「―づめ」が「初めから終わりまで長時間一貫して～している」の意味であるのに対し、「―っぱなし」

のほうには「ある事柄が始まったり終わったりしたあと、そこに当然期待されるようなほかの行為が何も行われないでそのまま放置される」という意味があるのです。

「立ちどおし」「立ちづめ」、「座りどおし」「座りづめ」、「仕事をしどおし」「仕事をしづめ」は「初めから終わりまで立ち/座り/仕事をし続ける」の意味ですが、「立ちっぱなし」「座りっぱなし」「仕事をしっぱなし」はそれぞれ「立ったあと/座ったあと/仕事をしたあと、そのままでそれ以外何も行われない」ということに重点があると言えるでしょう。「仕事をしっぱなし」では、「仕事を始めたあと、ほかのことは何も行われない」という点に着目すれば「仕事を始めてそのあとずっと仕事をし続ける」の意味になりますし、「仕事をし終わったあと何も行われない」という点に視点があれば「仕事のあと後片付けや後始末を何もしないでいる」という意味になるわけです。「―っぱなしだ」ではこの両者の意味が可能ですが、「―っぱなしにする」となると後者の意味、「ある行為のあとそれに伴う行為を何もしないでいる」の意味にしかとれません。

また、「―っぱなし」という表現では、継続の意味になるか放置の意味になるかは前後の文脈と動詞の性質によって決まります。例えば、次の2つの文ではaの文の「書きっぱなし」は継続を、bの文の「書きっぱなし」は放置を意味していますが、これは各文の文脈によって決まることです。

②a 朝から晩まで手紙を書きっぱなしだった。
　b 彼は手紙を書きっぱなしで、机の上に置いたまま出かけてしまった。

「開けっぱなし」「閉めっぱなし」「置きっぱなし」「落としっぱなし」のように、その動作・作用が一時に完了してしまうような意味を持つ動詞に「っぱなし」がついた場合には、「―っぱなし」は「その動作の継続」という意味にはならず、「動作のあと何も行われない、放置される」とい

う意味になります。瞬間的に完了してしまう動作を表す動詞では、そのあと放置することはできても継続することは意味的に考えにくいからでしょう。この点で「立つ」「座る」という動詞を瞬間的な動作を表す動詞とみるなら、「立ちっぱなし」「座りっぱなし」は動作の継続とみるより「立ったあと何もほかのことをしない」、「座ったあと何もほかのことをしない」という放置の意味とみたほうがいいかもしれません。それが継続の意味にもとれるのは、これらの動詞の持っている意味によるわけです。

　「―どおし」「―づめ」には「―っぱなし」のような「ある行為のあと、それに伴うほかの行為がなされない」という意味はなく、たんに「ある行為・動作がずっと継続して行われる」ということを表す表現です。「―どおし」「―づめ」は動作の継続を表しますから、もともと動詞の意味が瞬間的なもので動作の継続を表さない場合には、「―どおし」「―づめ」と言うことはできません。

③　×戸を開けどおしです。
④　×紙くずを落としづめです。

　もっとも、瞬間的に完了するような動作を表す動詞でも、そのような動作をくり返し行い続けるという意味なら、「―どおし」を使うことができるようです。「戸を開けどおしです」も「あちらの戸、こちらの戸、つぎつぎに開け続ける」という意味なら使えます。

　「―づめ」は「―どおし」に比べると語彙的な制約が大きいようです。もともと「―づめ」は「詰める」という動詞との複合語で、「ある時間内にその動作がたくさん詰まっている、その動作以外の動作はない」というような意味で「その時間内継続してその動作が行われる」という意味を持つようになったのだと思われます。かつてはかなり一般的にいろいろな動詞に付いて「動作の継続」を表す表現として使われましたが、最近の若い世代の間ではあまり使われなくなっている表現のようです。「立ちづめ」「座りづめ」「仕事/勉強のしづめ」「歩きづめ」「走りづめ」など

は、よく使われる「―づめ」ですが、「買いづめ」「売りづめ」「教えづめ」「習いづめ」などになると、若い世代はあまり使わないため言いにくいようです。ただし、このあたりについては、それぞれの語感によって、「言える」「言えない」と意見が分かれるところかもしれません。　　　（Y）

Question 81　　「週末に何をしますか」と聞かれて、「さあ、知りません」と答えたら、相手が感情を害したようですが、なぜですか。

　「わかる」と「知る」の使い分けは、初級の学習者にとってかなり難しいことですが、日本語教師にとっても厄介な教授項目のひとつです。
　まず構文の面から「わかる」と「知る」の違いを見ましょう。「わかる」は「～は…がわかる/わからない」の形で主体の現在の状態を表し、「知る」は「～は…を知っている/知らない」の形で主体の現在の状態を表します。「知る」は「わかる」と違って「―る形」では現在の状態を表さず、現在の状態を表すためには「―ている」の形にしなければなりません。この点で「知る」は「着る」「持つ」「落ちる」「始まる」「終わる」などと同類の動詞で、「わかる」は「ある」「居る」「できる」などと同じ種類の動詞です。しかし、ここで注意しなければならないのは「知っている」の否定形は「知っていない」ではなく、「知らない」となり、「―る形」の否定形を用いるという点です。「着る」「持つ」などの動詞では「着ている」「持っている」の否定形は「着ていない」「持っていない」となるのと異なるわけです。
　次に意味的な差異について考えてみましょう。「わかる」は物事についての情報を持っていて、その内容や性質、因果関係などを頭脳の働きでもって把握したり、分類・整理できることです。一方、「知っている」は

物事についての情報を持っていること、そのことに関して経験や知識があることです。「わかる」はその対象が意識の中に存在していることが前提であり、未知の事柄が「わかる」ということはありえませんが、「知る」は未知の事柄をなんらかの手段でもって知識として獲得し、その結果、その事柄について「知っている」状態になるのです。そのため、たんに知識の有無を問う場合には「知る」を使い、ある事柄を知っていることを前提として、その事柄の内容を理解しているかどうかを問題にする時には「わかる」を使います。

① 私の説明がわかりますか。
② 金沢という地名を知っていますか。

上の例の①では「私の説明」が論理的筋道や因果関係において聞き手の頭の中で整理され、十分に把握されているかどうかを聞いているのですから、この「わかる」を「知っている」に置き換えることはできません。

③ ×私の説明を知っていますか。

②では聞き手が「金沢」という地名を聞いたり見たりした経験があるかどうか、つまり「金沢」がある土地の名前だという「知識」があるかどうかを聞いています。たんに「知識」の有無を問題にしているだけなら「わかる」に置き換えることはできません。

④ ×金沢という地名がわかりますか。

「わかる」と「知る」にはこのような基本的な意味の違いがありますから、次のような文では「わかる」を使うか「知る」を使うかによって尋ねていることの内容が異なるのです。

⑤ Xビルはどこかわかりますか。

⑥　Xビルはどこか<u>知っています</u>か。

⑥は、聞き手がXビルの所在地がどこかという知識を持っているかどうかを聞いているだけですから、答えも次の⑦のように、その知識が頭の中に存在するか否かのみ答えれば事足ります。

⑦a　知っていますよ。
　b　いえ、知りません。

しかし、⑤はXビルの所在地について筋道たてた思考内容を持つことが可能かどうかを尋ねているのであって、たんに所在地についての知識の有無を聞いているのではありません。したがって⑤に対する応答は、次の⑧のように、Xビルの所在地を知識として知っているかどうかだけでなく、それを把握し、理解するための手段や方法を答えることができます。

⑧a　ええ、わかります（私が知っていますから、いますぐ説明できます）。
　b　地図を見ればわかるでしょう。
　c　ちょっと待ってください。思い出しますから。

一方、⑥では聞き手の知識の有無のみを問題にしているので、⑦のように答えればよく次の⑨のように答えることはできません。

⑨a　ˣ山口さんに聞けば（私が）知るでしょう。
　b　ˣしばらく考えれば知るでしょう。

次の2つの文の違いは何でしょうか。

⑩　私がだれか<u>わかります</u>か。
⑪　私がだれか<u>知っています</u>か。

⑩のような質問はどんな場面でする質問か考えてみると、学校の同窓会で長い間会わなかった昔の友達に久しぶりに会って、自分がだれか思い出せるか、「認識」できるかと問うような場合や、仮装パーティーで変装している自分を見た相手に自分がだれか見破れるかどうかと聞くような場合です。これらの場合、聞き手はすでに話し手と会ったことがあり、話し手の名前や顔かたちは知っていることが前提です。まったく知らない人に向かって「私がだれかわかりますか」という問いかけはしないでしょう。それに対し、⑪が発せられる場面は聞き手が話し手の名前や仕事、社会的名声や素性などに関する「知識」を持っているかどうかを問う場面です。例えば、相手が自分の地位にふさわしい敬意ある応対をしなかったことに腹を立てて、自分が何者かという知識があるかと聞き手に質す場面などを思い浮かべることができます。この時は聞き手の「知識」の有無を問題にしているのであって、⑩のように聞き手がすでに知識を持っていることを前提にした問いではありません。このように⑩と⑪の文はまったく異なった場面で使われる、まったく意味の違う文です。

　ところで、「週末は何をしますか」という質問に対して、「さあ、知りません」と答えるのは誤りで「さあ、わかりません」と答えなければならないという問題は、どのように考えたらいいでしょうか。週末に何をするかという点に関して、話し手は聞き手に与えるべき情報を持っていないのですから、「知りません」と答えるほうが良いのではないでしょうか。しかし、ここで問われているのは「話し手自身」の週末の過ごし方だという点に注目してください。「話し手自身」の週末の過ごし方が問題なら、それについて話し手は「知識を持っていない」というより、「態度を決めていない、自分自身の中で週末をどう過ごすかについて整理していない」ということだという解釈ができます。つまり、話し手は自分の週末の過ごし方に関する知識や情報がないのではなくて、いくつかの選択肢の中から「これ」と選び取っていないということです。何をするか十分に把握されていない状態だと言うこともできるでしょう。これは「知らない」

ではなく「わからない」状態です。日本語ではこのように話し手の態度や行為に関して「態度を決めかねている、行為を決定していない」という意味のことを言いたい時には、「わかりません」を使わなければなりません。

同じ週末の過ごし方でも、第三者のことについて問われた場合には、次の⑫のように「知りません」「わかりません」の両者が可能です。

⑫　山本さんが週末に何をするか知りません/わかりません。

この２つの文の違いは、「知りません」がたんに山本さんが週末にすることについての「知識の有無」を答えているだけなのに対し、「わかりません」はそのことについて話し手は「筋道たてて説明できるようにはっきり把握していない」と言っているのです。

前述のように「知っている/知らない」は知識や情報の有無のみを問題にしている表現ですから、「知りません」と答えると、そこでもうそれ以上のコミュニケーションは不要だといった印象を与えます。しかし、「わかりません」と答えれば「差し当たり話し手が聞き手に提供できる情報はありませんが、それはいま、筋道たてて分別、整理できないからです」というような意味になり、話し手と聞き手の間に今後もコミュニケーションの余地があるという印象になります。日本語はなるべく聞き手との間のコミュニケーションの糸を断たないことを重要視する言語ですから、たとえ第三者のことについて述べる場合でも、⑫の場合「知りません」より「わかりません」の表現を使ったほうが丁寧な感じを与えます。

日本語学習者には「知っている」の類推からか、「わかります」と言うべき時に、「わかっています」と言う人があります。「わかっている」も「わかる」と同じように現在の状態を表していますが、「わかっている」というと「そのことについては以前にすでにわかったので、いまもわかる」という意味になります。そのため「いま、与えられた説明はそのことを理解するためには必要ない」とか「私はすでに理解している、これ以上

の解説は不要だ」といった意味合いを帯び、大変失礼な言い方になってしまいます。形のうえでは同じ〈動詞―ている〉でも、「知っている」と「わかっている」はまったく違った意味になることに学習者の注意を促さなければなりません。　　　　　　　　　　　　　　　　　　　（Y）

Question 82　「何」はどんな時に「なに」と読み、どんな時に「なん」と読むのですか。

　漢字の読み方についての質問には「ひとつひとつ覚えましょう」と答える方法があり、むろん、これが一番の正攻法だと言えるでしょう。しかし、常用漢字だけでも1945ありますし、複数の読み方があるものも少なくありませんから、この正攻法だけではなかなか漢字を覚えきれません。機械的に読み方を知り、意味もわかるという方法があったら、日本語学習者にとっては何よりのことでしょう。
　そこで、標題の「何」ですが、「何」には次の場合が考えられます。
　Ⓐ　「何〜」の形で用いられる時。
　Ⓑ　単独で用いられる時。
　Ⓒ　「〜何」の形で用いられる時。
　このうちⒸは例がないようですから除きます。

Ⓐ　「何〜」の形で用いられる時
　Ⓐの場合の読み方は、「なに」「なん」のいずれもあります。
(1)　「何」を「なに」と読ませる場合は、「何」が次の語「〜」の内容、様子や名前を問うものである時です。その例としては、次のようなものがあります。

① 何新聞（なにしんぶん）
② 何事（なにごと）
③ 何者（なにもの）
④ 何係（なにがかり）[1]
⑤ 何航空（なにこうくう）[2]

(2) これに対し「何」を「なん」と読む場合は、「何」が次の語、すなわち「〜」にくる語の数量を意味しています。例えば、次の⑥〜⑩などがあげられます。[3]

⑥ 何時（なんじ）
⑦ 何円（なんえん）
⑧ 何枚（なんまい）
⑨ 何冊（なんさつ）
⑩ 何個（なんこ）

以上(1)(2)の「何」は語そのものからそれぞれの読み方を知ることができます。

(3) ところが語によっては「なん」「なに」2つの読み方があり、語それだけからはどちらの読み方かわからないものがあります。次を見てください。

⑪ 何人（なにじん/なんにん）[4]
⑫ 何色（なにいろ/なんしょく）
⑬ 何語（なにご/なんご）

上の⑪〜⑬の例でも前述の(1)(2)の読み方規則、つまり名前、内容なのか数量なのかということが選択の基準であることを確認してください。[5]

ここで問題となるのは、(3)のような場合、どちらで読むかを決める要素は何かということです。これは、前後の関係、すなわち文の中で判断

されます。次の⑭の「何人」の読み方は迷うことがありません。

⑭a　A：学生は<u>何人</u>いますか。
　　　B：15人です。
　b　A：あそこに背の高い人がいますね。あの人は<u>何人</u>ですか。
　　　B：さあ、日本人ではないと思いますが。

これまでのことをまとめますと、「なに」と「なん」との読み分けは、合成語の場合、次の特徴があります。
1) 意味の違い、すなわち内容・名前を意味するか、数量を示すかによる。
2) 語だけから読み方がわかる場合と、文の中でわかる場合がある。

⑧単独で用いられる時

それでは⑧について考えましょう。「何」が単独で用いられる、つまり助詞がすぐ続く時は助詞によって「なん」か「なに」かが選択できます。

(1) 「が」「を」「から」「まで」「も」「は」が続く時は「なに」と読みます。[6]

⑮　あそこに何がありますか。[7]
⑯　お昼に何が食べたいですか。[8]
⑰　何をお飲みになりますか。
⑱　何から何までやっていただいて、どうもありがとうございました。
⑲　何もございませんが、どうぞごゆっくり。
⑳　何はなくとも……。

(2) 「の」の前では「なん」と読みます。

㉑　今日は何の話ですか。
㉒　突然の話なので何の準備もしていませんでした。

(3)「で」の前の「何」は意味により読み分けています。

㉓　A：大阪へは何で行くんですか。
　　B：飛行機です。
㉔　A：こんなところへ何で行くんですか。
　　B：仕方がありません。上司の命令ですから。

上の㉓のように、「何」が「乗り物」の意味の時は「なに」「なん」のいずれでも読めます。しかし、㉔のように、「何」が原因・理由を示す時は「なん」としか読みません。

(4)「か」「に」の前の「何」は「なに」「なん」どちらも使っています。しかし、「なに」のほうが落ち着いた印象を与えることもあります。例を見ておきましょう。

㉕　なにか/[なんか]変に思われます。
㉖　お母さん、何かない(？)[9]
㉗　晩ごはん、何にする(？)

(5)「と」が続く場合は次の例があります。
　1)「と」のみが続く場合は「なに」「なん」いずれもあります。

㉘　実験にはなに/なんと何が必要ですか。
㉙　暗闇でなに/なんとぶつかったのですか。

　2)「何という」は「なんという」と読む。

㉚　あれは˟なに/なんという花ですか。
㉛　あちらの方のお名前は˟なに/なんといいましたかしら。[10]

日本語教育という点から考えますと、最初から「何」の読み方の法則を教えるかどうかは、個々の事例によると思います。⑬の場合などは個々の

事例をひとつひとつ覚えていかせたほうがいいかもしれません。　　（N）

1) 「私はクラスの給食係なの。あなたは何係（？）」などの使い方をします。
2) 「今度の旅行は何航空で行くの」などの使い方があります。
3) 「何曜日」は「なんようび」というのが普通です。これは本来は名前を問う語ですから「なに」と読んでいたのでしょうが、例外となっています。この原因は発音のしやすさか、とも考えられますが、よくわかりません。
4) 「何人」は「なんぴと」と読む例がありますが、これは「なんぴとたりとも～」のような言い方でしか使われていないので、ここでは除外します。
5) 「何」を「なに」と読んだ場合、続く漢字は訓読み、「なん」と読んだ場合は音読みが基本となっています。
6) 「何も」は「なんも」と読むことがありますが、共通語の範囲では「なにも」のほうがよいでしょう。
7) この「が」は主体を示しています。
8) この「が」は対象を示しています。
9) 「なに/ˣなんかにつけて目の敵にする」は慣用と考えます。
10) 助詞「へ」は、「何へ（なにへ/なんへ）」と使われることがないと思われますから、ここでは扱いませんでした。

Question 83 　　「～人」はどんな時に「にん」と読み、どんな時に「じん」と読むのですか。

「～人」という言葉をあげてみましょう。まず、「日本人」「外国人」「美人」「老人」「新人」「要人」など、「じん」と読む語群があります。また、「世話人」「管理人」「集金人」「勤め人」のように「にん」と読む語群もあります。

そこで「じん」(漢音)と読む場合と「にん」(呉音)と読む場合で使い分けがあるかどうかが問題となりますが、ここにあげた熟語を見るだけでもひとつの規則性を発見できそうです。それは、「にん」と読む場合、その前にくる要素は「人の動作を表す語」なのに対し、「じん」と読む場合は、それが「人の属性を表す語」だということです。「世話人」「管理人」「集金人」はそれぞれ「世話する人」「管理する人」「集金する人」と言い換えることができますが、「日本人」「外国人」「美人」「老人」などはそれぞれ「日本の人」「外国の人」「美しい人」「老いた人」の意味であり、「～する人」ではありません。

この規則は新しく言葉をつくる時にも用いられて、「地球人」「国際人」「マスコミ人」などは「じん」と読んで、「地球的規模の人」「国際的な人」「マスコミ界の人」という意味になります。そして「～する人」という意味の新語をつくるとしたら「～人」は「にん」になるわけです。例えば、「流行の仕掛け人」「働き人(在米一世の間で"worker"の意で使われる)」などでは「仕掛ける人」「働く人」の意味ですから、「人」の読み方は「にん」になるのです。

このように「～人」は「～」の部分に静的属性を表す語がきた時には「じん」、動作を表す語が付いた時には「にん」と読む、と一応は言えそうです。しかし、これはいつもそうだと言えるような規則でしょうか。残念ながら、事実はもっと複雑です。「～」の部分に形容詞性の語がくる「善人」「悪人」は「ゼンニン」「アクニン」ですし、「罪のある人」は「ザイニン」「病気の人」は「ビョウニン」です。また、「使用人」は「使う人」ではなく「使われる人」です。さらに、「じん」と読む「求人」「殺人」は「～する人」ではなく、「人を求めること」「人を殺すこと」です。「人を求める人」「人を殺す人」はそれぞれ「求人者」「殺人者」ですが、強いて「～人」と言おうとしたら、「求人人」「殺人人」となって、「キュウジンニン」、「サツジンニン」になると考えられます。ここでは前述の原則が貫かれるからです。

このように「じん」と「にん」との読み分けは、およその規則があるという程度で、例外が多くあるのです。ですから日本語学習者はひとつひとつの語を個別に覚えるしかないのですが、これは語彙教育に関しては往々にして言えることのようです。しかし、例外の多い原則やおよその傾向ではあっても、その原則や傾向を知っていれば、記憶の助けになったり、類推のよりどころになったりするでしょうから、一概に無意味とは言えません。

　日本語は同じ漢字を音読み、訓読みと読み分けるだけでなく、音読みの中にさらに漢音、呉音、唐音（宋音）と読み方の違いがあるという複雑な体系を持っています。このような日本語の漢字の読み分けは、漢字圏、非漢字圏を問わず、外国人学習者にとっては非常に難しいことでしょう。学習者の負担を少しでも軽くするためにも、教師はこのような知識を持ち、適切に学習者を指導する必要があると思われます。　　（Y）

Question 84　　「疑問を抱いている」は「だいている」ですか、「いだいている」ですか。

　常用漢字表によれば、「抱」の漢字には、音読みの「ホウ」のほかに、「抱く（だく）」「抱く（いだく）」「抱える（かかえる）」の3とおりの訓読みが許されています。その際、漢字「抱」に添えられた「く」や「える」を送り仮名と呼び、漢字に2つ以上の読み方が可能な時、それをどう読むかを決め、語の形をはっきりとさせる働きを持っています。確かに「抱える」と送り仮名がつけば「かかえる」以外の読み方は思いつかないでしょう。しかし「抱く」の場合は、「だく」も「いだく」もまったく同じ送り仮名となり、読み方をひとつに決めることができません。

　では、どちらで読んでもよいのか、となるとそう簡単なものではあり

ません。なぜなら、どちらで読むかによって、その意味や語感などが変わってしまい、その文脈の中での使われ方の適否が決まってしまうからです。例えば「大きな花束を抱いて」と、「大きな花束を抱いて」では、行為は同じでもそれぞれの文から受ける感じは大きく変わってしまいます。「抱いて」のほうが、より文学的・雅語的な感じを与えます。そのため、「赤ん坊を抱いている」は不自然でなくても、「赤ん坊を抱いている」となると、「赤ん坊」というごく日常的な言葉と「抱く」の語感とが合わず、なんとなくおさまりの悪い感じになります。しかし「幼子」を、あるいは「みどりご」を、であれば不自然さは消えます。やはり「抱く」は、その対象物があまりにも日常的なものである場合は避けたほうがよいようです。

　また、対象となるものが具体物でない場合、例えば、「夢」「期待」「疑い」など、心の中の思いを表す一連の表現には「抱く」が使われます。

　ところで、「いだく」は、古くは「むだく」「うだく」などの形を持っていましたが、平安期の和文や漢文訓読文の中では「いだく」が多く使われ、後、その頭音が脱落した形の「だく」が次第に口語として普及してきたと言われています。

　このようなことからみても、口語的・日常的・具体的なことを表現する場合には「抱く」を、文語的・雅語的・抽象的な表現が要求される時には「抱く」を、というのが読み分けの基準となるでしょう。かの有名なクラーク博士の"Boys be ambitious."も、「少年よ、大志を抱け」と表現されてこそ、あの格調の高い呼びかけとなりうるのです。

　では、「抱える」はどうでしょう。「大きな花束を抱えて」と「抱いて」を比べた時、外から見た様子は同じでも、そのどちらを使うかにより、花束に対する心情的な違いが表れてきます。「抱いて」を使うと、花束に対して生命あるものに対するような愛情を注いでいるように感じられます。そのため、「大きな荷物」や「山のような洗濯物」となると、「抱える」を使うのが普通です。

「抱える」は、また、「小さな子を抱えているので働きに出られない」「難問を抱えていて頭が痛い」などのように、自分にとって厄介なことを表すのにも使われますし、「お抱えの運転手」のように「雇う」の意味でも使われます。

　このように、ある漢字をどう読むかは、たんなる読みの問題ではなく、語の形と結びついた意味の面での問題でもあり、文脈の中で適正に判断されなければならないものです。

　しかし、語の硬さや軟らかさ、雅語的か口語的かなどで読み分けることは、学習途中の外国人学生にとっては大変に難しいことと思われます。そのため、文字や語彙の教育の際には、たんなる「語」として与えるのではなく、実際に使われている文例をできるだけ多くあげ、その表現に慣れさせることが必要でしょう。

(H)

Question 85 　　「人々」と「人たち」は、使い方に違いがありますか。

① ˣ日本に来て、人たちがとても親切なのを知りました。
② ˣ以前、私が思っていた日本といえば、人たちはいばっていて、あまり親しみのある国ではありませんでした。

　これは、外国人の学生の書いた作文の中の一節ですが、やはり「人たち」という表現にはひっかかるものを感じます。日本人がごく普通に書くとすれば「人々」でしょう。では、何が違うのでしょうか。
　日本語は西欧系の言語に比べ、単複の表現が厳密でないとよく言われます。確かに主語の単数・複数によって動詞は影響を受けませんし、また実際の意味は複数でありながら、表現は単数、ということがよく見ら

れます。

③ 観光地は人であふれていますが、ここは静かすぎると言ってもいいほど。
④ 地元の人しか知らないような所を好んで歩き回る。

ある雑誌で見かけた文ですが、これらの「人」は、「人々」と入れ換えてもなんら問題のないものです。同様に、例えば「山に囲まれた村」という表現も、当然、複数の山を意味しています。しかし、たんに「人」あるいは「山」だけではもの足りず、時にはその量的な意識をより表に出して表現したいこともあります。

⑤ さまざまな分野のユニークな人々が、入れ替わり立ち替わり出入りする。
⑥ その間、約10人の人たちが切符を買い終わるのをじっと待つのである。

「人々」は、語の構成の面からは「畳語」と呼ばれ、同じ類の語を重ねることによって複数を表しますが、「人たち」は、「たち」という接尾辞を伴って量の多さを表します。また、「人々の顔は喜びにあふれていた」のように、「人々」には、たんなる複数のみでなく、「その集団の中のひとりひとり」を表すことも可能です。

では、文を構成するうえでの違いは何でしょうか。前の⑤⑥では、「人たち」のほうが、ややくだけた感じを与えるほかは、大きな差はないようです。

次はどうでしょう。⑦⑧の文では「人たち」への置き換えは不可能です。

⑦ その村は、人々が昔ながらの家に住み、生活しています。
⑧ 煙がホワーと立ちのぼるのを見て、人々の暮らしのあることがわ

かります。

「人々」は、それ自体で主格に立つことや、連体修飾を受けずに文の中に現れることが可能ですが、「人たち」は、その語の前に連体修飾の部分が不可欠です。

それは、畳語の場合は、その構成が「人」という独立性のある語のくり返しによってできあがっていますが、「たち」はあくまでも前の語に付属するものとして機能している、という違いによるのでしょう。

つまり「人たち」のほうは、まずその「人」がどんな「人」であるかの規定がなされなければ、「たち」という接尾語でひとつのグループとしてまとめてくくってしまうことができないのに対し、「人々」の場合はそのような規定がなくとも「人」や「人」の集まりとして独立した存在として使えるのです。

一見同じような複数の表し方に見えますが、このように、連体修飾語を必要とするか、しないか、などということも、作文の授業の際などに、はっきりと理解させたいものです。

(H)

Question 86 「雨が降り始める」と「雨が降りだす」はどう違いますか。

① 雲ひとつない青空のいい天気の日に突然雨が降り[始める]/だすことがあります。狐の嫁入りと言われる現象です。
② 横を歩いていた友人が急に走り[始めて]/だして行ってしまった。

上の例で「―始める」はしっくりこない気がします。次の例ではどうでしょうか。

③ 雨が降り始めた/だした。
④ 走り始めた/だした。

①と③、②と④とは「突然」や「急に」の有無という点だけが違っています。「突然」や「急に」は、行為・動作の出現が予想外であったり変化の仕方が激しい時に用いられます。このことから、

(1) 行為・動作の予測がつかない時やそれが困難なことを伝える語とは「―だす」のほうが「―始める」より共起しやすいことがわかります。[1]

また、

(2) 行為・動作が起こることの予測が難しいということは、その始動時の予測、特定も難しいということになります。

(1)(2)からその始動時が特定できない、また特定しにくいという時には「―だす」を使い、「―始める」は避けられる[2] 理由がわかります。次の例でそれを確かめてください。

⑤ にこにこ笑っていた子供が、不意に大声をあげて泣き[始めた]/だした。
⑥ よく晴れていると思っていたら、突如ごろごろ雷が鳴り˟始めた/だした。
⑦ 兎は目を覚まして我に返ると、あわてて走り[始めた]/だした。
⑧ 壊れていると思っていた時計の針が不意に音をたてて動き始めた/だしたからびっくりした。

(3) 上記(1)(2)のほかに、始動の時が問題になっていない時も「―だす」のほうが多いようです。これとは逆に、始動時そのものが問題の時は「―始める」のほうが適当でしょう。次の⑨⑩は「動作」そのものの始まり、⑪は「動作の習性」の始まりの例です。

⑨ 主任さん、お客さんは何時に入れ始めたら/˟だしたらいいでしょうか。

⑩ うちの子が話し始めた/[だした]時はうれしくてね。
⑪ 私が皇居の周りを走り始めた/[だした]時、ジョギングはまだはやっていませんでした。

(4) さらに、自分の意志でコントロールできない場合も「―だす」を使っています。

⑫ 物見高い私は、人だかりを見て思わず走り[始めた]/だした。

さて、標題の文を考えましょう。

⑬ 雨が降り始めた。
⑭ 雨が降りだした。

以上の(1)～(4)から考えると、「ポツッ、ポツッと雨の滴が落ちてきた。ひと雨くるかな」といった予測が可能な時は「降り始める」という感じがしますが、普通は雨がいつから降ったか、などということは気にしていませんから「降りだす」を使っているのではないでしょうか。

ところで、標題の質問からは少しはずれますが、「―だす」にはもうひとつ「できあがったものがある」という意味があります。次の例文を見てみましょう。

⑭ ……つくり˟始めた(始められた)/だされた作品はいま、全世界の人々の心を和ませている。
⑮ 裏の畑から黄金を堀り˟始めた/だした。
⑯ 新しい製法をあみ˟始めた/だした。

上の例から、「―だす」は、「出す」の本来の意味、すなわち「―」の行為・動作の結果何かができあがったり、現れたりする意味も伝えていることが理解できます。「―始める」にこの意味はありません。参考までにこのような例を下にあげておきましょう。

⑰ 思い<u>だす</u>（だから記憶がある）
　ˣ思い<u>始める</u>
⑱ 書き<u>だす</u>（だからメモがある）
　ˣ書き<u>始める</u>
⑲ 考え<u>だす</u>（だから案がある）
　ˣ考え<u>始める</u>
⑳ 聞き<u>だす</u>（だから情報を得た）
　ˣ聞き<u>始める</u>
㉑ 掃き<u>だす</u>（だからごみは外にある）
　ˣ掃き<u>始める</u>
㉒ （ない知恵を）絞り<u>だす</u>
　ˣ絞り<u>始める</u>

また、「―始める」「―だす」はそれぞれ「―はじめ」「―だし」（連用形）の形で名詞として用いられることがあります。しかし、上の⑭〜㉒の例でとりあげたような「―」が結果を示さない動詞の場合は「―だし」は使えません。

㉓ 夕べの雨は降り<u>始め</u>/ˣ<u>だし</u>は凄かったけど、全体としては大したことなかったね。
㉔ 走り<u>始め</u>/ˣ<u>だし</u>の頃は周囲の様子を見る余裕などなかった。

(N)

1) 「急に」「不意に」などはひとつの目安ですが、これらが「―始める」と共起しないというのではありません。
2) 筆者は許容していますが、使わない、とする意見もあり「避ける」としました。

Question 87 「守る」と「防ぐ」の意味は同じですか。

　学習者の語彙が増えてくるとこういった、語の意味の違いに関する質問が多くなります。[1] ここでは例文作りの考え方を中心に考えてみましょう。まず、例①〜⑥を見てください。

① 子供を守る。
② 宝石を守る。
③ （寒さに弱い）野菜を守る（ビニールハウス）。
④ （火事の時）煙の入るのを防ぐ。
⑤ 泥棒（の侵入）を防ぐ。
⑥ 寒さを防ぐ（ためのコート）。

　上の例から、「守る」ものとしては「子供、宝石」など所有しているものや「野菜」など大切なもの、「防ぐ」ものは「（火事の）煙、泥棒、寒さ」など外から侵入してくるもの、害をなすものとなっています。「守る」は大切なものに対する行為であり、「手中にあるものの現状を保存する」動作、「防ぐ」は外敵に対する行為で、「外から来るものが中に入らないようにする」動作であると言えます。

　クラスで「守る」と「防ぐ」について質問された際、両者の違いを具体的に示すために、何かを両手で抱え込む動作をして「守る」を、また、相手と対峙し、威嚇するように手を拡げて「防ぐ」をわからせるというのもひとつの方法でしょう。これはあくまで視覚的に語感を把握させる方法ですから、これ以外にもいろいろな動作が考えられると思います。

　しかし、もっとはっきりわからせるには、これだけでは情報が不足していると思えます。まず、それぞれが使われる構文に注目してみましょう。

・「守る」の構文

〈名詞1が名詞2を名詞3から守る〉

・「防ぐ」の構文

〈名詞1が名詞2を防ぐ〉

　「守る」の基本構文は名詞3つ、「防ぐ」のそれは2つであるという点に違いがあります。構文が違うこと、すなわち基本的に要求する名詞の数と使われている助詞に関しては、板書などによって視覚に訴えられ、学習者にとって違いがわかりやすいと言えましょう。

　また、構文を示すだけではなく、名詞のところに具体的な言葉を入れて見せるのもいいでしょう。[2] なお、次の例でもわかるように、「守る」「防ぐ」の両構文とも、しばしば〈名詞1〉は省略されることがあります。

⑦a　子供を煙から守る。
⑧a　宝石を泥棒から守る。
⑨a　野菜を寒さから守る。
⑦b　煙（が入るの）を防ぐ。
⑧b　泥棒（の侵入）を防ぐ。
⑨b　（ビニールハウスが）寒さを防ぐ。

　「守る」の〈名詞3〉に入る言葉と「防ぐ」の〈名詞2〉に入る言葉が同じであることに注目させるのもよいと思います。次の⑩〜⑫のように並べると観察しやすいでしょう。

⑩a　子供を煙から　守る。
　b　煙を　　　　　防ぐ。
⑪a　宝石を泥棒から守る。
　b　泥棒（の侵入）を防ぐ。
⑫a　野菜を寒さから守る。
　b　寒さを　　　　防ぐ。

さて、「守る」と「防ぐ」の違いについての質問があった場合、それぞれの例文をいくつか並べて示すという方法があります。⑦〜⑨のabの例文がそれです。この方法のよい点は、学習者が一度にひとつ、「守る」か「防ぐ」かを見ればよいことでしょう。しかし、対比という点ではあまりはっきり見えてきません。そこで、⑩〜⑫の ab のような提示方法も考えられます。

　さらに考えますと、「外から来るものを防ぐことによって中にあるものを守る」ことはできますが、「中にあるものを守ることによって外から来るものを防ぐ」ことはできません。このことは次のように「ことによって」とか「から」で文をつなぐと理解できるでしょう。[3]

⑬a　火事の時、部屋に煙が入ってくるのを防ぐことによって中の子供を守ることができた。
　b　×火事の時、中の子供を守ることによって部屋に煙が入ってくるのを防いだ。

ところで例文の考え方について一言ふれておきたいと思います。例文は最小限の言葉ですべてがわかるものであることが理想ですが、あまり短いと意味の違いが際立たないことがあります。特に基本形で終わる文は気をつけたいところです。例えば次の⑭〜⑯ではaよりbのほうが意味をわからせやすいと思います。

⑭a　体を守る。
　b　事故の時シートベルトが私たちの体を守ってくれました。
⑮a　肋骨が肺や心臓を守っている。
　b　肋骨が肺や心臓を守っているからちょっとくらい打ってもだいじょうぶなのだ。
⑯a　泥棒の侵入を防ぐ。
　b　泥棒の侵入を防ぐために高い塀をつくります。

ところで、「守る」には、これまで見てきたような用法とは別に、次の⑰⑱のような用法もあります。

⑰　法を守る。
⑱　約束を守る。

「守る」の本来の意味を考えると、「手中にあるものをそのままの状態にしておく行為。現状維持のための行為」ではないかと考えます。この意味では例⑰⑱も本文中の「守る」と同じ意味で使われていると思いますが、ここではあえて除外しました。中級のはじめの学生すべてがそこまで理解できるというわけではないと考えるからです。　　　　　　　　　(N)

1) 「守る」「防ぐ」いずれも中級に入ってから示されるほうが多いでしょう。
2) この時は、ただ例文を読んで聞かせるより視覚で確かめられる方法のほうがよいと思います。これには板書するとか、あらかじめ印刷しておくなどの方法があります。
3) 「―ことによって」は初級の学習項目として扱われることは少ないと思います。

参考文献

Question 84
『講座 日本語の語彙10 語誌②』半沢幹一（明治書院，1983）

『基礎日本語―意味と使い方―1』森田良行（角川書店，1977）
『基礎日本語―意味と使い方―2』森田良行（角川書店，1977）
『国語大辞典』（学習研究社，1978）

IV 表現

Question 88 「腹をお立てになった」という言い方は、おかしいですか。

「腹を立てる」は、「怒る」という意味を表す慣用句ですが、普通慣用句は、それ全体でひとつのまとまりを持っているため、分解して部分的に敬語にしたりすることはありません。しかし実際の日々の会話の中では、相手との関係で、つい敬語を使いたくなる場合もあります。

ある外国人の学生から「先日、先生はいろいろと話に花をお咲かせになりました」という手紙をもらったことがありますが、これなども、学生から先生への手紙ということで、つい敬語にしてしまった例でしょう。もっともこの場合は、たんに敬語の問題だけでなく、「話に花が咲く」という表現が、「先生」という立場にある人の行為を表す表現として適切か否か、という問題も含んではいますが……。

ところで、標題の「腹を立てる」ですが、「腹をお立てになりました」と表現したくなる心理もわからないでもありません。また、実際の会話を調べてみれば、そのような表現も多く見出すことができるかもしれません。しかし、もし後半を敬語にするのであれば、「腹」という表現はいかにもむき出しな感じがしますから、「おなか」にでもしないと不均衡ということになりますが、「おなかをお立てになる」では慣用句としては通用しなくなります。

結局、自分より上位の人の行為については、「ご立腹になる」「お怒りになる」のように漢語に置き換えて改まりの気持ちを表すか、あるいは、まったく別の語に変えてしまって安全を狙うかします。

慣用句には、人間の心情の機微をうがったものが多くありますが、それだけにくだけた表現が多く、時として相手に不快感を与えるものもあ

りますから、部分的に敬語の形を用いたとしても、はなはだ妙なものになります。

「味をしめる」「お茶を濁す」「舌を巻く」「腹が据わっている」「目を回す」などを、「舌をお巻きになった」「目をお回しになった」などと形を変えたとしても不適切でしょう。

先に例としてあげた「話に花が咲く」にしても、「ゆうべは久し振りに友達と会って話に花が咲いたよ」と自分をも含めての表現か、あるいは、同等またはそれ以下の人について「ゆうべはだいぶ話に花が咲いていたようだね」とは言えても、目上の人に向かっての表現としては仮に尊敬語に変えたとしても適当ではないでしょう。

慣用句は、適切な場や相手を選んで使えば非常に効果的ですが、時には相手の心証を害する危険性もあります。たんなる語句として覚えるのではなく、数多くの用例に接することで身につけていけば、より自然な、日本語らしい日本語となると思います。

Question 89　日本語では、「あなた」はどのくらいの範囲にまで使えるのですか。

「あなたの家に電話をしてみましたが、あなたは留守でした」という手紙をあるアメリカ人からもらったことがあります。確かに留守にしてはいましたが、この手紙を見てまず感じたことは、留守にしていたことを責められているのか、ということでした。しかし本人にはまったくその気持ちはなく、たんに英語の"you"をそのまま日本語の「あなた」に当てはめただけのことのようでした。

「あなた」という語は中古から見られる語ですが、本来は場所・方向を表し、「山のあなたの空遠く」のように、現代文の中にも遠称を表す雅語

的表現として使われたりします。

ところで、人を表す時、直接相手を指すことを避け、位置関係の語をもってそれに代え、婉曲に表現するということは、「こちら」「あちら」「そちら」「手前」などのように多く見られる方法です。「あなた」も近世には、相手を指す代名詞として用いられ、非常に高い敬意を表したものといわれますが、言葉というものは変化するものです。使われる頻度が高くなり人々に普及するにつれ、いつしか卑俗感がつきまとうようになり、その価値は下落してしまいます。「あなた」も同様で、近世の末期には、ほぼ対等の相手をも指す言葉となりました。

「あんた」「きみ」「おまえ」などに比べれば、確かに丁寧さや相手に対する配慮などを有してはいますが、現在では、少しでも目上であったり、それほど親しくもなく気兼ねのある場合には、「あなた」は適当な言葉とは言えないようです。

もちろん、不特定多数を対象とする表現としては、次の例のように広告の文中などによく見られます。

- あなたが変わると、日本が変わる。　　　　　　　　（JR東海）
- こんなおもしろい本にあなたは、一生のうちに何度出会えるでしょう　　　　　　　　　　　　　　　　　　　　　（電車の中吊り）

英語などでは、かなり上の相手でも対称詞として"you"を使うことが可能ですし、英和辞典にも"you"の訳語は「あなた」となっていますから、日本語学習者の中にも会話の中で「あなた」を連発する人があり、聞き手を戸惑わせます。

そのうえ、日本語の教科書の中にも、「私は学生です。あなたも学生ですか」式の文がしばしば見られますから、外国人が「あなた」をなんの疑問も持たずに使ってしまうのも無理のないことです。

ところで、日本の国語辞典の語釈はどう書かれているでしょうか。「名ヲ云ハズ、方向ヲ以テ云フハ、敬フ所以ナリ」「尊長ヨリ同輩ニ掛ケテ相

語ルニ最モ多ク用ヰラル」(『新編大言海』〔冨山房〕)などともありますが、最近ではその記述もだいぶ変わってきています。「やや気兼ねのある場合に同輩または同輩以下の人に対して用いる」「親しい男女間で相手を呼ぶ語。特に夫婦間で妻が夫を呼ぶ語」「妻が夫を指す代表的な代名詞」のような書き方が多くなりました。

　今後とも、日本語学習者をも視点に入れた辞書づくりが望まれるところですが、では実際には相手にどう呼びかけたらよいのか、ということが次の問題となります。

　職業面からは、医師、教師、弁護士などの「先生」、職位名としての「部長」「課長」、未婚・既婚の別による「お嬢さん」「奥様」、特殊な呼称としては、「師匠」「関取」「ご住職」など数多くあげられます。

　昭和27年国語審議会から文部大臣への建議という形で出された「これからの敬語」の「人をさすことば」の中には、「相手をさすことば」として「あなた」を「標準の形とする」とありますが、実際には、なかなか定着しそうにありません。辻村敏樹氏が、120通の手紙文の調査のうち、「自対称のいずれをも用いないのが過半数の65通を数えることは、日本語表現の特殊性を示すものとして注目してよい」と述べられているのは大変興味深いことです(『敬語の史的研究』〔東京堂出版〕)。

　日本語には、強いて対称詞を用いなくとも、ほかの敬語表現により「あなた」に対して話しかけているのだということを十分に補えるという便利さがあります。

　「お電話いたしましたが、お留守でしたので……」とすれば、聞き手の心を波立たせることなく、冒頭にあげた文と同じ内容が表現できます。

　日本語を使ったがために、かえって摩擦を起こすようでは困ります。日本語教育の中では、「何を使うか」とともに「何を使わないか」をもしっかりと教えたいものです。

Question 90 授業のあと、先生に「ご苦労さまでした」と言うのは失礼だそうですが、なぜですか。

　外国人の学生が、よく授業の終わった時、「先生、ご苦労さまでした」と言ってくれます。その気持ちは大変ありがたいのですが、やはり、一瞬返事につまります。
　まず問題になるのは「ご苦労さまでした」という表現は、相手の労をねぎらうための表現だということです。つまり、「ねぎらう」ということは、下の者が上の者に対して何か労力を提供した時、それに対して上の者が使える言葉なのですから、教師と学生という関係では不適当ということになります。
　次に、相手の仕事を評価するということも問題となります。日本の社会では、上位者を評価しないということが暗黙の了解となっています。心の中はいざ知らず、少なくともはっきりと言葉に出して評価めいたことは言わないのが普通です。「先生はよく教えました」「先生はいい先生だから、がんばってほしい」などという学生の言葉を聞いたことがあります。プラスの評価ですから喜んで受け入れたいのですが、やはり何かひっかかります。目上の人を、「よい」「悪い」と客観的に評価して相手に告げるという習慣を私たちは持ちませんから、大変不遜に響いてしまうのです。
　では何と言うかが問題となりますが、授業のように恩恵の度合いが高い場合、やはり「ありがとうございました」という感謝の表現が一般的であり、かつ安全です。
　また「お疲れさまでした」については、目上に向かって使えるという人と、やはり不遜な感じを受けるという人と、その受け取り方には差が

あるようですから、気の張る相手の場合には避けたほうが無難でしょう。

実は、この辺のことが日本語をマスターしていく際の難しい点です。基本的な文法や発音のようにはっきりと枠の決められたものではなく、その表現の背景には、人間関係をどう把握するか——どちらが上か、どちらが恩恵を与えているかなど——ということと同時に、その人間関係の中でどういう表現が許され、どういう表現が避けられていくのかということをもあわせて学ばなければならないからです。

さらに学生たちの母語の問題があります。母語でそれが許されていれば、学生は疑うことなくそれを日本語に置き換えて使うでしょう。

例えば韓国語に「앉으세요（アンジュセヨ）」という表現があります。これはごく普通に椅子などを勧める時の表現で、目上の人に対しては「앉으십시오」となりますが、直訳すれば「お座りなさい」に相当します。このため、韓国の人に「先生、お座りなさい」などと声をかけられると、命令されているように感じ、心穏やかではありません。

日本語では、「ごめんなさい」「お帰りなさい」「お休みなさい」などのあいさつ言葉として固定したもの以外は、「～なさい」は命令表現なのですから。やはりあらかじめそのことを教えておくことも必要です。

同様に「수고하셨습니다（スゴハショッスムニダ）」は「ご苦労さまでした」に相当する語で、韓国では目上の人にも使う表現ですから、日本語で話す時にも、ついそれが出てしまうのでしょう。授業のあとにかなりよく耳にすることです。

日本語教育では、それら表現の部分、特に待遇表現の部分により注意深い指導が必要でしょう。上手に表現を選べば、短い言葉でも素晴らしい潤滑油になりますが、ひとたび選び方を間違えると大変な逆効果になってしまいます。状況に合わせた、よい表現を多く与えたいものです。

Question 91 「どうぞ、いただいてください」とほかの人に向かって使うのは間違いですか。

　自分の動作を低めることにより、相対的に相手を高める働きをもつ表現を謙譲語と言いますが、「いただく」は「もらう」の謙譲語です。そのため、自分の動作に用いるのが本来ですが、謙譲語は自分のみでなく、「自分の側に属する人」にも使える表現です。ですから、どこまでを自分の側に属する人と見るかによって、その表現が正しくもなり間違いにもなります。

　例えば、話し手とその話しかけの相手、つまり聞き手が、親しい友達であり同一の側に属すると思われ、しかも何かを与えてくれる人が両者に共通の上位の人である場合には、次のように「いただく」を使うことができます。

① もう田中先生からのお返事は、<u>いただきましたか</u>。

　また、お隣のおばさんに「お菓子をどうぞ」などと言われた時、自分の子供に向かって、「じゃあ、ひとついただきなさい」などと言うことができますが、これは、わが子が紛れもなく自分の側の人間だからです。

　では、自分が話している相手が多少とも気を使わなければならない相手であったらどうでしょうか。「いただく」を使うことは、その人を自分の側に含めて下げてしまうことになり、適当ではありません。敬語の体系の中では、尊敬表現の作り方のひとつである、「お〜になる」を使い、「おもらいになる」が理論的には正しい表し方になります。

　このことは、日本語の教科書にはあまりとりあげられていませんが、E. Jorden女史の*Beginning Japanese*には、「morau」の尊敬表現

は「omorai ni naru」であり、その謙譲表現は「itadaku」であるとして、「Tanakasan kara nani o omorai ni narimashitaka」を"What did you receive from Mr.Tanaka?"の対訳として載せています。

「もらう」は、補助動詞として使われる場合も同様で、「国語は何先生に教えておもらいになりましたか」のようになります。

しかし、実際の発話では、「もらう」という言葉自体が非常に直接的な表現であるため、できるだけそれを避けて表現しようとします。例えば、「田中先生からのお返事はもうありましたか」「国語は何先生でしたか」などです。

動詞を正しく敬語表現の中で使うことは、日本人にとってもけっこう面倒なことですから、できればそれを使わないですます方法を学ぶ、ということも大切なことです。

ところで最近、若い女性の話し方の中などで「いただく」の誤用がよく見られます。「ねえ、これいただいてくださる」などと言いながらプレゼントを渡しているのを見たことがあります。どうも「いただく」が、一種の美化語のように意識されているようですが、もちろん、これは誤りです。親しい友達であれば「これもらっていただける(?)」、改まった表現であれば「お納めいただけますか」などが考えられます。

いずれにしても、尊敬語にするか、謙譲語にするかは、相手と自分、あるいはその話の中に登場する人物などとの人間関係に関わるものであり、外国人に理解させにくいのもこの点だと思われます。たんに敬語体系としての形のみでなく、状況を設定して、その状況の中での正しい表現の例を多く示しながら学んでもらうことが大切でしょう。

Question 92 「お父さんは、先生たちがくださった歌を毎日聞いていらっしゃいます」と書いたら、子供のようだと言われましたが、どう書いたらよいのですか。

　学習者にとっては、尊敬語、謙譲語、丁寧語、美化語などの違いをもつ日本語の敬語のシステムは、さぞわかりにくく面倒なものであろうと思われます。

　標題に見られるような誤りは、韓国語を母語とする人たちによく見られるものですが、これはやはりその背景にある韓国語の影響が強く出るためでしょう。

　韓国語は中国語などに比べれば、敬語の体系ははるかに発達し、日本語の敬語の仕組みとかなり似通ったものを持っています。しかしそれだけに、自国の敬語の使い方をそのまま日本語に当てはめてしまって失敗することがよくあります。例えば、「お父さん」「お母さん」という語は、家庭内での呼びかけ語としては日本でもごく普通に使われる表現ですが、ひとたび家庭の外の人と話をする時には、その話題にのぼっている人物が身内であれば、「父」「母」のように、謙譲表現で表すことが要求されます。

　また、このような謙譲表現は、たんに呼称のみでなく、それに伴う種々の動詞にも表れます。「父はただいま出かけて・お・り・ま・す」「母もうかがうと・申・し・て・お・り・ま・し・た」等々、話題の人物の動作を下げて表現しますが、この辺が韓国語の敬語の仕組みと大きく異なる点のひとつでしょう。

　韓国系の会社などに電話をかけた時、「金部長さんは、いまいらっしゃいません」のような返事をされ戸惑うことがあります。韓国語では、外部の人に対し、内部に属する人間を謙譲表現で表す場合もあるとは言う

ものの、目上の人について話す場合であれば、対外的にも尊敬語を使うというのが普通であり、いわゆる「絶対敬語」的な要素を強く持つ仕組みになっています。

そのため、外部に対しても、父親は「お父さん」あるいは「お父さま」に相当する「아버님ᵃᵇᵒⁿⁱᵐ」であり、部長は「部長さん」「部長さま」に相当する「部長님ᵇᵘʲʸᵃⁿⁿⁱᵐ」となるのが普通ですから、動詞もそれに相応した「계시다ᵏᵉˢⁱᵈᵃ＝いらっしゃる」を使うということになります。

日本語の敬語の仕組みがまだよく理解されていない場合に、自国の敬語表現をそのまま置き換えて直訳した結果、子供っぽい表現になってしまうことも無理からぬことでしょう。

日本人であっても、初めから敬語の仕組みが身についているわけではなく、中学生ぐらいから徐々に対外的な、改まった物言いを学び、目上の人についての尊敬語はもちろんのこと、自分ならびに自分側に属する者を表す謙譲語など、いわゆる「相対敬語」の仕組みを次第に自分のものとしていくのです。

韓国語話者の場合、尊敬語の形は自国のそれと対照させて理解しやすいようですが、謙譲語の仕組みは日本語のほうがはるかに複雑であるため非常に苦労するようです。特に「いただく」「させていただく」「―ていただけませんか」などを日常会話の中で乱発している日本語には驚くようです。

標題の中の問題点も、多くは謙譲語の部分の誤りです。似た仕組みを持っているがゆえに誤ることも多くありますので、韓国語話者の場合には、特に謙譲語の使い方に気をつけることが必要だと思います。

Question 93 「けっこう」は、丁寧な語だと聞きましたが、「これでいいですか」を「これでけっこうですか」と言うとなぜおかしいのですか。

「けっこう」とは本来は家屋や文章などをひとつの形につくりあげること、あるいはその出来上がりそのものを意味したものでしたが、その意味から転じて、その出来上がりが「素晴らしい」「立派である」ことをも表すようになりました。また、近代以後は、本来の名詞的な使い方よりも、形容動詞として話し言葉の中で使われることが主流となってきました。

いま、手許にあるいくつかの辞書により形容動詞としての「けっこう」を調べてみると、次のような語釈がされています。

・非常に素晴らしく、特に悪い点がなくて立派である様子。
・十分であり、特に不満のない、満足できる状態の様子。
・もうそれ以上必要のないくらい、十分である様子。

では、実際の話し言葉の中では、どのように使われているでしょうか。

① A：けっこうなお住まいですね。
　　B：いや、かなり無理しているんですよ。
② A：すみません、これでよろしいでしょうか。
　　B：はい、けっこうです。
③ A：もう一杯、いかがですか。
　　B：いえ、もうけっこうです。

①の「けっこうなお住まい」は、その出来上がりの素晴らしさ、見事

さを述べているものです。②の「けっこうです」は、相手のしたこと、尋ねたことに十分満足していることを表しています。③は、これ以上必要ないほど、十分足りていることから、相手の申し出を断る言い方にもなります。

　実際の会話の中で、①の使い方にはあまり問題がありませんが、②と③については、往々にしてトラブルの原因になります。

　初めの質問にあったように、自分の側のことを尋ねる時に、「これでけっこうですか」を用いると「これで（あなたは）文句なく十分満足ですか」の意になり、何か不遜な響きを与えます。つまり、自分の側のことを、立派であり、素晴らしいものとの判断が根底にあるからです。「これでいいですか」の、へりくだった丁寧な言い方は「よろしいですか」でしょう。多くの辞書では、「よろしい」は「よい」の丁寧な形、あるいは改まった形としています。そうであれば、相手側のものやしたことに対しても「よろしい」と言えそうです。例えば「あなたのお住まいはよろしいですね」「話し方がとてもよろしいです」のように。しかし、これは相手を見下した言い方になります。

　古くは、「よろし」は「よし」より消極的な評価を表した語であり、現代語でも、本当に「よい」ことも表すと同時に、「まあまあ」の意味から「差し支えない、容認する」の意味にも使われています。

　また、「よい」という判定には、必ずその対極として「悪い」という判断基準を持っているわけですから、「素晴らしい」や「見事」のようにそのもの自体をほめる表現とは、やや異なる性質を備えています。そのため、相手の側の物事に「よろしい」を使うことは、時として、「評価」の色彩が強く出すぎてしまい、失礼な表現ともなります。そしてそのことは、逆に、自分の側の物事に対して用いる時には、相手の評価を仰ぐことにもなるのですから、へりくだった感じを表すことになります。

　したがって、その使い分けの基準は、自分と相手のどちらの側のことについて「けっこう」あるいは「よろしい」を使っているか、というこ

とになります。

　最後に③の例の「けっこう」は、使い方によっては「もういらないよ」と冷たく突き放した意味にもとられかねませんから、次の例のようにそれを補う言葉を添えることが大切です。

④　いえ、けっこうです。もう十分にいただきましたから。とてもおいしいお酒でした。

　ところで「けっこう」は副詞にも使いますが、これも要注意です。「このクラスはけっこういいですね」と学生に言われたことがありますが、ある辞書によれば、副詞の「けっこう」は「十分とは言えないが、ある程度要求に応えているさま」と書いてありましたから、「けっこういいです」がはたしてほめ言葉であったのか、そうでなかったのか、もろ手をあげては喜べない複雑な心境です。

参考文献

Question 89
『新編 大言海』大槻文彦（冨山房，1982）
『敬語の史的研究』辻村敏樹（東京堂出版，1968）

Question 91
Beginning Japanese Elenor H. Jorden（タトル，1974）

V 文字・表記

Question 94　作文の中で「反應」と書いたら減点されました。「應」は間違いですか。

問題は、その作文を書く時の狙いが何であったかということでしょう。自由に何でも思いつくままに書いてみよう、ということであれば特に減点の対象とはなりませんが、もし、日本語の標準的な書き方である「漢字仮名交じり文」を日本で通用している漢字の字体を使って書いてみる、ということが狙いであったとすれば減点の対象となるでしょう。

日本でもかつては「應」を使っていましたが、昭和24年に「応」の字体に改められました。「應」は、意符の「心」と、音符の「䧹」とからなる形声文字ですから、「應」が本来の字であり、それでこそ初めて「オウ」という発音も、「受け入れる」「応える」などの意味も生まれてくるのです。しかし、学校教育をはじめとして、一般の社会の中でも、点画が少なければそれだけ学習の負担が少なく定着率も高いということから、中国で用いられていた本来の字の形を省画したり、あるいは民間で広く通用していた字の形を採用したりして、「字体の不統一や字画の複雑さ」を減らそうと、昭和24年4月に内閣から「当用漢字字体表」が出されました。

昭和56年10月に出された常用漢字表も、「燈」から「灯」への1字を除いて、この「当用漢字字体表」の字体をそのまま受け継ぎ、新しく増えた漢字95字も、それに準じて変えられました。例えば「螢」なども、本来は「熒」が「ケイ」の音を担っていますが、「栄」「労」の字体の変更に準じて、省略形の「蛍」を採用しました。その他、「棧」も「銭」に合わせて「桟」としたり、「龍」を「竜」とするなどほかにも省略形や俗字を多く採用しています。

漢字の字体のひとつの規範ともなっている清朝の『康熙字典』の字体

と、常用漢字表の新しい字体との差が大きいものについては本来の字体も漢字表に併せて載せられています。

　漢字は中国にその源を持つものですから、中華民国や韓国の学生などにすれば、その本来の字を使って減点されることに不満を持つのも無理のないことです。

　また、同じ中国語を母語としていても、中華人民共和国の場合には、「應」の字は「应」となります。これは、1956年の「漢字簡化方案」により、いわゆる簡体字を国字として採用したためです。

　このように同じ意味を表す漢字の字の形がまちまちでは、教育の場は複雑化してきます。そのため、日本語を漢字仮名交じり文で表記する場合には、やはり現在日本で通用している常用漢字表の字の形を覚えて使うことが望ましく、また特に日本語能力試験や大学などを受験するためには、その習得が必須のこととなります。しかし、それはあくまでも試験ということを意識してであり、私的な手紙や自由に書き綴った作文までも拘束するものではありません。

　しかし、字というものは、やはり相互に了解できてこそ意義のあるものです。以前ある中国系の学生が「私の优点は」と作文の中に書き、「优点」が「優点」であり、日本語の「美点・長所」に相当する語だと理解するまでに時間のかかったことがありました。

　また、簡体字の「从」は「從」の特徴的な部分を残したものですが、「業」の「业」などとともに、日本人にはちょっとわかりにくいものです。確かに、漢字の成り立ちということからすれば、日本でも新字体の採用で「臭」が「臭」に変わったり、「戾」が「戻」になるなどは、会意文字としての本来の「犬」の意味がなくなってしまい、釈然としないものがあります。

　しかし、現在、私たちの日常生活の中で「塩」をいつも「鹽」と書かなければならないとすれば、それは大変な負担でしょう。簡略化することの意味は、それなりにあるわけですから、日本の現在の通用字体にも

慣れてほしいものです。 (H)

Question 95 「木」の字を「木」のように書いたら、はねてはいけないと言われましたが、なぜですか。

　「はねてはいけない」というのは誤りです。常用漢字表の「前書き」の部分に、(付)として「字体についての解説」という項があります。その第1は「明朝体活字のデザインについて」で、「活字設計上の表現の差、すなわち、デザインの違いに属する事柄であって、字体の違いではないと考えられ」、「字体の上からはまったく問題にする必要のないもの」について述べています。また、解説の第2は「明朝体活字と筆写の楷書との関係について」書かれ、「明朝体活字の形と筆写の楷書の形との間には、いろいろな点で違い」があり、「印刷上と手書き上のそれぞれの習慣の相違に基づく表現の差と見るべきもの」として、いくつかの例を示しています。

　その中のひとつ、「はねるか、とめるかに関する例」の中に、「木——木 木」があげられており、はねている「木」も認めています。つまり「木」は、常用漢字表の活字でははねていなくても、実際の手書きでは、はねてもとめても、その双方を正しいとしているのです。

　ここで、「字体」とは何かということですが、「字体」とは、文字の「骨組み」を意味します。ここで言う「骨組み」とは、点や線がどのように組み合わさってひとつの字をつくりあげ、ほかの字との違いをつくっているか、ということです。つまり、それは、きわめて抽象的なものであって、活字や筆写によって、初めて具体化されるものです。しかし、活字にもさまざまなデザインがあり、常用漢字表の場合も、「明朝体活字が最も広く用いられているので、便宜上そのうちの一種を例に用いて示し

たもの」であり、「明朝体と異なる印刷文字や筆写の実際を拘束しようとするものではない」のです。

また、「学校教育用の漢字」としては、小学校学習指導要領によるいわゆる「教育漢字」の「学年別漢字配当表」に用いられた字体、「教科書体」が標準の字体とされ、教科用図書の検定の際の基準にもなっています。

この標準の字体である「教科書体」も、はねない「木」を採用しているため、小学校をはじめ、実際の教育現場では、「筆写の実際を拘束しようとするものではない」という注意にもかかわらず、はねた字を間違いとする場合が多く見られます。

文化庁国語課監修「国語表記実務提要」の中でも、「字源的なはね」の例として「于・手・了・事」を、また「筆勢上のはね」の例として「木・牛・糸・来」をあげ、「筆写の際のはねる、はねないは、文字としての正・誤の標準にはならない」ので、「筆勢上の自然にまかせるべきである」としています。

常用漢字表に示された字体が、「耳」と「取」であったため、「みみ」は下の横線が突き抜けるが、「みみへん」は突き抜けてはいけないのだと信じこんでいた教師により、「取」と書いて×にされた外国人学生を知っていますが、これなども、「人と入」「円と丹」「天と夫」「史と央」のような、字体の差によりまったく別の字になるというレベルの問題ではなく、活字と筆写上の形の差の問題です。

「はね」や「とめ」の違いは、昨今のボールペンなどよりも、毛筆によった時に、よりはっきりと出るものですが、中国系の学生など漢字圏から来日した学生の中には、自国で毛筆で書いた経験を持つものもあり、はねた形で書く場合が多くあります。

いずれにしても、あまりにも細かいことに神経を使いすぎて、○×にこだわるようなことは、日本語教育のうえで得策ではないと思います。常用漢字表の字体の注意事項をよく理解したうえで、指導にあたりたいものです。

(H)

Question 96　「上」の筆順は「l、ト、上」でなければならないのですか。

　筆順というのは、文字を形造る際の点画をどのような順序で書いていくかを言います。この筆順は「絶対的」なものではなく、現実に何種類か複数の筆順が通用している字も多くあります。

　しかし、ある字を形造るうえでの無理のない筆の運びというものは、自然とある方向を持つものですから、「上」の字に関しても、一番下の横画から書き始めるということは、まずないでしょう。問題は、第1画が縦からか横からかということになります。

　現在、筆順の基準となっているものは、筆順指導の統一を図るために、文部省から昭和32年12月付で出された、『筆順指導の手びき』と、昭和52年に出された『義務教育諸学校教科用図書検定基準実施細則』の中の「書写」の項の、「漢字の筆順は、原則として一般に通用している常識的なものによるものとする」としている部分です。

　後者が出されたことにより、現在は、教科用図書検定に関しては、小中学校の新出漢字の筆順に、「筆順指導の手びきによる」という拘束はなくなっていますが、現場での指導の基準には、「筆順指導の手びき」がいまでも大きく機能しています。

　外国人学生の中には、出来上がりが同じなら、その過程はどうでもいいという考えもありますし、一般の日常生活の中でもいちいちこの「手びき」どおり書いているものでもありません。現に凹や凸など、正しい筆順で書いている人がどれだけいるかは疑問です。

　しかし、現実に「う」の字を下から書き上げた外国人などを目にすると、やはり上から下へ書くように指導したくなり、またそう書くことに

より、第1画と第2画が切れていても、筆の流れとしては続いており、そのために「ゝ」のように下が少しはねて第2画へ向かっているのだということも教えたくなります。

また、学習効果という点からも、例えば「必」という字を「手びき」どおりに書かなければ誤りだと信じている日本人が周囲にいる場合が多いため、どうせどれかひとつの筆順を教えるのなら、他の筆順で教えるよりは、「手びき」による筆順を教えたほうが効率的だ、ということにもなります。

その意味で、質問の「上」の字も、第1画を縦にするものと横にするものと両方の筆順が一般には通用していますが、「正」「走」などの「卜」の部分の縦画を先に書く筆順に合わせて、教育現場では縦画を第1画にしています。

以前、小学校などでは筆順を問うテスト問題がよく見られましたが、あまりに拘束を強めることは、「筆順指導の手びき」の本旨からもはずれることではないでしょうか。

「手びき」の中の「本書使用上の留意点」の中には、「本書に掲げられた以外の筆順で、従来行われてきたものを誤りとするものではない」と明記してあることも理解したうえで筆順というものを考えていきたいものです。

(H)

Question 97 ある日本語の教科書では「10分」を「ジップン」と読ませていますが、日本人の友人は、ほとんど「ジュップン」と言っています。どちらが正しいのですか。

「正しい」ということの意味が問題になりますが、結論から言えば、両方とも「正しい」のです。ただ、どちらが音韻上の変化として伝統的で

あるかということからみれば、「ジップン」ということになります。

常用漢字表の「本表」には、漢字の字体とともに、その音訓、語例などが示してありますが、「十」の音訓欄には、「ジュウ」「ジッ」とお」「と」が掲げられ、「ジュウ」の語例として「十字架」「十文字」が、また「ジッ」の語例として「十回」が示され、「ジュッ」という促音はとられていません。したがって、「10分」もこれと同じ類の語として、「ジップン」であろうと考えられます。

昭和61年7月1日に告示された「現代仮名遣い」では、「付表」として現代語の音韻とともに、「現代仮名遣い」と「歴史的仮名遣い」の対照表を載せています。それによっても、現代語の音韻で「ジュー」と発音されるものは、かつては「充実」の「じゆう」、「柔軟」の「じう」、「十月」の「じふ」、「住居」の「ぢゆう」のように多種にわたって表記が区別されており、歴史的仮名遣いの複雑さを示しています。

「十（じふ）」と同類のものには、「甲（かふ）」「合（がふ）」「雑（ざふ）」「塔（たふ）」「納（なふ）」「法（はふ、ほふ）」「執（しふ）」「入（にふ）」「立（りふ）」などがありますが、これらがある環境におかれると促音化します。

これらの字音は、古くは両唇を合わせて発音された入声であり、その名残が「ふ」となって表されているものです。

韓国語では現代語音の中にも、「甲（갑）」「合（합）」「雑（잡）」「法（법）」のように、両唇を合わせて終える終声を持っていますが、このような音が日本では、長音化するものと促音化するものとに分かれていったのでしょう。

例えば、「甲乙・甲冑」「雑兵・雑多」「法律・法度」などの類です。そして「十」も長音の「ジュー」と促音の「ジッ」とに分かれたとみるのが、他の一連の変化とも合うということになります。

漢字で書かれた古い文書では、字音語の仮名文字表記が少なく、それを当時の人々がどう読んでいたか、どう発音していたかを断定すること

はできません。その点で、古い時代の発音を知る手がかりを与えてくれるもののひとつが、表音文字であるローマ字によって表記されたものです。いま、その代表的なものである1603年刊行の、日本イエズス会による『邦訳 日葡辞書』(岩波書店)を見てみます。

「十」を促音で表記した語には、「Iiccai（十戒）」、「Iicquanme（十貫目）」、「Iixxi ixxǒ（十死一生）」などがあり、これら促音は、「Iŭ」で表された「Iŭmonji（十文字）」、「Iŭni fitoye（十二単）」、「Iuniji（十二時）」などの長音の語とは、はっきり区別されています。[1]

また近年刊行された国語辞典（『国語大辞典』〔学習研究社〕／『大辞林』〔三省堂〕／『日本語大辞典』〔講談社〕）でも「十戒」「十干」「十指」「十把一絡げ」などはすべて「ジッ」を採用しています。ただし、NHKの『日本語発音アクセント辞典』は「ジッ」を優先させながらも、「ジュッカイ」「ジュッカン」「ジュッシ」「ジュッパヒトカラゲ」も載せています。

このことは、伝統的にみれば「ジッ」が正しいとしても、現実には「ジュー」という発音や表記にひかれての「ジュッ」という促音化を認めているということを示しています。

「てふてふ」の表記に典型的にみられるように、古くはその書き表し方に意味を持っていた歴史的仮名遣いも、現実の音の面での変化が進み、現代語音との間に大きなずれを生んでいます。

このように、変化していくものとして発音や表記を考えれば、日本語の学習者に対しても「ジッ」でなければならない、とは言い難く、両形を認めることが日本語の現実の姿に最も則したものと言えると思います。

(H)

1) ローマ字綴りは、イエズス会の表記法による。

Question 98　文中の「私」という漢字は、どんな場合も「わたくし」と読まなければいけないのですか。

　漢字の利点のひとつは、見ただけでその意味をつかむことができる、というところにあります。しかしその反面、ひとたび声に出して読もうとしたり、ふり仮名をふる必要に迫られたりすると、どう読むべきか、その語形を決定しかねて大変頭を悩ませるものです。

　現在、漢字の読み方の基準となっているものは、常用漢字表の音訓欄ですが、それによれば、「私」には、「わたくし」の訓と「シ」という音のみが掲げられています。つまり、文中の「私」は、「わたくし」と読むのが正しいということになります。

　しかし、実際に書かれたものに接する時、そのすべてを「わたくし」と読まなければならないかとなると、いささか疑問が生じます。「私」が、もし「公」に対するものとして使われている場合は、「私立」「私学」などの字音語を除いては、問題なく「わたくし」でしょう。

　問題は、自称の人称代名詞として使われた場合です。「わたくし」も「わたし」も話し手が自分自身を指す語として、男女ともに使っているものですが、この2つを比べる時、その改まりの度合いに違いが見られます。日常生活で「わたくし」と使う時は、多少とも聞き手に対し遠慮する気持ちが働いたり、あるいはスピーチなど、多くの人々の前で公式的に話す場合、また、特に女性の言葉づかいの中には、自分の品位保持の役を果たす場合などが考えられます。一方「わたし」は、より気楽な、肩ひじ張らない場面でごく一般的に使われています。

　言葉は、文の中であるバランスを要求されますから、「わたくし」「わたし」のいずれを使うかは、これらの語以外の語・表現との組み合わせに

大きく作用されるものです。例えば、電車の中で見たある広告に、「私だってゴクリとやりたい」というのがありましたが、これも「わたくし」でしょうか。

常用漢字表にのっとれば、「わたし」と表したい時は「平仮名書き」ということになります。しかし実際に、ある文を書いた人が「私」という漢字を使った時、そのすべてが「わたくし」と意図したかどうかは疑問の余地があります。心の中で「わたし」と思いつつも、「私」と漢字表記している、ということはないでしょうか。前述の宣伝文句も、「〜だって」とか「ゴクリとやりたい」などというくだけた表現とのバランスから考えると「私(わたし)」のつもりだったのではないでしょうか。

いま、手許にある日本語の教科書（『現代日本事情』海外技術者研修協会刊）に、次のようなふり仮名付きの会話文が出ています。

「ぼくはハンバーグ」
「私(わたし)もお兄ちゃんと同じもの。あとでアイスクリームもほしいわ」
「あなたは」
「そうだな、焼き肉定食にしようか」
「私(わたし)はさしみ定食にします」

ファミリーレストランでの家族の会話ですが、やはり家族という打ちとけた人間関係であることや、「お兄ちゃん」などという語との釣り合いから見ても「わたし」であるのが自然です。これらの場合は、「私(わたし)」というようにふり仮名付きなので読み方が特定できますが、一般には漢字のみの場合が多いと思います。そこで、黙読する際には問題にならなくとも、教室などで音読しなければならない場合には、その読み方の決定は、多くは教師の判断に委ねられ、文全体の硬軟などを勘案しつつ読み分けていかなければならなくなります。

辻村敏樹氏の『敬語の史的研究』の中に、氏に寄せられた120通の手紙、葉書きの本文中の自称詞、他称詞の調査報告がありますが、その中での

自称詞は「私」が28例で最も多かったとのことです。しかし、それには次のような但し書きがあり興味をひかれます。

- 「わたし」の仮名書きの例なく、「わたくし」「わたし」のいずれかわからない。

同様のことは、「家(いえ)」か「家(うち)」か、「他(た)」か「他(ほか)」かなどの場合にもよく起こることです。漢字のテストであれば、「いえ」「た」が正しい、ということにもなりますが、それ以外をたんに「間違い」と片づけてしまわず、「私(わたし)」をも含めて実際の使われ方の中で柔軟に対応していきたいものです。

(H)

Question 99 　「行った」は、「いった」とも「おこなった」とも読めるので不便ではありませんか。

確かに送り仮名は、文中で漢字を読む時——特に訓読みをする時——に、それをどう読むかの手がかりを与えてくれるものです。ただその時に、各自がさまざまな送り方をしていたのでは煩雑であるので、そこにはなんらかの整理が必要となります。

そこで戦後の国語施策の中で出されたのが、昭和34年7月内閣告示の「送りがなのつけ方」でした。これは、「なるべく誤読、難読のおそれのないようにする」ことを配慮したうえで、全体を品詞別に26の通則に分けて配列したものです。

その後「実施の経験などにかんがみ」て、昭和48年6月に「送り仮名の付け方」という形で改定されました。これは、まず「単独の語」と「複合の語」とに大きく分けたうえで、活用の有無などを考慮して7つの通則にして配列してあります（これは昭和56年、常用漢字表の告示に伴い付

表の語に「桟敷」が加わり一部改正されましたが、大筋は変更されていません)。この「送り仮名の付け方」の特徴は、各通則に「本則」のほかに「例外」や「許容」などを設けていることです。例えば、「行った」についても、そのもとの形「行く」「行う」に関しては誤読のおそれはまずないでしょう。しかし、活用させると双方とも「行った」「行って」とまったく同形が現れてしまいます。昭和34年の「送りがなのつけ方」では、「動詞は活用語尾を送る」としながらも、「ただし次の語は、活用語尾の前の音節から送る」とし、その中に「行なう」を例としてあげています。

　しかし、誤読を避けるための送り仮名であるとは言え、できれば短く簡潔なものであってほしい、つまり、必要にして十分な長さであってほしいという意向があります。「行った」にしても、その語だけで出てくることはなく、当然それは場面や文脈によって支えられているはずです。例えば、「演奏会を行った」「演奏会に行った」では、その読み分けはおのずと決まるでしょう。

　昭和48年の改定では、「行う」「行った」と短い形の送り仮名を採用していますが、また同時に「許容」という形で「行なう」も認めています。これは、それ以前の昭和34年の「送りがなのつけ方」により「行なう」と送る形がある程度人々の間に広まっているため、改定にあたって、それらを直ちに誤りとするのは好ましくないと判断した結果でしょう。ですから、書き手が「行った」で誤読の不安を感じるのであれば、当然「行なった」と書いてよいのです。

　「行った」と同様の問題点を持つ語は、ほかにもいくつか見られます。例えば「脅」には、「脅かす」「脅かす」とも、まったく同じ形の送り仮名が付けられています。「行った」の読み分けには役立った助詞の違いという手がかりも、ここでは効きめがありません。「表す」を、「あらわす」と読むか、「ひょうす」と読むかということと同様、文体上の問題とも関わってきます。

　いずれにしても、「誤読、難読のおそれ」は、読み手の側の問題である

と同時に、書き手の側の問題でもあります。書き手の側のわずかな配慮で、誤読や難読のかなりの部分が避けられるものと思います。　　　(H)

Question 100　　片仮名は外国の人名や地名、外来語の表記だけに用いられるのですか。

　そうではありません。現代日本語は漢字、平仮名、片仮名、ローマ字、アラビア数字、など多種類の文字を交ぜ書きにして表記しますが、「常用漢字表」や「現代仮名遣い」などの制限があるとは言っても、だれが書いても一定の表記になるといった意味での正書法は存在しません。この点、原則的に1種類の文字しか持たない英・仏・独語などとは随分違います。片仮名の使用法についても定められた規則があるわけではありませんから、片仮名をどのように用いるかはさまざまな方向への発展が見られます。実際にどんな語が片仮名表記されているのでしょうか。

　現在の漢字仮名交じり文では、普通、漢字圏の地名や人名を除いた「外国の地名、人名と外来語」は片仮名書きにしますが、近年では漢字圏でも特に人名については、漢字表記に加え相手国での読み方（発音）を片仮名で付記するのが通例になっています。しかし、片仮名表記をする語はこのような外国語や外来語だけではなく、和語や漢語の中にも片仮名で書かれる語は少なくありません。

　まず、動植物名（イチゴ、セミ、キリン、サンゴ、イカ……）や道具の名称（ホウキ、クギ、ロウソク、ナベ、フタ……）で片仮名表記のものがあります。これらの語は、もともと漢字で書かれていた実質語（文の中で実質的な意味を表す部分）ですが、常用漢字表などの漢字制限があるために片仮名表記されることが多くなったものです。一般の漢字仮名交じり文では、実質語は漢字で、助詞、助動詞、活用語尾などの形式的

な部分は平仮名で表記されますから、これらの実質語を片仮名で書くことは「漢字の代用」と言えます。このような漢字の代用としての片仮名の使用は、常用漢字表に載っている漢字で表記される語についても行われ、「動植物名」「道具名」は片仮名表記が多く見られます。また、学術用語や専門語(心臓マヒ、胃ガン、シテ、ワキ……)も片仮名で書かれた例が多くあります。

次に、「スジ違い」「ホンネ」「キミとボク」や会社名、商品名の「トヨタ」「アマノ」「夕刊フジ」などが片仮名表記なのは「漢字の持つ既成の意味や語感から自由になるための方法」だと思われます。普通と違った書き方をすることによって、その語に筆者独自の意味合いをこめたり、その語を強調するといった片仮名の用法は私たちが日常よく目にするものです。

一方、「ワンワン」「ニャーオ」「ガタゴト」「バタバタ」「キラキラ」「イライラ」「ニッコリ」「ウットリ」「エッ」「アッ」などの擬音語、擬態語や感動詞に片仮名が用いられる理由は何でしょうか。これは外国の地名、人名や外来語の表記の場合と同じように、「片仮名の表音性を利用した表記法」と言えるでしょう。

もともと片仮名は外国語としての漢文を読む時の読み仮名として発達したものです。いわば今日の「ふり仮名」のように、難しい漢字の読み方を示すために、漢字の横に「音」を表す文字として万葉仮名の略字を書いたものが片仮名の始まりでした。このように、その発生の事情からみても、片仮名は漢字の補助手段として発音を書き表すという役割を担っていましたから、言葉の「音」の側面を表したい時には片仮名を使います。字引きの発音表記やアクセント辞典の表音符号として片仮名が使われるのはそのためです。

また、擬音語や感動詞は実際に発せられる音の印象を直接的に言葉にしたものですから(もちろん言葉である以上、音そのものではなく抽象化、概念化されているのですが)、語の音としての側面を書き表したいわ

けです。片仮名は表音性という点で平仮名より優れているので、擬音語や感動詞には片仮名表記がよく用いられます。「ター坊」「ヒロクン」などの呼び名、「オーイ」「タスケテー」「ドロボー」などの呼び声、「ウマウマ」「アンヨ」「ワタシ、スシダイスキデス」など幼児の片言や外国人の日本語を片仮名で書き表すのも「片仮名の表音性」を利用したものなのです。

　その語の発音から受ける印象を物事の様子を表現するのに用いる擬態語にも、片仮名表記されるものが少なくありません。「ギラギラ」「ピカピカ」「ギョッと」など鋭さ、強さ、激しさを表す擬態語が片仮名表記されることが多いのは、「片仮名の字形の持つ鋭角性」と関係があるのかもしれません。片仮名書きにして目立たせたり、特別のニュアンスを持たせたりする用法とあいまって、「ブツブツ言う」「ヘナヘナする」「ノッソリ、ノッソリ歩く」など擬態語の片仮名表記もしばしば行われています。しかし、一般的に言えば、「ゆらゆら」「ゆったり」「のんびり」「さわさわ」のように、柔らかい感じを表す擬態語や和語系の擬態語は平仮名表記されるのが普通でしょう。

　隠語や俗語のように「語の特殊性を強調したい場合」にも片仮名が使われることが多いようです。「ネタ」「ホシ」「ズッコケる」「ノッポ」などこの種の片仮名語は数多く見られます。

　以上のように片仮名表記には「漢字の代わりに片仮名を用いる場合」と「音を表すために片仮名を用いる場合」の2つの方向があります。さらに日常私たちが目にするものの中には、「にっけいあーと」「にゅうす・らうんじ」など漢語、外来語を平仮名書きにしたもの、「あッと驚いた」「どスンと」など促音、撥音を片仮名書きにしたもの、「あーいやだー」など平仮名書きに片仮名の長音記号を入れたもの、といった具合に実に複雑な表記法が見られ、学習者を混乱させています。片仮名についてもきめ細かい配慮をした指導が望まれます。

(Y)

参考文献

Question 95

『国語表記実務提要2 問答編』文化庁国語課監修（ぎょうせい，1969）

『国語表記実務必携』文化庁国語課国語研究会編（ぎょうせい，1981）

Question 97

『日本語発音アクセント辞典』NHK編（日本放送協会，1985）

『歴史的仮名遣い』築島裕（中央公論社，1986）

『国語表記実務提要1 標準語のために』文化庁国語課監修（ぎょうせい，1969）

『邦訳 日葡辞書』土井忠生/森田武/長南実編訳（岩波書店，1980）

『国語大辞典』金田一春彦/池田弥三郎編（学習研究社，1981）

『大辞林』（三省堂，1989）

『国語大辞典』（小学館，1982）

Question 98

『現代日本語事情』海外技術者研修協会編（海外技術者研修調査会，1987）

『敬語の史的研究』辻村敏樹（東京堂出版，1968）

『日本語教育事典』日本語教育学会編（大修館，1982）

著者略歴

酒入郁子(さかいり　いくこ)
- ❖ アイ・ティ・エスランゲージセンター教務主任、元NHK教育テレビ『スタンダード日本語講座』(初級)番組構成、講師、元NHK教育テレビ『プラクティカル日本語講座』(中級)番組構成、講師
- ❖ NHK教育テレビ『スタンダード日本語講座』(初級)テキスト執筆(共同執筆)日本放送出版協会、NHK教育テレビ『プラクティカル日本語講座』(中級)テキスト執筆(共同執筆)日本放送出版協会

桜木紀子(さくらぎ　のりこ)
- ❖ 早稲田大学日本語教育研究センター非常勤講師、東京外国語大学留学生日本語教育センター非常勤講師、アイ・ティ・エスランゲージセンター元非常勤講師
- ❖ NHK教育テレビ『スタンダード日本語講座』(共同執筆)日本放送出版協会、『ことばの意味を教える　教師のためのヒント集　気持ちを表すことば』(共同執筆)武蔵野書院

佐藤由紀子(さとう　ゆきこ)
- ❖ 国際基督教大学非常勤講師、東京大学非常勤講師
- ❖ 『たのしく読める日本のくらし12か月』(共著)アプリコット、『日本語を磨こう−名詞・動詞から学ぶ連語練習帳−』(共著)古今書院、『日英中韓カタカナ語みくらべ字典』(共同執筆)講談社　他

中村貴美子(なかむら　きみこ)
- ❖ 元インターカルト日本語学校校長、元インターカルト日本語学校教員養成研究所所長

中村壽子(なかむら　ひさこ)
❖元インターカルト日本語学校校長、元インターカルト日本語学校教員養成研究所所長
❖『日英中韓カタカナ語みくらべ字典』(共同執筆)講談社

山田あき子(やまだ　あきこ)
❖東京国際大学教授、インターカルト日本語学校顧問
❖*ABC of Japanese : Survival Japanese, ABC of Japanese : Fundamental Japanese for Expressing Ideas*、『タスクによる楽しく学ぶ日本語』専門教育出版、『日本語を磨こう－名詞・動詞から学ぶ連語練習帳－』(共著)古今書院、『日英中韓カタカナ語みくらべ字典』(共同執筆)講談社　他

日本語を教える④　外国人が日本語教師によくする100の質問

1991年11月10日初版第1刷
2007年11月1日新装版第1刷
2009年9月15日第3刷
2010年8月20日2版第1刷
2020年2月27日第4刷

著　者——酒入郁子、佐藤由紀子、桜木紀子、中村貴美子、中村壽子、山田あき子
　　　　© Ikuko Sakairi, Yukiko Sato, Noriko Sakuragi, Kimiko Nakamura,
　　　　Hisako Nakamura, Akiko Yamada
発行人——湯浅美代子
発行所——バベルプレス（株式会社バベル）
　　　　〒180-0003
　　　　東京都武蔵野市吉祥寺南町2-13-18
　　　　TEL：0422-24-8935
　　　　FAX：0422-24-8932
　　　　E-mail：press@babel.co.jp
印刷・製本——大日本法令印刷株式会社
装　幀——廣瀬　郁

ISBN 978-4-89449-801-3

落丁・乱丁本はお取り替えします。　　　　　　　　　　　　Printed in Japan 2020